BENEDIKT XVI.

Gott ist bei uns jeden Tag

BENEDIKT XVI.

# Gott ist bei uns jeden Tag

## Jahreslesebuch

Mit einem Vorwort von
Christoph Kardinal Schönborn

Herausgegeben von
Franz Johna

HERDER

FREIBURG · BASEL · WIEN

© Verlag Herder GmbH, Freiburg im Breisgau 2008
Alle Rechte vorbehalten
www.herder.de

Umschlaggestaltung: Finken & Bumiller
Umschlagfoto: © Corbis

Satz: Barbara Herrmann, Freiburg
Herstellung: fgb · freiburger graphische betriebe
www.fgb.de

Gedruckt auf umweltfreundlichem,
chlor- und säurefrei gebleichtem Papier
Printed in Germany

ISBN 978-3-451-29916-2

# INHALT

# Vorwort

An jenem denkwürdigen 19. April 2005 wurde Kardinal Joseph Ratzinger in einem besonders kurzen Konklave zum Nachfolger Petri, zum Nachfolger des großen Papstes Johannes Paul II. gewählt. Nach fast 500 Jahren wurde zum ersten Mal wieder ein Deutscher Papst, und das am Fest des heiligen Papstes Leo IX. († 1054), des einzigen heiliggesprochenen deutschen Papstes.

Mit Joseph Ratzinger wurde einer der bedeutendsten lebenden Theologen der katholischen Kirche – oder muss ich nicht genauer sagen: *der* bedeutendste lebende Theologe der katholischen Kirche – zum Papst gewählt. Für ihn gilt sicher nicht, was böse Zungen im deutschen Sprachraum gerne über Bischöfe sag(t)en: Die Mitra sei das Löschhorn der Wissenschaft. Zwar war es dem brillanten Theologieprofessor nach 1977, nach seiner Ernennung und Weihe zum Erzbischof von München und Freising, nicht mehr in dem Maße möglich, in der theologischen Forschung aktiv zu sein, wie in den 25 Jahren seiner Professorentätigkeit. Doch zeigte sich sehr schnell, dass das Bischofsamt seine theologische Wachheit nicht zu vermindern, sondern nur noch mehr zuzuspitzen vermochte.

Die pastoralen und gesellschaftlichen Herausforderungen seines neuen Amtes regten ihn an, das Feld seines theologischen Denkens zu erweitern. Der intensive Verkündigungsdienst verstärkte die stets lebendige Liebe zur Heiligen Schrift und zu ihrer Auslegung. Die theologische Kontroverse wuchs über die Studierstube hinaus in die Hirtenverantwortung für die großen Fragen Europas und der Welt, aber auch für die Sorge um den Glauben der Kleinen, den es gegen das akademische Imponiergehabe mancher Theologen zu schützen galt.

Mit der Berufung zum Präfekten der Glaubenskongregation im November 1981 begann eine neue Phase des theologischen Wirkens, überaus fruchtbar – und reich an Anfeindungen. Das Amt des „obersten Glaubenswächters" brachte es mit sich, dass Kardinal Ratzinger fast ein Vierteljahrhundert lang so ziemlich alles auf den Schreibtisch bekam, was sich an schwierigen Themen und Thesen in der weltweiten katholischen Kirche abspielte. Ich bin sicher, dass niemand heute einen vergleichbaren Überblick über die kritischen und kontroversen Strömungen in der katholischen Theologie der letzten Jahrzehnte besitzt. Mit bewundernswerter Geduld, mit unermüdlichem Bemühen um Verstehen, aber auch um klares Argumentieren hat der Kardinalpräfekt zahlreiche Lehrkonflikte beizulegen oder klarzustellen vermocht, oft unter einem wahren Sperrfeuer der medialen Kritik.

Manche große Wegweisungen sind in dieser Zeit entstanden, die sich in vielen Buchveröffentlichungen niedergeschlagen haben. Besonders scharf kritisiert wurde sein Interviewbuch mit Vittorio Messori „Zur Lage des Glaubens" (1985), dem vor allem der Tabubruch vorgeworfen wurde, nicht „optimistisch" genug zu sein. 1983 kam die entscheidende Orientierungshilfe „Zur Krise der Katechese", die den Boden für das große Werk des „Katechismus der Katholischen Kirche" bereitete, das unter seiner Leitung entstand. Besonders schmerzhaft, aber auch notwendig, waren die Auseinandersetzungen um die „Befreiungstheologie", das Ringen um das rechte Verhältnis von Glauben und Praxis, von Evangelium und Politik. Bis zu seiner Wahl zum Papst hat Kardinal Ratzinger dem Thema Macht, Werte, Politik stets große Aufmerksamkeit gewidmet.

In all den Jahren des römischen Amtes der Wache über die Glaubenslehre kam die Verkündigung nie zu kurz. Aber sie blieb auf besondere Anlässe beschränkt. Dennoch konnte nie ein Zweifel bestehen, dass hier das Herz des Theologen, Priesters, Bischofs Joseph Ratzinger schlug. Stets aus tiefer Vertrautheit mit der Bibel schöpfend, hatte seine Predigt jenen unverwechselbaren, direkt auf das Leben zugreifenden Stil, der schon vor vierzig Jahren die Tübinger Hörer der „Einführung ins Christentum" begeisterte. Viele schöne, vielgelesene Bücher entstanden so in den langen Jahren des „Sant' Uffizio".

Sein Stil der Verkündigung ist am ehesten mit dem der großen Kirchenväter zu vergleichen, der Theologen-Bischöfe, die wussten, dass der erste Dienst der Leitung der der rechten Lehre ist, dass die Hirten vor allem den Durst nach Wahrheit zu stillen haben. So wurden die oft schmerzlich angefeindeten Zeiten als Präfekt der „Kongregation für die Glaubenslehre" zugleich höchst fruchtbar in theologischer Hinsicht. Kardinal Ratzinger hat selber berichtet, er habe sich von Papst Johannes Paul II. nur eines erbeten, als dieser ihm das römische Amt anvertrauen wollte: dass er weiter theologisch tätig sein könne und publizieren dürfe. Die Zustimmung des Papstes zu diesem Wunsch wurde reichlich belohnt: Das Werk Joseph Ratzingers wuchs in den Jahren seines Präfektenamtes zu imposanter Größe.

Die Tage vor seiner Wahl zum Papst ließen etwas Neues erahnen. Unvergessen bleibt die Predigt, die Kardinal Ratzinger als Dekan des Kardinalskollegiums beim Requiem für Papst Johannes Paul II. hielt. Viele hatten die starke Empfindung, hier spreche der Nachfolger. Der Eindruck verstärkte sich mit der Predigt „Pro Eligendo Pontifice" zu Beginn des Konklaves. Dies war eine Verkündigung wahrhaft „in der Kraft des Geistes", ein „Erweis von Geist und Kraft", wie Paulus sagt (1 Korinther 2,4).

Seit dem 19. April 2005 strömt diese Kraft der Verkündigung wie ein unerschöpflicher Quell. Es ist, wenn ich so sagen darf, als wären mit der Wahl zum Papst die Schleusen seines Verkündigungs-Charismas weit geöffnet worden. Das neue, hohe Amt führt ihn zurück zur ursprünglichsten Aufgabe des Hirten, des Priesters wie des Bischofs: zum prophetischen Amt, den Glauben zu verkünden. Ist es nicht auffallend, dass das Zweite Vaticanum immer, wenn es von den „tria munera" spricht, den drei Ämtern Christi, der Prophet, Priester und König ist, das prophetische Amt an die erste Stelle rückt? Künder der Frohen Botschaft zu sein: so versteht Papst Benedikt sein Amt in erster Linie. So sieht das Konzil das Bischofsamt. Der Bischof von Rom versteht seinen Dienst vor allem als Verkündigungsauftrag.

Seine ohne Pathos, aber mit unvergleichlicher Klarheit vorgetragenen Predigten und Katechesen sprechen weiteste Kreise an. In Rom sagen die Leute: „Papst Johannes Paul II. ist man schauen gegangen, Papst Benedikt geht man hören." Sein Wort wird gehört. Es ist wirklich *sein* Wort. Sein unverwechselbarer Stil. Sein immer zum

Wesentlichen hinführendes Verkündigen: zu Christus, zur Freundschaft mit Ihm.

Schon in den ersten drei Jahren seines Pontifikats hat er der Kirche und allen Interessierten einen riesengroßen Schatz an Predigten und Ansprachen geschenkt, aus dem zu schöpfen reichen geistlichen Ertrag bringt. Dem Verlag Herder und seinem bewährten Mitarbeiter Franz Johna ist dafür zu danken, dass sie aus der Fülle dieser drei ersten Jahre ein Lesebuch für alle Tage des Jahres zusammengestellt haben. Nach Themen geordnet, dem liturgischen Kalender, den geprägten Zeiten und den großen Festen folgend, wird hier das tägliche Brot der Verkündigung dargeboten, mit dem weiten Bogen an Aufgaben und Anliegen, denen die weltumspannende Hirtensorge des Papstes gilt.

Versuchen wir, die vielgestaltigen Weisungen Papst Benedikts, die hier für die 365 Tage des Jahres gesammelt sind, auf einen Punkt zu bringen. Ich glaube, es könnte kein anderes Wort sein als das des heiligen Benedikt, des Namenspatrons unseres Papstes, an das er in seiner ersten Generalaudienz am 27. April 2005 erinnert hat: „Der Liebe Christi nichts vorziehen" (vgl. Text zum 11. Juli). Möge dieses Jahreslesebuch diesem alles orientierenden Ziel dienen!

Wien, am 3. Juni 2008
(Fest der hl. Märtyrer von Uganda)

*+ Christoph Kardinal Schönborn*

# Leben bedeutet Unterwegssein

Aufbruch und Ziel

## 1. Januar

# EIN WEITERER ZEITABSCHNITT

Wir beginnen ein neues Kalenderjahr, das ein weiterer Zeitabschnitt ist, den uns die göttliche Vorsehung im Kontext des Heils schenkt, das von Christus eröffnet worden ist. Ist aber das ewige Wort nicht gerade durch Maria in die Zeit eingetreten? Daran erinnert der Apostel Paulus, und er bekräftigt, dass Jesus „von einer Frau" (vgl. Galater 4,4) geboren wurde. In der Liturgie ragt heute die Gestalt Marias heraus, der wahren Mutter Jesu, des Gott-Menschen. Am heutigen Hochfest der Gottesmutter Maria wird deshalb keine abstrakte Idee gefeiert, sondern ein Geheimnis und ein geschichtliches Ereignis: Jesus Christus, göttliche Person, wurde von der Jungfrau Maria geboren, die im wahrsten Sinn seine Mutter ist.

Außer der Mutterschaft wird heute auch die Jungfräulichkeit Marias hervorgehoben. Es handelt sich um zwei herausragende Eigenschaften, die immer untrennbar miteinander verkündet werden, denn sie ergänzen und kennzeichnen sich gegenseitig. Maria ist Mutter, aber jungfräuliche Mutter; Maria ist Jungfrau, aber mütterliche Jungfrau. Lässt man den einen oder den andern Aspekt außer Acht, versteht man das Geheimnis Marias, wie die Evangelien es uns vorlegen, nicht zur Gänze. Als Mutter Christi ist Maria auch Mutter der Kirche ... Maria ist schließlich geistliche Mutter der ganzen Menschheit, weil Jesus am Kreuz sein Blut für alle vergossen hat und vom Kreuz aus alle ihrer mütterlichen Sorge anvertraut hat.

Mit dem Blick auf Maria beginnen wir also dieses neue Jahr, das wir aus Gottes Händen als ein wertvolles „Talent" empfangen, das es als eine von der Vorsehung gewollte Gelegenheit zu nutzen gilt.

Predigt im Petersdom, 1.1.2007

## 2. Januar
# SHALOM

„Der Herr segne dich und behüte dich. Der Herr lasse sein Angesicht über dich leuchten und sei dir gnädig. Der Herr wende sein Angesicht dir zu und schenke dir Frieden." Mit dieser alten Segensformel [sie ist dem Buch Numeri entnommen, vgl. 6,24–26], die uns die Liturgie gestern, am ersten Tag des Jahres, noch einmal hören ließ, möchte ich allen … meine herzlichsten Wünsche zum Ausdruck bringen …

Der Name des Herrn wird hier dreimal angerufen. Das weist auf die Intensität und die Kraft des Segens hin, dessen letztes Wort „Frieden" ist. Das biblische Wort „shalom", das wir mit „Frieden" übersetzen, bedeutet jene Fülle der Güter, in der das „Heil" besteht, das Christus, der von den Propheten angekündigte Messias, gebracht hat. Deshalb erkennen wir Christen in ihm den Friedensfürsten. Der Friede [ist] wirklich die Gabe und die Aufgabe von Weihnachten: die *Gabe*, die mit demütiger Fügsamkeit anzunehmen und die ständig mit betendem Vertrauen zu erflehen ist; die *Aufgabe*, die aus jedem Menschen guten Willens einen „Kanal des Friedens" macht.

„In der Wahrheit liegt der Friede" ist das Leitwort, das ich allen Menschen guten Willens zur Reflexion vorlege. Wenn der Mensch sich vom Glanz der Wahrheit erleuchten lässt, wird er innerlich zu einem mutigen Friedensstifter. Die Liturgie erteilt uns in dieser Zeit des Jahreskreises eine wichtige Lehre: Um das Geschenk des Friedens anzunehmen, müssen wir uns der Wahrheit öffnen, die sich in der Person Jesu offenbart hat. Er ist es, der uns gelehrt hat, was der „Inhalt" und auch die „Methode" des Friedens ist: die Liebe. Denn Gott, der die vollkommene und durch sich selbst bestehende Liebe ist, hat sich in Jesus offenbart, der unsere Menschennatur angenommen hat. Dadurch hat er uns auch den Weg des Friedens gezeigt: den Dialog, die Vergebung, die Solidarität. Das ist der einzige Weg, der zum echten Frieden führt.

Generalaudienz, 2.1.2008; Predigt im Petersdom, 1.1.2007;
vor dem Angelusgebet, 1.1.2006

## 3. Januar
# UNTERWEGSSEIN

Menschliches Leben bedeutet Unterwegssein. Zu welchem Ziel? Wie finden wir die Straße des Lebens? Es erscheint wie eine Fahrt auf dem oft dunklen und stürmischen Meer der Geschichte, in der wir Ausschau halten nach den Gestirnen, die uns den Weg zeigen. Die wahren Sternbilder unseres Lebens sind die Menschen, die recht zu leben wussten. Sie sind Lichter der Hoffnung. Gewiss, Jesus Christus ist das Licht selber, die Sonne, die über allen Dunkelheiten der Geschichte aufgegangen ist. Aber wir brauchen, um zu ihm zu finden, auch die nahen Lichter – die Menschen, die Licht von seinem Licht schenken und so Orientierung bieten auf unserer Fahrt. Und welcher Mensch könnte uns mehr als Maria Stern der Hoffnung sein – sie, die mit ihrem Ja Gott selbst die Tür geöffnet hat in unsere Welt; sie, die zur lebendigen Bundeslade wurde, in der Gott Fleisch annahm, einer von uns geworden ist, unter uns „zeltete" (vgl. Johannes 1,14)? …

Heilige Maria, Mutter Gottes, unsere Mutter, lehre uns, mit dir zu glauben, zu hoffen und zu lieben. Zeige uns den Weg zu seinem Reich. Stern des Meeres, leuchte uns und führe uns auf unserem Weg.

Enzyklika „Spe salvi", 49.50

## 4. Januar
# AUFBRUCH

„Leben im Aufbruch". Solches Leben ist gleichsam ein anderes Wort für Christsein. Leben im Aufbruch ist der konkrete Vollzug des Glaubens, des Offen-Seins für Gott, des Aufbrechens zu Ihm hin, dem Ursprung und Ziel des Menschen … Es braucht einen neuen geistlichen Aufbruch! Der mancherorts notwendige Um- und Rückbau pastoraler Strukturen und kirchlicher Einrichtungen, der Mangel an Christen, die ihren Glauben entschieden, bewusst, kirchlich und öffentlich leben, und der damit in Verbindung stehende Rückgang an Priesterberufungen sind als „Zeichen der Zeit" zu werten. Wir müssen genauer unterscheiden, was dem Evangelium entspricht und was nicht zu Gottes Präsenz gehört.

Solche „Zeit-Zeichen" erfordern in der Tat ein neues geistliches Aufbrechen, werfen die Frage auf, wie das kirchliche Leben im Bistum heute zu gestalten ist, damit es seinem bleibenden Grundauftrag, den Menschen … das Evangelium Christi zu verkünden und sie so Gott näher zu bringen, nachkommen kann. Es muss also stets das Wesentliche im Blick bleiben, nämlich der gelebte Glaube und die unverkürzte Weitergabe des Glaubens an die Menschen von heute und morgen.

Das Christsein beginnt in den Glaubensvollzügen eines jeden von uns: im Bemühen und in der Treue im Gebet, in der Mitfeier der heiligen Eucharistie und im Empfang der Sakramente sowie im Streben nach der authentischen Umsetzung des Evangeliums im Alltag und im konkreten Zeugnis für Christus vor denen, die keine Christen sind.

Botschaft zum 50. Gründungstag der Diözese Essen, 16.12.2007

## 5. Januar
# WEITERGEHEN

Man kann fragen, warum Gott nicht eine Welt gemacht hat, in der seine Gegenwart offenkundiger ist; warum Christus nicht einen anderen, jeden unwiderstehlich treffenden Glanz seiner Gegenwart zurückgelassen hat.

Das ist das Geheimnis von Gott und Mensch, das wir nicht durchdringen können. Wir leben in dieser Welt, in der Gott eben nicht die Evidenz des Greifbaren hat, sondern nur durch den Aufbruch des Herzens, den „Exodus" aus „Ägypten", gesucht und gefunden werden kann. In *dieser* Welt müssen wir uns den Täuschungen falscher Philosophen widersetzen und erkennen, dass wir nicht vom Brot allein leben, sondern zuallererst vom Gehorsam gegen Gottes Wort. Und erst wo dieser Gehorsam gelebt wird, wächst die Gesinnung, die auch Brot für alle zu schaffen vermag ...

Wer dem Willen Gottes folgt ... der weiß, dass der Grund der Welt Liebe ist und dass er daher auch da, wo kein Mensch ihm helfen kann oder will, im Vertrauen auf den weitergehen darf, der ihn liebt.

Jesus von Nazareth, 63.67

18

## 6. Januar

# DER VERHEISSENE KÖNIG

Der neue König, den [die Sterndeuter] anbeteten, war ganz anders, als sie erwartet hatten. So mussten sie lernen, dass Gott anders ist, als wir ihn uns gewöhnlich vorstellen. Nun begann ihre innere Wanderung. Sie begann in dem Augenblick, in dem sie sich vor diesem Kind niederwarfen und es als den verheißenen König anerkannten. Aber diese freudigen Gesten mussten sie erst innerlich einholen …

Sie wollten durch den Dienst für ihn und die Gefolgschaft mit ihm der Sache der Gerechtigkeit, des Guten in der Welt dienen. Und da hatten sie recht. Aber nun lernen sie, dass das nicht einfach durch Befehle und von Thronen herunter geschehen konnte. Nun lernen sie, dass sie sich selbst geben müssen – kein geringeres Geschenk verlangt dieser König.

Nun lernen sie, dass ihr Leben von der Weise geprägt sein muss, wie Gott Macht ausübt und wie Gott selber ist: Sie müssen Menschen der Wahrheit, der Barmherzigkeit werden. Sie werden nicht mehr fragen: Was bringt das für mich, sondern sie müssen nun fragen: Womit diene ich der Gegenwart Gottes in der Welt. Sie müssen lernen, sich zu verlieren und gerade so sich zu finden.

Indem sie weggehen von Bethlehem, müssen sie auf der Spur des wahren Königs bleiben, in der Nachfolge Jesu.

Bei der Gebetsvigil mit Jugendlichen in Köln, 20.8.2005

# SIE ERKANNTEN

Die Magier beteten das Kind von Bethlehem an, weil sie in ihm den verheißenen Messias erkannten, den eingeborenen Sohn des Vaters; „in ihm allein", schreibt der heilige Paulus, „wohnt wirklich die ganze Fülle Gottes" (Kolosser 2,9). Eine ähnliche Erfahrung machten in gewisser Weise die Jünger Petrus, Jakobus und Johannes [bei] der Verklärung des Herrn: Ihnen hat Jesus auf dem Berg Tabor seine göttliche Herrlichkeit offenbart und den endgültigen Sieg über den Tod angekündigt [vgl. Matthäus 17,1–9]. Durch das Ostergeschehen wird der gekreuzigte und auferstandene Christus später seine Gottheit vollends kundtun und allen Menschen das Geschenk seiner erlösenden Liebe anbieten.

Die Heiligen sind diejenigen, die dieses Geschenk angenommen haben und zu wahren Anbetern des lebendigen Gottes geworden sind, indem sie ihn jeden Augenblick ihres Lebens vorbehaltlos geliebt haben …

Wer könnte uns besser als Maria auf diesem anspruchsvollen Weg zur Heiligkeit begleiten? Wer könnte uns besser als sie lehren, Christus anzubeten? Sie helfe besonders den jungen Generationen, in Christus das wahre Antlitz Gottes zu erkennen, ihn anzubeten und zu lieben und ihm mit ganzer Hingabe zu dienen.

Vor dem Angelusgebet in Castelgandolfo, 7.8.2005

## 8. Januar

# AUF DEM PILGERWEG

Wer sind die „Sterndeuter" von heute und wie weit sind sie auf ihrer und wir auf unserer Reise gelangt? ...

Im Abstand von zweitausend Jahren können wir in den Gestalten der Sterndeuter gleichsam eine Vorwegnahme dieser drei grundlegenden Dimensionen des neomodernen Humanismus erkennen: die politische, die wissenschaftliche und die religiöse Dimension. Die Epiphanie zeigt es uns auf dem „Pilgerweg", das heißt auf einem Weg der Suche, die oft verwirrt ist, ein Weg, der schließlich einen Zielpunkt in Christus hat, auch wenn der Stern manchmal verborgen ist. Gleichzeitig macht uns Gott deutlich, dass er seinerseits zum Menschen hinpilgert. Da ist nicht nur die Pilgerreise des Menschen hin zu Gott. Gott selbst hat sich auf den Weg hin zu uns gemacht. Denn wer ist Christus, wenn nicht Gott, der sozusagen aus sich herausgegangen ist, um der Menschheit entgegenzukommen? Aus Liebe ist er zur Geschichte in unserer Geschichte geworden; aus Liebe ist er gekommen, um uns den Keim des neuen Lebens zu bringen (vgl. Johannes 3,3 – 6) und dieses neue Leben in die Ackerfurchen unserer Erde zu säen, damit es keime, blühe und Frucht bringe.

Predigt im Petersdom, 6.1.2006

## 9. Januar

# DIE GROSSE HOFFNUNG

Wir brauchen die kleineren oder größeren Hoffnungen, die uns Tag um Tag auf dem Weg halten. Aber sie reichen nicht aus ohne die große Hoffnung, die alles andere überschreiten muss. Diese große Hoffnung kann nur Gott sein, der das Ganze umfasst und der uns geben und schenken kann, was wir allein nicht vermögen. Gerade das Beschenktwerden gehört zur Hoffnung. Gott ist das Fundament der Hoffnung – nicht irgendein Gott, sondern der Gott, der ein menschliches Angesicht hat und der uns geliebt hat bis ans Ende: jeden einzelnen und die Menschheit als ganze. Sein Reich ist kein imaginäres Jenseits einer nie eintretenden Zukunft; sein Reich ist da, wo er geliebt wird und wo seine Liebe bei uns ankommt. Seine Liebe allein gibt uns die Möglichkeit, in aller Nüchternheit immer wieder in einer ihrem Wesen nach unvollkommenen Welt standzuhalten, ohne den Elan der Hoffnung zu verlieren. Und seine Liebe ist uns zugleich Gewähr dafür, dass es das gibt, was wir nur dunkel ahnen und doch im Tiefsten erwarten: das Leben, das „wirklich" Leben ist.

Enzyklika „Spe salvi", 31

## 10. Januar
# HOFFNUNG IM VOLLZUG

Alles ernsthafte und rechte Tun des Menschen ist Hoffnung im Vollzug. Zunächst in dem Sinn, dass wir dabei unsere kleineren oder größeren Hoffnungen voranzubringen versuchen: diese oder jene Aufgabe lösen, die für den weiteren Weg unseres Lebens wichtig ist; durch unseren Einsatz dazu beitragen, dass die Welt ein wenig heller und menschlicher wird und so auch sich Türen in die Zukunft hinein auftun. Aber der tägliche Einsatz für das Weitergehen des eigenen Lebens und für die Zukunft des Ganzen ermüdet oder schlägt in Fanatismus um, wenn uns nicht das Licht jener großen Hoffnung leuchtet, die auch durch Misserfolge im Kleinen und durch das Scheitern geschichtlicher Abläufe nicht aufgehoben werden kann. Wenn wir nicht auf mehr hoffen dürfen als auf das jeweils gerade Erreichbare und auf das, was die herrschenden politischen und wirtschaftlichen Mächte zu hoffen geben, wird unser Leben bald hoffnungslos.

Enzyklika „Spe salvi", 35

## 11. Januar

# NEUGEBURT

Das Fest der Taufe des Herrn beschließt die Weihnachtszeit. Die Liturgie legt uns den Bericht über die Taufe Jesu im Jordan ... vor (vgl. Markus 1,7–11). Der Evangelist erzählt, dass sich – nachdem Jesus die Taufe empfangen hatte [und er aus dem Wasser stieg] – der Himmel öffnete und der Heilige Geist in Gestalt einer Taube auf Ihn herabkam. Eine Stimme ertönte in diesem Augenblick aus den Höhen: „Du bist mein geliebter Sohn, an dir habe ich Gefallen gefunden."

Alle Evangelien haben die Taufe Jesu im Jordan erwähnt und hervorgehoben, wenn auch mit unterschiedlicher Gewichtung. Sie war nämlich Teil der Predigt der Apostel, denn sie bildete den Ausgangspunkt des ganzen Bogens von Geschehnissen und Worten, für die die Apostel Zeugnis geben wollten (vgl. Apostelgeschichte 1,21–22; 10,37–41).

Die apostolische Gemeinschaft hielt die Taufe Christi für sehr wichtig, nicht nur deshalb, weil bei dieser Gelegenheit zum ersten Mal in der Geschichte das Geheimnis der Dreifaltigkeit klar und vollständig offenbart wurde, sondern auch, weil das öffentliche Wirken Jesu auf den Straßen Palästinas von jenem Ereignis seinen Anfang nahm. Die Taufe Jesu im Jordan ist eine Vorwegnahme seiner Bluttaufe am Kreuz, und sie ist auch ein Symbol der gesamten sakramentalen Tätigkeit, mit der der Erlöser das Heil der Menschheit bewirken wird ...

Es besteht eine enge Verbindung zwischen der Taufe Christi und unserer Taufe. Über dem Jordan öffnete sich der Himmel, um anzuzeigen, dass der Heiland uns den Weg des Heils erschlossen hat, und wir können ihn gehen gerade dank unserer Neugeburt „aus Wasser und Geist" (vgl. Johannes 3,5), die sich durch die Taufe verwirklicht ...

Der sich aus der Taufe ergebende Auftrag besteht somit darin, auf Jesus zu „hören": das heißt, an ihn zu glauben, ihm fügsam zu folgen und seinen Willen, den Willen Gottes zu tun.

Vor dem Angelusgebet, 7.1.2007

**12. Januar**

# WIRKLICH ER SELBST

Der Mensch, der sich vollkommen in die Hände Gottes begibt, wird keine Marionette Gottes, keine langweilige, angepasste Person, und verliert seine Freiheit nicht.

Nur der Mensch, der sich ganz Gott anvertraut, findet die wahre Freiheit, die große und schöpferische Weite der Freiheit des Guten. Der Mensch, der sich Gott zuwendet, wird nicht kleiner, sondern größer, denn durch Gott und zusammen mit Ihm wird er groß, wird er göttlich, wird er wirklich er selbst.

Der Mensch, der sich in die Hände Gottes übergibt, entfernt sich nicht von den anderen, indem er sich in sein privates Heil zurückzieht; im Gegenteil, nur dann erwacht sein Herz wirklich, und er wird zu einer einfühlsamen und daher wohlwollenden und offenen Person.

Predigt im Petersdom, 8.12.2005

# LICHT, DAS UNS DEN WEG ZEIGT

Welche Menschen sind es, die Gottes Gnade erfahren, weil er sie liebt, und warum liebt er sie? Ist er parteilich? Liebt er nur bestimmte und überlässt die anderen sich selbst? Das Evangelium gibt uns Antwort auf diese Frage, indem es uns Menschen zeigt, die von Gott geliebt sind. Da sind einzelne – Maria, Josef, Elisabeth, Zacharias, Simeon, Anna und andere. Aber da sind auch zwei Gruppen von Menschen: die Hirten und die Weisen aus dem Morgenland … Bleiben wir bei den Hirten. Was sind das für Menschen? Es sind wachende Menschen. Das gilt zunächst in dem äußeren Sinn, dass sie nachts bei ihren Schafen wachten. Aber es gilt ebenso in einem tieferen Sinn: Sie sind ansprechbar für Gott. Ihr Leben ist nicht in sich selbst geschlossen, ihr Herz ist offen. Irgendwie warten sie im Tiefsten auf ihn. Ihre Wachheit ist Bereitsein – Bereitsein zum Hören, Bereitsein zum Aufbrechen; sie ist Warten auf das Licht, das uns den Weg zeigt …

Gott liebt alle, denn alle sind seine Geschöpfe. Doch manche Menschen haben ihre Herzen verschlossen; seine Liebe findet keinen Zugang zu ihnen. Sie meinen, Gott nicht zu brauchen; sie wollen ihn nicht. Andere, die vielleicht auch in moralischer Hinsicht armselig und sündig sind, leiden doch darunter. Sie warten auf Gott, sie wissen, dass sie seine Güte brauchen, auch wenn sie keine genaue Vorstellung davon haben. In ihre wartende Offenheit kann Gottes Licht eintreten und mit ihm sein Friede.

Predigt bei der Mitternachtsmesse im Petersdom, 25.12.2005

## 14. Januar
# GOTTESERPROBUNG

[Vor uns] steht die ganze große Frage, wie man Gott erkennen und wie man ihn nicht erkennen kann, wie der Mensch zu Gott stehen und wie er ihn verlieren kann. Der Hochmut, der Gott zum Objekt machen und ihn unseren Bedingungen unterwerfen will, die wir für unsere Gewissheit als nötig erklären, kann Gott nicht finden. Denn er setzt bereits voraus, dass wir Gott als Gott leugnen, weil wir uns über ihn stellen. Weil wir die ganze Dimension der Liebe, des inneren Hörens ablegen und nur noch das Experimentierbare, das in unsere Hand gegeben ist, als wirklich anerkennen. Wer so denkt, macht sich selbst zu Gott und erniedrigt dabei nicht nur Gott, sondern die Welt und sich selber.

Jesus von Nazareth, 66

## 15. Januar
# GOTTES PRIMAT

Die auf rein technisch-materiellen Prinzipien aufgebaute Entwicklungshilfe des Westens, die Gott nicht nur ausgelassen, sondern die Menschen von Gott abgedrängt hat mit dem Stolz ihrer Besserwisserei, hat erst die Dritte Welt im heutigen Sinn gemacht. Sie hat die gewachsenen religiösen, sittlichen und sozialen Strukturen beiseitegeschoben und ihre technizistische Mentalität ins Leere hineingestellt. Sie glaubte, Steine in Brot verwandeln zu können, aber sie hat Steine für Brot gegeben.

Es geht um den Primat Gottes. Es geht darum, ihn als Wirklichkeit anzuerkennen, als Wirklichkeit, ohne die nichts anderes gut sein kann. Die Geschichte kann nicht abseits von Gott durch bloß materielle Strukturen geregelt werden. Wenn das Herz des Menschen nicht gut ist, kann nichts anderes gut werden. Und die Güte des Herzens kann letzlich nur von dem kommen, der die Güte – das Gute – selbst ist.

Jesus von Nazareth, 62

## 16. Januar

# DIE ORDNUNG DER GÜTER

„Der Mensch lebt nicht vom Brot allein, sondern von jedem Wort, das aus Gottes Mund kommt" (Matthäus 4,4). Es gibt dazu einen Satz des von den Nationalsozialisten hingerichteten deutschen Jesuitenpaters Alfred Delp: „Brot ist wichtig, Freiheit ist wichtiger, am wichtigsten aber ist die ungebrochene Treue und die unverratene Anbetung."

Wo die Ordnung der Güter nicht geachtet, sondern auf den Kopf gestellt wird, da entsteht nicht mehr Gerechtigkeit, da wird nicht mehr für den leidenden Menschen gesorgt, sondern da wird auch der Bereich der materiellen Güter zerrüttet und zerstört. Wo Gott als sekundäre Größe angesehen wird, die man zeitweise oder überhaupt wichtigerer Dinge wegen beiseitelassen kann, da scheitern gerade diese vermeintlich wichtigeren Dinge ...

Es geht um den Primat Gottes ... Auch im Vaterunser [wird] zunächst der Primat Gottes aufgerichtet, aus dem von selbst die Sorge um das rechte Menschsein folgt ... Zuerst müssen wir aus uns heraustreten und uns Gott öffnen. Nichts kann recht werden, wenn wir mit Gott nicht in der rechten Ordnung stehen.

Jesus von Nazareth, 62.168

## 17. Januar

# WELTVERÄNDERNDE KRAFT

Die Kraft, die in Stille und ohne viel Lärm die Welt verändert und sie in das Reich Gottes verwandelt, ist der Glaube – und Ausdruck des Glaubens ist das Gebet …

Der Glaube versichert uns, dass Gott unser Gebet hört und zur rechten Zeit erfüllt, auch wenn die tägliche Erfahrung, diese Gewissheit zu verneinen scheint. In der Tat, angesichts mancher schlechter Nachrichten oder zahlreicher täglicher Beschwerlichkeiten des Lebens, die in den Zeitungen nicht einmal am Rande Erwähnung finden, kommt einem unwillkürlich die Bitte des alten Propheten in den Sinn: „Wie lange, Herr, soll ich noch rufen, und du hörst nicht? Ich schreie zu dir: Hilfe, Gewalt! Aber du hilfst nicht" (Habakuk 1,2).

Auf diesen flehentlichen Ruf gibt es nur eine Antwort: Gott kann ohne unsere Umkehr die Dinge nicht verändern, und unsere wahre Umkehr beginnt mit dem „Schrei" der Seele, die Vergebung und Heil erfleht. Das christliche Gebet ist daher nicht ein Ausdruck von Fatalismus oder Untätigkeit, es ist vielmehr das Gegenteil der Flucht vor der Wirklichkeit, das Gegenteil der tröstlichen Innerlichkeit: es ist die Kraft der Hoffnung, höchster Ausdruck des Glaubens an die Macht Gottes, der Liebe ist und uns nicht verlässt.

Das Gebet, das Jesus uns gelehrt hat und das in Getsemani seinen Höhepunkt gefunden hat, hat das Merkmal des „Agonismus", das heißt des Kampfes, denn es stellt sich entschieden auf die Seite des Herrn, um gegen die Ungerechtigkeit zu kämpfen und das Böse mit dem Guten zu besiegen; es ist die Waffe der Kleinen und derjenigen, die arm sind vor Gott, die jeder Art von Gewalt entsagen. Sie antworten auf sie vielmehr mit der dem Evangelium gemäßen Gewaltlosigkeit und bezeugen auf diese Weise, dass die Wahrheit der Liebe stärker ist als Hass und Tod.

Predigt beim Pastoralbesuch in Neapel, 21.10.2007

## 18. Januar

# MIGRANTEN

Im Drama der Familie von Nazareth, die gezwungen ist, nach Ägypten zu fliehen, [um der Verfolgung durch König Herodes zu entgehen (vgl. Matthäus 2,13 – 15)], erkennen wir die schmerzliche Lebenssituation aller Migranten, besonders der Flüchtlinge, der Verbannten, der Vertriebenen, der Asylanten, der Verfolgten. Wir erkennen die Schwierigkeiten jeder Migrantenfamilie, die Entbehrungen, die Demütigungen, die Bedrängnis und die Schwachheit vieler Millionen von Migranten, Flüchtlingen und Asylanten. Die Familie von Nazareth spiegelt das Abbild Gottes wider, das im Herzen jeder menschlichen Familie bewahrt wird, auch wenn es durch die Emigration entstellt und entkräftet worden ist ...

Wenn wir den Bereich der Zwangsauswanderer, der Vertriebenen und Flüchtlinge und der Opfer des Menschenhandels näher betrachten, treffen wir dort bedauerlicherweise viele Kinder und Heranwachsende ...

Wie sollte man nicht an die kleinen Lebewesen denken, die mit der gleichen legitimen Erwartung von Glück auf die Welt gekommen sind wie alle anderen? ... Für diese Kinder und Jugendlichen ist die einzige Lebenserfahrung das Lager, in dem sie sich gezwungenermaßen aufhalten müssen, wo sie abgesondert sind, fern von Wohngebieten und ohne die Möglichkeit, eine normale Schule besuchen zu können. Wie können sie mit Vertrauen in die Zukunft blicken? Wenn es auch wahr ist, dass viel für sie getan wird, so muss man sich doch noch stärker dafür einsetzen, dass ihnen durch die Schaffung geeigneter Strukturen für ihre Aufnahme und für ihre Ausbildung geholfen wird.

Botschaft zum Welttag der Migranten und Flüchtlinge 2007 / 2008

# UNSER TUN

**W**ir können uns und die Welt öffnen für das Hereintreten Gottes: der Wahrheit, der Liebe, des Guten. Das ist es, was die Heiligen taten, die als „Mitarbeiter Gottes" zum Heil der Welt beigetragen haben (vgl. 1 Korinther 3,9; 1 Thessalonicher 3,2). Wir können unser Leben und die Welt von den Vergiftungen und Verschmutzungen freimachen, die Gegenwart und Zukunft zerstören könnten. Wir können die Quellen der Schöpfung freilegen und reinhalten und so mit der Schöpfung, die uns als Gabe vorausgeht, ihrem inneren Anspruch und ihrem Ziel gemäß das Rechte tun. Dies behält Sinn, auch wenn wir äußerlich erfolglos bleiben oder ohnmächtig zu sein scheinen gegenüber dem Übergewicht der entgegengesetzten Mächte. So kommt einerseits aus unserem Tun Hoffnung für uns und für die anderen; zugleich aber ist es die große Hoffnung auf die Verheißungen Gottes, die uns Mut und Richtung des Handelns gibt in guten wie in bösen Stunden.

*Enzyklika „Spe salvi", 35*

## 20. Januar
# SINN FINDEN

Das scheint mir der erste Punkt zu sein: zu entdecken, dass mein Sein wirklich vernünftig ist, dass es ... einen Sinn hat. Und meine große Sendung ist es, diesen Sinn zu entdecken, ihn zu leben und so der großen kosmischen Harmonie, die der Schöpfer gedacht hat, ein neues Element zu geben. Unter diesen Voraussetzungen werden auch die schwierigen Dinge zu Augenblicken des Heranreifens, der Entwicklung und des Fortschreitens meines eigenen Seins, das einen Sinn hat von seiner Empfängnis bis zum letzten Augenblick des Lebens.

Wir können diese Realität eines Sinnes, der uns allen vorausgeht, erkennen; wir können auch den Sinn des Leidens und des Schmerzes wiederentdecken. Gewiss gibt es [die vielen unnützen Schmerzen], die wir vermeiden und aus der Welt verbannen müssen, die von Hass und Gewalt hervorgerufen werden ... Aber im Schmerz liegt auch ein tiefer Sinn, und nur wenn wir dem Schmerz und dem Leiden Sinn geben können, kann unser Leben zur Reife kommen. [Auch] die Liebe [ist] ohne den Schmerz nicht möglich, weil die Liebe stets ... voraussetzt, dass ich mich von mir selbst löse und den anderen in seinem Anderssein annehme. Sie setzt voraus, dass ich mich hinschenke und daher aus mir selbst herauskomme. All das ist Schmerz, Leiden, aber gerade in diesem Leiden des Mich-Verlierens für den anderen, für den Geliebten und daher für Gott werde ich groß und findet mein Leben die Liebe und in der Liebe seinen Sinn. Auch die Untrennbarkeit der Liebe vom Schmerz, der Liebe von Gott sind Elemente, die in unser modernes Bewusstsein Eingang finden müssen, um uns im Leben zu helfen.

Begegnung mit dem Klerus in Auronzo di Cadore, 24.7.2007

# GEGEN DEN STROM

Heute wie in der Vergangenheit ist derjenige, der Jünger Christi sein will, aufgerufen, gegen den Strom zu schwimmen, sich nicht von eigennützigen und schmeichelhaften Rufen verlocken zu lassen, die von verschiedenen Kanzeln zu uns dringen, wo Verhaltensweisen angepriesen werden, die von Arroganz und Gewalt, von Überheblichkeit und Erfolgsstreben um jeden Preis geprägt sind. In der modernen Gesellschaft ist leider ein manchmal zügelloser Wettlauf um äußeres Erscheinen und um Haben zum Schaden des Seins festzustellen, und die Kirche – Lehrmeisterin in Menschlichkeit – wird nicht müde, insbesondere die jungen Generationen zu ermahnen, wachsam zu bleiben und keine Angst davor zu haben, sich für „alternative" Wege zu entscheiden, die nur Christus weisen kann.

Ja, Jesus ruft alle seine Freunde dazu auf, ihr Leben einfach und solidarisch zu gestalten, aufrichtige und selbstlose innere Beziehungen zu den anderen zu knüpfen.

Ansprache an eine Delegation des
Katholischen Studentenverbandes Italiens, 9.11.2007

Wenn die Liebe zu Christus und zu den Brüdern nicht als etwas Nebensächliches und Oberflächliches angesehen wird, sondern vielmehr als der wahre und letzte Zweck unserer ganzen Existenz, muss man es verstehen, Grundsatzentscheidungen zu treffen, bereit zu sein zu radikalen Verzichten.

Predigt in Velletri, 23.9.2007

## 22. Januar

# AUFOPFERN

Zu einer heute vielleicht weniger praktizierten, aber vor nicht allzu langer Zeit noch sehr verbreiteten Weise der Frömmigkeit gehörte der Gedanke, man könne die kleinen Mühen des Alltags, die uns immer wieder einmal wie mehr oder weniger empfindliche Nadelstiche treffen, „aufopfern" und ihnen dadurch Sinn verleihen. In dieser Frömmigkeit gab es gewiss Übertriebenes und auch Ungesundes, aber es ist zu fragen, ob da nicht doch irgendwie etwas Wesentliches und Helfendes enthalten war. Was kann das heißen: „aufopfern"? Diese Menschen waren überzeugt, dass sie ihre kleinen Mühen in das große Mitleiden Christi hineinlegen konnten, so dass sie irgendwie zu dem Schatz des Mitleids gehörten, dessen die Menschheit bedarf. So könnten auch die kleinen Verdrießlichkeiten des Alltags Sinn gewinnen und zum Haushalt des Guten, der Liebe in der Menschheit beitragen. Vielleicht sollten wir doch fragen, ob solches nicht auch für uns wieder zu einer sinnvollen Möglichkeit werden kann.

Enzyklika „Spe salvi", 40

**23. Januar**

# GESTÄRKTES BEWUSSTSEIN

Christen brauchen keine Angst vor der geistigen Konfrontation mit einer Gesellschaft zu haben, hinter deren zur Schau gestellter intellektueller Überlegenheit sich doch Ratlosigkeit angesichts der letzten existentiellen Fragen verbirgt. Die Antworten, die die Kirche aus dem Evangelium des menschgewordenen Logos schöpft, haben sich fürwahr in den geistigen Auseinandersetzungen zweier Jahrtausende bewährt; sie sind von bleibender Gültigkeit. Von diesem Bewusstsein bestärkt, können wir zuversichtlich all denen Rede und Antwort stehen, die uns nach dem Grund der Hoffnung fragen, die uns erfüllt (vgl. 1 Petrus 3,15).

Dies gilt auch für unseren Umgang mit den Angehörigen anderer Religionen, vor allem den vielen Muslimen, die in Deutschland leben, und denen wir mit Respekt und Wohlwollen begegnen. Gerade sie, die an ihren religiösen Überzeugungen und Riten meist mit großem Ernst festhalten, haben ein Recht auf unser demütiges und festes Zeugnis für Jesus Christus.

Ansprache an die erste Gruppe deutscher Bischöfe
bei ihrem Ad-limina-Besuch, 10.11.2006

## 24. Januar
# MENSCHENFISCHER

Da sagte Jesus zu Simon, der noch nicht Petrus hieß: „Fürchte dich nicht! Von jetzt an wirst du Menschen fischen" (vgl. Lukas 5,10). Auch heute ist es der Kirche und den Nachfolgern der Apostel aufgetragen, ins hohe Meer der Geschichte hinauszufahren und die Netze auszuwerfen, um Menschen für das Evangelium – für Gott, für Christus, für das wahre Leben – zu gewinnen. Die Väter haben auch diesem Vorgang eine ganz eigene Auslegung geschenkt. Sie sagen: Für den Fisch, der für das Wasser geschaffen ist, ist es tödlich, aus dem Meer geholt zu werden. Er wird seinem Lebenselement entrissen, um dem Menschen zur Nahrung zu dienen. Aber beim Auftrag der Menschenfischer ist es umgekehrt. Wir Menschen leben entfremdet, in den salzigen Wassern des Leidens und des Todes; in einem Meer des Dunkels ohne Licht. Das Netz des Evangeliums zieht uns aus den Wassern des Todes heraus und bringt uns ans helle Licht Gottes, zum wirklichen Leben. In der Tat – darum geht es beim Auftrag des Menschenfischers in der Nachfolge Christi: die Menschen aus dem Salzmeer all unserer Entfremdungen ans Land des Lebens, zum Licht Gottes zu bringen ... Erst wo Gott gesehen wird, beginnt das Leben richtig.

*Predigt bei der Amtseinführung, 24.4.2005*

# BEKEHRUNG DES PAULUS

In seinem Brief an die Christen von Korinth bekennt Paulus, dass die Gnade Gottes in ihm das außerordentliche Ereignis der Bekehrung gewirkt hat: „Durch Gottes Gnade bin ich, was ich bin, und sein gnädiges Handeln an mir ist nicht ohne Wirkung geblieben" (1 Korinther 15,10). Einerseits belastet es ihn, sich der Verbreitung der Botschaft Christi in den Weg gestellt zu haben, gleichzeitig aber lebt er in der Freude, dem auferstandenen Herrn begegnet und von seinem Licht erleuchtet und verwandelt worden zu sein. Er wird sich stets an das Ereignis erinnern, das sein Dasein verändert hat, ein Ereignis, das für die ganze Kirche so wichtig ist, dass es in der Apostelgeschichte gleich dreimal erwähnt wird (vgl. Apostelgeschichte 9,3 – 9; 22,6 – 11; 26,12 – 18). Auf dem Weg nach Damaskus hörte Saulus die erschütternde Frage: „Warum verfolgst du mich?" Zu Boden gestürzt und innerlich erregt fragt er: „Wer bist du, Herr?", woraufhin er jene Antwort erhielt, die der Ausgangspunkt seiner Bekehrung war: „Ich bin Jesus, den du verfolgst" (Apostelgeschichte 9,4 – 5). Im selben Augenblick verstand Paulus das, was er später in seinen Schriften darlegen wird, dass nämlich die Kirche ein einziger Leib ist und Christus sein Haupt. So wurde er vom Christenverfolger zum Völkerapostel.

Predigt zum Abschluss der Gebetswoche
für die Einheit der Christen, 25.1.2006

## 26. Januar
# TIMOTHEUS UND TITUS

Wenn wir die beiden Gestalten des Timotheus und des Titus [die zwei engsten Mitarbeiter des Apostels Paulus] betrachten, bemerken wir einige sehr bedeutsame Tatsachen. Das Wichtigste ist, dass sich Paulus bei der Verwirklichung seiner Missionen auf Mitarbeiter stützte. Als Gründer und Hirt vieler Gemeinden bleibt er natürlich der Apostel schlechthin. Es wird jedoch deutlich, dass er nicht alles allein machte, sondern sich auf Vertrauenspersonen stützte, die seine Mühen ... teilten.

Eine weitere Beobachtung betrifft die Verfügbarkeit dieser Mitarbeiter. Die Quellen, die Timotheus und Titus betreffen, heben ihre Bereitwilligkeit bei der Übernahme verschiedener Aufträge hervor, die oft darin bestanden, Paulus auch unter nicht einfachen Umständen zu vertreten. Mit einem Wort, sie lehren uns, dem Evangelium großherzig zu dienen, wobei wir wissen, dass dies auch einen Dienst an der Kirche einschließt. Nehmen wir schließlich die Ermahnung auf, die der Apostel Paulus in seinem Brief an Titus richtet: „Ich will, dass du dafür eintrittst, damit alle, die zum Glauben an Gott gekommen sind, sich nach Kräften bemühen, das Gute zu tun. So ist es ... für alle Menschen nützlich (Titus 3,8). Durch unseren konkreten Einsatz müssen und können wir die Wahrheit dieser Worte entdecken und reich an guten Werken werden und so Christus, unserem Retter, die Tore der Welt öffnen.

Generalaudienz, 13.12.2006

# EINHEIT DER LIEBE

„**D**eus caritas est" (1 Johannes 4,8.16), Gott ist die Liebe. Auf diesem festen Fels ruht der ganze Glaube der Kirche. Insbesondere gründet auf ihm die geduldige Suche nach der vollen Einheit aller Jünger Christi: Wenn wir den Blick fest auf diese Wahrheit richten, die der Gipfelpunkt der göttlichen Offenbarung ist, dann erscheinen die Spaltungen, auch wenn sie nichts von ihrem schmerzhaften Ernst verlieren, überwindbar und entmutigen uns nicht … Aber man muss immer aufs Neue hier ansetzen: „Deus caritas est". Ich habe dem Thema der Liebe meine erste Enzyklika widmen wollen, die gerade heute veröffentlicht worden ist, und angesichts der glücklichen Fügung, dass dieser Termin zusammenfällt mit dem Abschluss der Gebetswoche für die Einheit der Christen, sind wir eingeladen … den Weg der Ökumene im Licht der Liebe Gottes … zu betrachten … Die wahre Liebe löscht legitime Unterschiede nicht aus, sondern bringt sie miteinander in Einklang in einer höheren Einheit, die nicht *von außen* auferlegt wird, sondern *von innen* heraus dem Ganzen sozusagen Form verleiht. Es ist das Geheimnis der Gemeinschaft, das, ebenso wie es Mann und Frau in jener Liebes- und Lebensgemeinschaft vereint, die die Ehe ist, auch die Kirche als Liebesgemeinschaft gestaltet, indem es einen vielgestaltigen Gaben- und Traditionsreichtum zu einer Einheit zusammenfügt. Im Dienst an dieser Einheit der Liebe steht die Kirche von Rom, die, wie der heilige Ignatius von Antiochien sagt, „den Vorsitz in der Liebe führt" (Ad Rom 1,1). Hier vor euch, liebe Brüder und Schwestern, möchte ich heute mein besonderes Amt, das Petrusamt, erneut Gott anempfehlen und das Licht und die Kraft des Heiligen Geistes darauf herabrufen, damit es stets die brüderliche Gemeinschaft aller Christen fördern möge.

Predigt zum Abschluss der Gebetswoche für die Einheit der Christen, 25.1.2006

**28. Januar**

# KEINE ANGST

In der Tat liegt die Geschichte nicht in den Händen dunkler Gewalten, des Zufalls oder rein menschlicher Entscheidungen. Über den sich entfesselnden bösen Mächten, über den mit Gewalt eindringenden Satan, über den vielen Plagen und Übeln, mit denen wir konfrontiert sind, steht der Herr, der höchste Richter der Geschichte. Er führt sie weise zum Aufgang des neuen Himmels und der neuen Erde, die im letzten Teil [der Offenbarung des Johannes] unter dem Bild des neuen Jerusalem besungen werden (21–22) …

Dank der Furcht vor dem Herrn … [die im Sprachgebrauch der Bibel keine Angst ist und nichts mit Angst zu tun hat] fürchtet man das Böse nicht, das in der Geschichte um sich greift … Dank der Furcht vor Gott haben wir keine Angst vor der Welt und all den Problemen. Wir haben keine Angst vor den Menschen, denn Gott ist stärker.

Generalaudienz, 11.5.2005

## 29. Januar

# WEM MICH ANVERTRAUEN?

**W**ir fragen heute zwar nicht nach einem König [wie die Sterndeuter aus dem Orient], aber wir sind unruhig über den Zustand der Welt, und wir fragen: Wo finde ich die Maßstäbe für mein Leben – wo die Maßstäbe, um an der Gestaltung der Gegenwart und Zukunft der Welt verantwortlich mitzuwirken? Wem darf ich vertrauen – wem mich anvertrauen? Wo ist derjenige, der mir die befriedigende Antwort geben kann auf die Erwartungen meines Herzens? …

Wenn sich am Horizont des Lebens diese Antwort abzeichnet, dann, liebe Freunde, muss man die nötigen Entscheidungen treffen. Es ist, wie wenn man sich an einem Scheideweg befindet: Welchen Weg soll man einschlagen? Den, zu dem die Leidenschaften anregen, oder den, welchen der Stern weist, der im Gewissen leuchtet? Als die Sterndeuter die Antwort hörten: „In Bethlehem in Judäa; denn so steht es bei dem Propheten" (Matthäus 2,5), entschieden sie sich, von diesem Wort erleuchtet, den Weg fortzusetzen bis zum Ziel. Von Jerusalem gingen sie nach Bethlehem, das heißt von dem Wort, das ihnen anzeigte, wo der König war, den sie suchten, bis zur Begegnung mit diesem König, der zugleich das Lamm Gottes war, das die Sünden der Welt hinwegnimmt. Dieses Wort ist auch an uns gerichtet. Auch wir müssen unsere Wahl treffen …

Ebenso wie die Heiligen Drei Könige sind alle Gläubigen, und besonders die jungen Menschen, dazu berufen, ihren Lebensweg als Pilgerweg zu gehen als Offene und Suchende auf der Suche nach Wahrheit, Gerechtigkeit und Liebe.

Dieser Stern ist es, den wir suchen müssen, dem wir nachgehen müssen. Es ist dies ein Weg, dessen endgültiges Ziel nur durch die Begegnung mit Christus zu finden ist, eine Begegnung, die sich ohne den Glauben nicht verwirklichen kann.

Ansprache beim Willkommensfest in Köln, 18.8.2005

## 30. Januar
# STERN DER HOFFNUNG

**W**enn das Leben ein Weg ist und dieser Weg oft dunkel, hart und mühsam wird, was für ein Stern wird ihn dann erhellen können? In meiner Enzyklika „Spe salvi" … habe ich geschrieben, dass die Kirche auf Maria schaut und sie als „Stern der Hoffnung" anruft (Nr. 49). Auf unserer gemeinsamen Fahrt auf dem Meer der Geschichte brauchen wir „Lichter der Hoffnung", das heißt Menschen, die Licht von Christus schöpfen und „so Orientierung bieten auf unserer Fahrt". Und wer könnte besser als Maria für uns „Stern der Hoffnung" sein? Sie hat mit ihrem „Ja", mit der hochherzigen Hingabe der vom Schöpfer empfangenen Freiheit die jahrtausendealte Hoffnung Wirklichkeit werden lassen, sie in diese Welt und in ihre Geschichte eintreten lassen.

Durch sie ist Gott Fleisch geworden, einer von uns, hat unter uns sein Zelt aufgeschlagen. Von kindlichem Vertrauen beseelt, sprechen wir darum zu ihr: „Lehre uns, Maria, mit dir glauben, hoffen und lieben; zeige uns den Weg, der zum Frieden führt, den Weg zum Reich Jesu. Du, Stern der Hoffnung, die du uns voll Bangen im unvergänglichen Licht der ewigen Heimat erwartest, leuchte über uns und leite uns in den Geschehnissen des Alltags, jetzt und in der Stunde unseres Todes. Amen!"

*Ansprache auf dem Spanischen Platz in Rom, 8.12.2007*

## 31. Januar
# FÜHRE UNS ZU IHM

Heilige Maria, Mutter Gottes,
du hast der Welt
das wahre Licht geschenkt,
Jesus, deinen Sohn – Gottes Sohn.
Du hast dich ganz
dem Ruf Gottes überantwortet
und bist so zum Quell der Güte geworden,
die aus ihm strömt.
Zeige uns Jesus. Führe uns zu ihm.
Lehre uns ihn kennen und ihn lieben,
damit auch wir selbst
wahrhaft Liebende
und Quelle lebendigen Wassers
werden können
inmitten einer dürstenden Welt.

Enzyklika „Deus caritas est", 42

Jeder Mensch braucht eine „Mitte" für sein Leben, eine Quelle der Wahrheit und der Güte, aus der er in der Abfolge der verschiedenen Situationen und in der Mühe des Alltags schöpfen kann. Beim stillen Innehalten hat es ein jeder von uns nötig, nicht nur den eigenen Herzschlag, sondern das Pochen einer verlässlichen Gegenwart in größerer Tiefe zu verspüren, die mit den Sinnen des Glaubens wahrnehmbar und dennoch weitaus wirklicher ist: die Gegenwart Christi, des Herzens der Welt.

Vor dem Angelusgebet, 1.6.2008

# Wer betet, vertut nicht seine Zeit

Lebendiger Kontakt mit Christus

# QUELLE DES WIRKENS – TRIEBKRAFT DER WELT

Das Gebet als die Weise, immer neu von Christus her Kraft zu holen [um sich von der Liebe führen zu lassen und so dem Menschen zu dienen], wird zu einer ganz praktischen Dringlichkeit. Wer betet, vertut nicht seine Zeit, selbst wenn die Situation ... einzig zum Handeln zu treiben scheint ... Die selige Teresa von Kalkutta ist ein sehr offenkundiges Beispiel dafür, dass die Gott im Gebet gewidmete Zeit dem tatsächlichen Wirken der Nächstenliebe nicht nur nicht schadet, sondern in Wirklichkeit dessen unerschöpfliche Quelle ist. In ihrem Brief zur Fastenzeit 1996 an ihre Mitarbeiterinnen im Laienstand schrieb die Selige: „Wir brauchen diese innige Verbindung zu Gott in unserem Alltagsleben. Und wie können wir sie erhalten? Durch das Gebet."

Enzyklika „Deus caritas est", 36

Das wahre Gebet ist nie egozentrisch, sondern immer auf den anderen ausgerichtet. Als solches treibt es den Beter zur „Ekstase" der Nächstenliebe, zur Fähigkeit, aus sich herauszugehen, um dem anderen als Nächster demütig und selbstlos zu dienen. Das wahre Gebet ist der Motor, die Triebkraft der Welt, denn es hält sie für Gott offen.

Predigt in der römischen Kirche Santa Sabina, 6.2.2008

# BEGEGNUNG MIT DEM KIND

Das heutige Fest der Darstellung Jesu im Tempel, vierzig Tage nach seiner Geburt, stellt uns einen besonderen Augenblick aus dem Leben der Heiligen Familie vor Augen: Wie es dem Gesetz des Mose entspricht, wird der kleine Jesus von Maria und Josef in den Tempel von Jerusalem gebracht, um dem Herrn geweiht zu werden (vgl. Lukas 2,22). Von Gott inspiriert, erkennen Simeon und Hanna in jenem Kind den sehnlich erwarteten Messias und machen über ihn eine Weissagung …

Die Worte, die bei dieser Begegnung dem greisen Simeon auf die Lippen kommen – „Meine Augen haben das Heil gesehen" (Lukas 2,30) –, finden im Herzen der Prophetin Hanna Widerhall. Diese gerechten und frommen Personen können, vom Licht Christi umfangen, im Jesuskind „die Rettung Israels" (Lukas 2,25) schauen. Ihre Erwartung verwandelt sich so in Licht, das die Geschichte erleuchtet. Simeon ist Träger einer alten Hoffnung, und der Geist des Herrn spricht zu seinem Herzen. Deshalb kann er den schauen, den viele Propheten und Könige zu sehen wünschten, Christus, das Licht, das die Heiden erleuchtet. In jenem Kind erkennt er den Retter, ahnt aber im Geist, dass sich um ihn die Geschicke der Menschheit abspielen werden und dass er durch alle, die ihn ablehnen, viel wird leiden müssen … Hanna ist eine „Prophetin", eine weise und fromme Frau, die den tiefen Sinn der geschichtlichen Ereignisse und der in ihnen verborgenen Boschaft Gottes deutet. Darum kann sie „Gott preisen" und „über das Kind zu allen sprechen, die auf die Erlösung Jerusalems warteten" (Lukas 2,38). Die lange Witwenschaft, die sie ganz dem Kult im Tempel gewidmet hatte, das Einhalten des wöchentlichen Fastens, die Teilnahme an der Erwartung aller, die die Erlösung Israels herbeisehnten – all das endet in der Begegnung mit dem Jesuskind.

Predigt im Petersdom am Fest der Darstellung des Herrn, 2.2.2006

## 3. Februar
# GEBET

**D**as Kreuzzeichen ist die grundlegende Geste unseres Gebets, des Gebets der Christen. Wer sich bekreuzigt, verkündet ein sichtbares Zeichen, ein öffentliches Ja zu ihm, der für uns gestorben und auferstanden ist, zu dem Gott, der in Demut und Schwäche seiner Liebe der Allmächtige ist – stärker als alle Macht und Intelligenz der Welt.

Vor dem Angelusgebet in Castelgandolfo, 11.9.2005

**W**o nicht mehr angebetet wird, wo nicht Gott zuerst die Ehre gegeben wird, da können die Dinge des Menschen nicht wachsen. Wir müssen daher versuchen, eben das Gesicht Christi, das Gesicht des lebendigen Gottes, sichtbar zu machen.

Ansprache bei der Begegnung<br>mit den deutschen Bischöfen in Köln, 21.8.2005

**D**as Gebet ist nichts Nebensächliches, nichts Beliebiges; es ist vielmehr eine Frage von Leben und Tod. Denn nur wer betet, wer sich also mit kindlicher Liebe Gott anvertraut, kann ins ewige Leben eingehen, das Gott selbst ist.

Vor dem Angelusgebet, 4.3.2007

## 4. Februar

# GOTTFÄHIG UND MENSCHENFÄHIG

Rechtes Beten ist ein Vorgang der inneren Reinigung, der uns gottfähig und so gerade auch menschenfähig macht … Damit das Gebet diese reinigende Kraft entfaltet, muss es einerseits ganz persönlich sein, Konfrontation meines Ich mit Gott, dem lebendigen Gott. Es muss aber andererseits immer wieder geführt und erleuchtet werden von den großen Gebetsworten der Kirche und der Heiligen, vom liturgischen Gebet, in dem der Herr uns immer wieder recht zu beten lehrt. Kardinal Nguyen Van Thuan hat in seinem Exerzitienbuch [„Hoffnung, die uns trägt"] erzählt, wie es lange Momente der Gebetsunfähigkeit in seinem Leben gab und wie er sich an den Gebetsworten der Kirche festgehalten hat: am Vaterunser, am Ave Maria, an den Gebeten der Liturgie. Im Beten muss es immer dieses Ineinander von gemeinschaftlichem und persönlichem Gebet geben. So können wir mit Gott reden, so redet Gott zu uns. So geschehen an uns die Reinigungen, durch die wir gottfähig werden und die uns befähigen, den Menschen zu dienen. So werden wir der großen Hoffnung fähig, und so werden wir Diener der Hoffnung für die anderen: Hoffnung im christlichen Sinn ist immer auch Hoffnung für die anderen. Und sie ist aktive Hoffnung … gerade auch in dem Sinn, dass wir die Welt für Gott offenhalten. Nur so bleibt sie auch wahrhaft menschlich.

Enzyklika „Spe salvi", 33.34

# NIE GANZ ALLEIN

Ein ... wesentlicher Lernort der Hoffnung ist das Gebet. Wenn niemand mehr mir zuhört, hört Gott mir immer noch zu. Wenn ich zu niemandem mehr reden, niemanden mehr anrufen kann – zu Gott kann ich immer reden. Wenn niemand mehr mir helfen kann – wo es sich um eine Not oder eine Erwartung handelt, die menschliches Hoffenkönnen überschreitet –: Er kann mir helfen. Wenn ich in eine letzte Einsamkeit verstoßen bin: Der Betende ist nie ganz allein. Aus dreizehn Gefängnisjahren, davon neun in der Isolierhaft verbracht, hat uns der unvergessliche Kardinal Nguyen Van Thuan ein kostbares kleines Buch hinterlassen: „Gebete der Hoffnung". Dreizehn Jahre in Haft, in einer Situation scheinbar totaler Hoffnungslosigkeit, ist ihm das Zuhören Gottes, das Redenkönnen mit ihm zu einer wachsenden Kraft der Hoffnung geworden, die ihn nach seiner Freilassung beflügelt hat, den Menschen in aller Welt Zeuge der Hoffnung zu werden – der großen Hoffnung, die auch in den Nächten der Einsamkeit nicht untergeht.

Enzyklika „Spe salvi", 32

# WAS WIR WIRKLICH ERBITTEN DÜRFEN

Beten bedeutet nicht, aus der Geschichte auszusteigen und sich in den privaten Winkel des eigenen Glücks zurückzuziehen ... Im Beten muss der Mensch lernen, was er von Gott wirklich erbitten darf – was Gottes würdig ist. Er muss lernen, dass er nicht gegen den anderen beten kann. Er muss lernen, dass er nicht um die oberflächlichen und bequemen Dinge bitten darf, die er sich gerade wünscht – die falsche kleine Hoffnung, die ihn von Gott wegführt. Er muss seine Wünsche und Hoffnungen reinigen. Er muss sich von seinen stillen Lügen befreien, mit denen er sich selbst betrügt: Gott durchschaut sie, und die Konfrontation mit Gott nötigt ihn, sie selbst zu erkennen ... Das Nichterkennen von Schuld, der Unschuldswahn, rechtfertigt und rettet mich nicht, denn ich bin selbst schuld an der Abstumpfung meines Gewissens, an meiner Unfähigkeit, das Böse in mir als solches zu erkennen. Wenn es Gott nicht gibt, muss ich mich vielleicht in solche Lügen flüchten, weil es niemand gibt, der mir vergeben könnte, niemand, der wirklich Maßstab ist. Aber die Begegnung mit Gott weckt mein Gewissen, damit es nicht mehr Selbstrechtfertigung, Spiegelung meiner selbst und der mich prägenden Zeitgenossen ist, sondern Hörfähigkeit für das Gute selber wird.

Enzyklika „Spe salvi", 33

# WIE WIR BETEN SOLLEN

Die Bergpredigt entwirft ein umfassendes Bild vom rechten Menschsein. Sie will uns zeigen, wie das geht: ein Mensch zu sein … Ihre grundlegenden Einsichten könnte man in der Aussage zusammenfassen: Der Mensch ist nur von Gott her zu verstehen, und nur wenn er in der Beziehung zu Gott lebt, wird sein Leben recht. Gott aber ist nicht ein ferner Unbekannter. Er zeigt uns in Jesus sein Gesicht; in seinem Tun und in seinem Willen lernen wir die Gedanken Gottes und Gottes Willen selber kennen.

Wenn Menschsein wesentlich Beziehung zu Gott bedeutet, so ist klar, dass dazu das Reden mit Gott und das Hören auf Gott gehört. Deswegen gehört zur Bergpredigt auch eine Lehre vom Gebet; der Herr sagt uns, wie wir beten sollen.

Jesus von Nazareth, 162

## 8. Februar

# NICHT WIE DIE HEUCHLER

Bei Matthäus geht dem Herrengebet eine kurze Katechese über das Gebet voraus [vgl. 6,5–8], die uns vor allem vor den Fehlformen des Betens warnen will. Gebet darf nicht Schaustellung vor den Menschen sein; es verlangt die Diskretion, die einer Beziehung der Liebe wesentlich ist. Gott redet jeden Einzelnen mit seinem Vornamen an, den sonst niemand kennt, sagt uns die Schrift (vgl. Offenbarung des Johannes, 17). Gottes Liebe zu jedem Einzelnen ist ganz persönlich und trägt dieses Geheimnis der Einmaligkeit in sich, die nicht vor den Menschen ausgebreitet werden kann.

Diese wesentliche Diskretion des Betens schließt das gemeinsame Beten nicht aus: Das Vaterunser selbst ist ein Wir-Gebet, und nur im Mitsein mit dem Wir der Kinder Gottes können wir überhaupt die Grenze dieser Welt überschreiten und zu Gott hinaufreichen … Im Beten müssen sich [das] Persönliche und das Gemeinschaftliche immer durchdringen.

Jesus von Nazareth, 162

## 9. Februar

# KEIN WORTSCHWALL, IN DEM DER GEIST ERSTICKT

[Die] andere Fehlform des Betens, vor der uns der Herr warnt, ist das Geplapper, der Wortschwall, in dem der Geist erstickt. Wir alle kennen die Gefahr, dass wir gewohnte Formeln hersagen und dabei der Geist ganz woanders ist. Am aufmerksamsten sind wir, wenn wir Gott aus innerster Not um etwas bitten oder ihm aus freudigem Herzen für erfahrenes Gutes danken. Das Wichtigste aber ist – über solche Augenblickssituationen hinaus –, dass die Beziehung zu Gott auf dem Grund unserer Seele anwesend ist. Damit das geschieht, muss diese Beziehung immer neu wachgerufen werden und müssen die Dinge des Alltags immer wieder auf sie zurückbezogen werden.

Wir werden umso besser beten, je mehr in der Tiefe unserer Seele die Ausrichtung auf Gott da ist. Je mehr sie der tragende Grund unserer ganzen Existenz wird, desto mehr werden wir Menschen des Friedens sein. Desto mehr können wir den Schmerz tragen, desto mehr die anderen verstehen und uns ihnen öffnen.

Jesus von Nazareth, 163

## 10. Februar
# EINGESENKTSEIN IN DEN VATER

Das ist die Gesinnung Jesu Christi: sich gedrängt fühlen, zu den Menschen das Licht des Vaters zu bringen, ihnen zu helfen, damit Reich Gottes aus ihnen und in ihnen werde. Und die Gesinnung Jesu Christi ist es zugleich, dass er immer zutiefst in der Gemeinschaft mit dem Vater verwurzelt, in sie eingesenkt ist. Wir sehen es sozusagen äußerlich daran, dass die Evangelisten uns immer wieder erzählen, dass er sich auf den Berg zurückzieht, er allein, um zu beten.

Sein Wirken kommt aus dem Eingesenktsein in den Vater: Gerade dieses Eingesenktsein in den Vater bedeutet, dass er herausgehen und durch alle Dörfer und Städte ziehen muss, um Gottes Reich, das heißt seine Gegenwart, sein „Dasein" mitten unter uns zu verkündigen, damit es in uns Gegenwart werde und durch uns die Welt verwandle, damit sein Wille geschehe, wie im Himmel so auf Erden, und der Himmel auf die Erden komme.

Ansprache bei der Begegnung mit Priestern
und Diakonen im Freisinger Mariendom, 14.9.2006

## 11. Februar

# IMMERWÄHRENDES GEBET

**D**iese unser ganzes Bewusstsein durchprägende Orientierung, das stille Anwesendsein Gottes auf dem Grund unseres Denkens, Sinnens und Seins, nennen wir das „immerwährende Gebet". Sie ist letztlich auch das, was wir mit Gottesliebe meinen, die zugleich die innerste Bedingung und Triebkraft der Nächstenliebe ist.

Dieses eigentliche Gebet, das stille innere Mitsein mit Gott, bedarf der Nahrung, und dazu dient das konkrete Gebet mit Worten oder Vorstellungen oder Gedanken. Je mehr Gott in uns da ist, desto mehr werden wir in den Gebetsworten wirklich bei ihm sein können. Aber umgekehrt gilt auch, dass das aktive Beten unser Mitsein mit Gott verwirklicht und vertieft. Dieses Beten kann und soll vor allem aus unserem Herzen, aus unseren Nöten, Hoffnungen, Freuden, Erleidnissen, aus der Beschämung über die Sünde wie aus dem Dank für das Gute aufsteigen und so ganz persönliches Beten sein.

*Jesus von Nazareth, 163f*

## 12. Februar
# GEBETSHILFEN

Aber wir brauchen auch immer Anhalt an Gebetsworten, in denen die Gottesbegegnung der ganzen Kirche wie der einzelnen Menschen ihre Gestalt gefunden hat. Denn ohne diese Gebetshilfen wird unser eigenes Beten und unser Gottesbild subjektiv und spiegelt zuletzt mehr uns selbst als den lebendigen Gott. In den Gebetsworten, die zuerst aus dem Glauben Israels und dann aus dem Glauben der Beter der Kirche aufgestiegen sind, lernen wir Gott und lernen wir uns selbst kennen. Sie sind Schule des Betens und so Verwandlungen und Öffnungen unseres Lebens …

Denn aus Eigenem wissen wir Menschen nicht, „wie wir in rechter Weise beten sollen" (Römerbrief 8,26) … Und so ist uns Gott zu Hilfe gekommen: Er gibt uns selbst die Gebetsworte vor und lehrt uns beten, schenkt uns in den von ihm kommenden Gebetsworten, uns auf den Weg zu ihm zu machen.

Jesus von Nazareth, 164f

**13. Februar**

# VATER UNSER

Wir müssen versuchen …, wirklich die Gedanken Jesu zu erkennen, die er uns in den Worten [des Vaterunsers] weitergeben wollte. Aber wir müssen auch gegenwärtig halten, dass das Vaterunser aus seinem eigenen Beten stammt, aus dem Gespräch des Sohnes mit dem Vater. Das besagt, dass es in eine große Tiefe jenseits der Worte hineinreicht. Es umfasst die ganze Weite des Menschseins aller Zeiten …

Jeder von uns darf sich mit seiner ganz persönlichen Gottesbeziehung in diesem Gebet angenommen und aufgehoben finden. Immer wieder muss er mit seiner „Mens", seinem eigenen Geist, der „Vox", dem vom Sohn her uns zukommenden Wort, entgegengehen, sich ihm öffnen und von ihm führen lassen. So wird sich auch gerade sein eigenes Herz öffnen und jeden Einzelnen erkennen lassen, wie der Herr gerade mit ihm beten will.

Jesus von Nazareth, 167

## 14. Februar

# VON GOTT HER AUF DIE WEGE DES MENSCHSEINS

Sehen wir uns kurz ... die Struktur des Vaterunser an, wie sie uns Matthäus überliefert hat [vgl. 6,9 –15]. Sie besteht zunächst in einer Anrede und sieben Bitten. Drei dieser Bitten sind Du-Bitten, vier sind Wir-Bitten. In den drei ersten Bitten geht es um die Sache Gottes selbst in dieser Welt; in den vier folgenden Bitten geht es um unsere Hoffnungen, Bedürfnisse und Nöte ...

Zuerst müssen wir aus uns selbst herausgehen und uns Gott öffnen. Nichts kann recht werden, wenn wir mit Gott nicht in der rechten Ordnung stehen. Das Vaterunser fängt daher mit Gott an und führt uns von ihm her auf die Wege des Menschseins. Wir steigen zuletzt ab bis zur letzten Bedrohung des Menschen, dem das Böse auflauert ... Aber immer bleibt der Anfang gegenwärtig: Vater unser.

Jesus von Nazareth, 168

# VATER UNSER IN DEN HIMMELN

Reinhold Schneider [1903–1958] schreibt in seiner Vaterunser-Auslegung: „Das Vaterunser beginnt mit einem großen Trost; wir dürfen Vater sagen. In diesem einen Wort ist die ganze Erlösungsgeschichte enthalten. Wir dürfen Vater sagen, weil der Sohn unser Bruder war und uns den Vater offenbart hat; weil wir durch die Tat Christi wieder Kinder Gottes geworden sind" …

Durch den Sohn finden wir den Vater. „Wer mich sieht, sieht den Vater", sagt Jesus im Abendmahlssaal zu Philippus auf dessen Bitte hin: „Zeige uns den Vater" (Johannesevangelium 14,8f) … Durch ihn [den Sohn], nur durch ihn lernen wir den Vater kennen …

Jeder Mensch ist eigens und als solcher von Gott gewollt. Jeden einzelnen kennt er. In diesem Sinn ist schon von der Schöpfung her der Mensch in besonderer Weise Gottes „Kind", Gott sein wahrer Vater … Nur Jesus konnte mit vollem Recht „mein Vater" sagen, weil nur er wirklich Gottes eingeborener Sohn ist, eines Wesens mit dem Vater. Wir alle müssen demgegenüber sagen: „unser Vater" …

Wenn irdische Vaterschaft trennt, so eint die himmlische: Himmel bedeutet also jene andere Höhe Gottes, aus der wir alle kommen und auf die wir alle zugehen sollen. Die Vaterschaft „in den Himmeln" verweist uns auf jenes größere „Wir", das alle Grenzen überschreitet und Frieden schafft.

Jesus von Nazareth, 169–176

# GEHEILIGT WERDE DEIN NAME

Die erste Vaterunser-Bitte erinnert uns an das 2. Gebot des Dekalogs: „Du sollst den Namen Gottes nicht verunehren." Aber was ist das, „der Name Gottes"? … Vor uns steht das Bild auf, wie Mose in der Wüste einen Dornbusch sieht, der brennt, aber nicht verbrennt. … Dann ruft ihn aus dem Dornbusch eine Stimme, und diese Stimme sagt ihm: „Ich bin der Gott deiner Väter, der Gott Abrahams, der Gott Isaaks und der Gott Jakobs" (Exodus 3,6) … Was am brennenden Dornbusch in der Wüste des Sinai begann, vollendet sich am brennenden Dornbusch des Kreuzes. Gott ist nun wirklich in seinem menschgewordenen Sohn ansprechbar geworden. Er gehört in unsere Welt hinein, hat sich gleichsam in unsere Hände gegeben … Je mehr er sich in unsere Hände gibt, desto mehr kann unser Missbrauch ihn unkenntlich machen … Wir können nur ihn selber bitten, dass er das Licht seines Namens nicht zerstören lasse in dieser Welt.

Und diese Bitte … ist freilich immer auch eine große Gewissenserforschung für uns: Wie gehe ich mit dem heiligen Namen Gottes um? Sorge ich mich darum, dass das heilige Mitsein Gottes mit uns nicht ihn herabzieht in den Schmutz, sondern uns hinaufzieht in seine Reinheit und Heiligkeit?

Jesus von Nazareth, 176–179

## 17. Februar
# DEIN REICH KOMME

Mit dieser Bitte anerkennen wir zuallererst den Primat Gottes. Wo er nicht ist, kann nichts gut sein. Wo Gott nicht gesehen wird, verfällt der Mensch und verfällt die Welt … Jesus setzt eine alles entscheidende Priorität: „Reich Gottes" heißt „Herrschaft Gottes", und das bedeutet: Die Maßstäblichkeit seines Willens wird angenommen. Dieser Wille schafft Gerechtigkeit, zu der es gehört, dass wir Gott sein Recht geben und darin den Maßstab für das Recht unter den Menschen finden …

Um das Reich Gottes bitten heißt, zu Jesus zu sagen: Lass uns dein sein, Herr! Durchdringe du uns, lebe in uns; versammle die zerstreute Menschheit in deinem Leib, damit in dir alles Gott untergeordnet werde und du dann das All dem Vater übergeben kannst, auf dass „Gott alles in allem sei" (1 Korinther 15,26–28) …

Das Reich Gottes kommt über das hörende Herz. Das ist sein Weg. Darum müssen wir immer bitten.

Jesus von Nazareth, 179–181

# DEIN WILLE GESCHEHE, WIE IM HIMMEL SO AUF ERDEN

Zweierlei wird aus den Worten dieser Bitte unmittelbar deutlich: Es gibt einen Willen Gottes mit uns und für uns, der Maßstab unseres Wollens und Seins werden muss. Und das Wesen des „Himmels" ist es, dass dort unverbrüchlich Gottes Wille geschieht, oder etwas anders ausgedrückt: Wo Gottes Wille geschieht, ist Himmel. Das Wesen des Himmels ist das Einssein mit Gottes Willen, das Einssein von Willen und Wahrheit. Erde wird „Himmel", wenn und soweit Gottes Wille in ihr geschieht, und sie ist bloß „Erde", Gegenpol zum Himmel, wenn und soweit sie sich dem Willen Gottes entzieht. Deshalb bitten wir darum, dass es auf Erden werde wie im Himmel und dass Erde „Himmel" werde …

Jesus selbst [ist] im tiefsten und eigentlichen Sinn „der Himmel" – er, in dem und durch den Gottes Wille ganz geschieht. Auf ihn hinschauend lernen wir, dass wir nie aus Eigenem ganz „gerecht" sein können: Das Schwergewicht unseres eigenen Willens zieht uns immer wieder weg von Gottes Willen, lässt uns bloß „Erde" werden …

So beten wir in dieser dritten Vaterunser-Bitte zuletzt darum, dass wir ihm immer näher werden und so Gottes Wille die Schwerkraft unserer Eigensucht überwindet.

Jesus von Nazareth, 182–184

# UNSER TÄGLICHES BROT GIB UNS HEUTE

Die vierte Vaterunser-Bitte erscheint uns als die „menschlichste" von allen Bitten: Der Herr, der unseren Blick auf das Wesentliche, auf das „allein Notwendige" richtet, weiß doch auch um unsere irdischen Bedürfnisse und erkennt sie an. Er, der zu seinen Jüngern sagt: „Sorgt euch nicht um euer Leben und darum, dass ihr etwas zu essen habt" (Matthäus 6,25), lädt uns doch ein, um unsere Nahrung zu beten und so unsere Sorge Gott zu übertragen. Das Brot ist „Frucht der Erde und der menschlichen Arbeit", aber die Erde trägt keine Frucht, wenn sie nicht von oben Sonne und Regen empfängt. Dieses nicht in unsere Hände gegebene Zusammenspiel der kosmischen Kräfte steht gegen die Versuchung unseres Hochmuts, uns selber und allein durch unser eigenes Können das Leben zu geben. Solcher Hochmut macht gewalttätig und kalt. Er zerstört am Ende die Erde … Wir dürfen bitten und wir sollen bitten … Wir wissen: Wenn schon irdische Väter ihren bittenden Kindern Gutes geben, so wird Gott uns die Güter nicht verweigern, die nur er schenken kann (vgl. Lukas 11,9–13) …

Die Bitte um das tägliche Brot für alle ist gerade in ihrer irdischen Konkretheit wesentlich. Aber ebenso hilft sie uns auch, das bloß Materielle zu überschreiten und jetzt schon das „Morgige", das neue Brot zu erbitten. Und indem wir um das „Morgige" heute beten, werden wir gemahnt, schon jetzt aus dem Morgigen zu leben, aus der Liebe Gottes, die uns alle in Verantwortung füreinander ruft.

Jesus von Nazareth, 185–191

## 20. Februar

# UND VERGIB UNS UNSERE SCHULD, WIE AUCH WIR UNSEREN SCHULDNERN VERGEBEN HABEN

Mit dieser Bitte sagt uns der Herr: Schuld kann nur überwunden werden durch Vergebung, nicht durch Vergeltung. Gott ist ein Gott, der vergibt, weil er seine Geschöpfe liebt; aber die Vergebung kann nur in denjenigen eindringen, nur in dem wirksam werden, der selbst ein Vergebender ist ... Unversöhnt mit dem Bruder kann man nicht zu Gott hintreten; ihm zuvorzukommen in der Geste der Versöhnung ist Voraussetzung rechter Gottesverehrung [vgl. Matthäus 5,23f] ...

Vergebung kostet etwas – zuerst den, der vergibt: Er muss in sich das ihm geschehene Böse überwinden, es inwendig gleichsam verbrennen und sich darin selbst erneuern, so dass er dann auch den anderen, den Schuldigen in diesen Prozess der Verwandlung, der inneren Reinigung hineinnimmt und sie beide durch das Durchleiden und Überwinden des Bösen neu werden ...

Die Vergebungsbitte ist mehr als ein moralischer Appell – das ist sie auch. Und als solcher fordert sie uns täglich neu heraus. Aber sie ist zutiefst – wie auch die anderen Bitten – ein christologisches Gebet. Sie erinnert uns an den, der sich die Vergebung den Abstieg in die Mühsal der menschlichen Existenz und den Tod am Kreuz hat kosten lassen. So ruft sie uns zuallererst in die Dankbarkeit dafür und dann auch dazu, mit ihm das Böse durch die Liebe aufzuarbeiten, aufzuleiden.

*Jesus von Nazareth, 192 – 195*

# UND FÜHRE UNS NICHT IN VERSUCHUNG

Die Formulierung dieser Bitte ist für viele anstößig: Gott führt uns doch nicht in Versuchung … Die Versuchung kommt vom Teufel, aber zu Jesu messianischer Aufgabe gehört es, die großen Versuchungen [vgl. Matthäus 4,1f] zu bestehen, die die Menschheit von Gott weggeführt haben und immer wieder wegführen. Er muss diese Versuchungen durchleiden bis zum Tod am Kreuz und so den Weg der Rettung für uns öffnen …

Gott gibt dem Satan die Freiheit zur Erprobung, freilich mit genau definierten Grenzen: Gott lässt den Menschen nicht fallen, aber prüfen … Um reif zu werden, … um in ein tiefes Einssein mit Gottes Willen zu finden, braucht der Mensch die Prüfung. Wie der Saft der Traube vergären muss, um edler Wein zu werden, so braucht der Mensch Reinigungen, Verwandlungen, die ihm gefährlich sind, in denen er abstürzen kann, aber die doch die unerlässlichen Wege sind, um zu sich selbst und zu Gott zu kommen …

In unserem Beten der sechsten Vaterunser-Bitte muss so einerseits die Bereitschaft enthalten sein, die Last an Prüfung auf uns zu nehmen, die uns zugemessen ist. Andererseits ist es eben die Bitte darum, dass Gott uns nicht mehr zumisst, als wir zu tragen vermögen; dass er uns nicht aus den Händen lässt.

Jesus von Nazareth, 195–199

## 22. Februar

# KATHEDRA PETRI

Die Kirche feiert heute das Fest Kathedra Petri. Sie dankt dabei Gott für die Sendung, die Jesus Christus, der Herr der Kirche, dem Apostel Petrus und seinen Nachfolgern übertragen hat. Die Kathedra in der Bischofskirche einer jeden Diözese ist Sinnbild der Autorität des Bischofs, insbesondere seines Lehramts, das in der treuen Bewahrung und Weitergabe der Botschaft des Glaubens besteht.

Der Apostel Petrus hat sein Leben im Dienst Christi hier in Rom mit dem Martyrium vollendet. Rom ist daher zu Recht der Sitz seiner Nachfolger. Schon die ältesten Kirchenväter bezeugen die Würde der Kathedra des Bischofs von Rom, dessen Hirtenamt sich auf die ganze Kirche erstreckt. Der heilige Irenäus von Lyon spricht unter anderem davon, dass mit der Kirche von Rom „wegen ihres besonderen Vorrangs notwendig jede Kirche übereinstimmen muss, das heißt die Gläubigen von überall". Die Kathedra Petri zu feiern besagt somit, ihr eine tiefe geistliche Bedeutung zuzuschreiben und darin ein bevorzugtes Zeichen der Liebe Gottes zu erkennen, des guten und ewigen Hirten, der seine ganze Kirche zusammenführen und auf dem Weg des Heils leiten will ...

Unter den vielen Zeugnissen der Kirchenväter möchte ich gern jenes des heiligen Hieronymus wiedergeben, das einem seiner Briefe an den Bischof von Rom entnommen ist und ... ausdrücklich auf die „Kathedra" Petri Bezug nimmt und sie als sicheren Ankerplatz der Wahrheit und des Friedens darstellt. Hieronymus schreibt: „Ich habe beschlossen, bei der Kathedra Petri anzufragen, dort, wo jener Glaube ist, den der Mund eines Apostels gerühmt hat ... Ich folge keinem anderen Primat als dem Christi; deshalb setzte ich mich mit deiner Heiligkeit in Verbindung, das heißt mit der Kathedra Petri. Ich weiß, dass auf diesem Fels die Kirche gebaut ist" (Briefe I,15,1–2).

Generalaudienz, 22.2.2006

## 23. Februar

# SONDERN ERLÖSE UNS VON DEM BÖSEN

In der letzten Bitte des Vaterunser [kommen wir] mit der zentralen Hoffnung des Glaubens zum Vater. „Errette, erlöse, befreie uns!" Es ist letzten Endes die Bitte um Erlösung. Wovon sollen wir erlöst werden? Die neue Übersetzung des Vaterunser sagt „vom Bösen" und lässt damit offen, ob „das Böse" oder „der Böse" gemeint ist. Beides lässt sich letztlich nicht trennen. Ja, wir sehen vor uns den Drachen, von dem die Apokalypse spricht (vgl. Kapitel 12 und 13) …

Das Vaterunser als Ganzes, und im Besonderen diese Bitte, will uns sagen: Erst wenn du Gott verloren hast, hast du dich selbst verloren; dann bist du ein zufälliges Produkt der Evolution. Dann hat der „Drache" wirklich gesiegt. Solange er dir Gott nicht entreißen kann, bist du in allen Übeln, die dich bedrohen, immer noch zutiefst heil geblieben. Darum bitten wir zutiefst, dass uns der Glaube nicht entrissen wird, der uns Gott sehen lässt, der uns mit Christus verbindet. Darum bitten wir, dass wir über den Gütern nicht das Gut selbst verlieren, dass uns auch im Verlust von Gütern das Gute, Gott, nicht verlorengeht; dass wir nicht verlorengehen: Erlöse uns von dem Bösen!

Auch in dieser … Vaterunser-Bitte bleibt zentral, „dass wir von Sünden befreit werden", dass wir das Böse als das eigentliche „Übel" erkennen und dass uns der Blick auf den lebendigen Gott nie verstellt werde.

Jesus von Nazareth, 200–203

## 24. Februar
# PERSÖNLICHE BEGEGNUNG

Vor jedem Handeln und jeder Veränderung der Welt muss die Anbetung stehen. Nur sie macht uns wirklich frei; nur sie gibt uns die Kriterien für unser Handeln. Gerade in einer Welt, in der die Kriterien, die Orientierung bieten, immer weniger werden und die Gefahr besteht, dass jeder nur sich selbst zum Kriterium nimmt, ist es sehr wichtig, die Anbetung hervorzuheben …

Die Eucharistie ist die Begegnung und Vereinigung von Personen; die Person jedoch, die uns entgegenkommt und mit uns eins zu werden wünscht, ist der Sohn Gottes. Eine solche Vereinigung kann nur in der Anbetung stattfinden. Die Eucharistie zu empfangen bedeutet, den anzubeten, den wir empfangen. Genau so und nur so werden wir eins mit ihm …

Und eben in dieser persönlichen Begegnung mit dem Herrn reift dann auch die Sendung im zwischenmenschlichen Bereich heran, die in der Eucharistie enthalten ist und die nicht nur die Barrieren zwischen dem Herrn und uns beseitigen will, sondern auch und vor allem die Barrieren, die uns Menschen voneinander trennen.

Ansprache an das Kardinalskollegium, 22.12.2005

## 25. Februar

# GEBEN

Mit dem ... Aschermittwoch beginnt die Fastenzeit. Diese Wochen vor der Feier des Osterfestes sind in der Kirche seit den ersten Jahrhunderten immer auch eine Zeit des Katechumenats, der Vorbereitung auf den Empfang der Taufe und der Eucharistie. Aber auch all jene, die bereits getauft sind, sind eingeladen, sich ihres Christseins klarer bewusst zu werden, die Taufgnade durch die Bekehrung ihres Herzens und den Empfang des Bußsakraments neu zu beleben und sich entschlossen auf den Weg der Nachfolge Christi zu begeben. Dazu empfiehlt die Kirche einige besondere Werke, nämlich Gebet, Fasten und Almosengeben. In meiner diesjährigen Botschaft zur Fastenzeit habe ich besonders auf die Praxis des Almosengebens, des Teilens unserer Güter, Bezug genommen. Diese stellt „eine konkrete Weise dar, dem Notleidenden zu Hilfe zu kommen, und ist gleichzeitig eine asketische Übung zur Befreiung von der Gebundenheit an die irdischen Güter". Das Vorbild Christi, führt uns noch einen Schritt weiter, denn von ihm lernen wir, aus unserem eigenen Leben eine Gabe zu machen. „Indem wir ihn nachahmen, wächst die Bereitschaft, nicht nur von unserem Besitz zu geben, sondern uns selbst ... Wenn der Christ sich hingibt ohne zu zählen, bezeugt er: Nicht der materielle Reichtum diktiert die Gesetze der Existenz, sondern die Liebe."

Generalaudienz, 6.2.2008

# EUCHARISTIEFEIER VON INNEN HER

Eine wesentliche Weise des Mitseins mit dem Herrn ist die eucharistische Anbetung. Altötting hat ... eine neue Schatzkammer erhalten. Wo einst die Schätze der Vergangenheit, Kostbarkeiten der Geschichte und der Frömmigkeit aufbewahrt wurden, ist jetzt der Ort für den eigentlichen Schatz der Kirche: die ständige Gegenwart des Herrn im Sakrament.

Der Herr erzählt uns in einem seiner Gleichnisse von dem im Acker verborgenen Schatz. Wer ihn gefunden hat, so sagt er uns, verkauft alles, um den Acker erwerben zu können, weil der versteckte Schatz alle anderen Werte übertrifft. Der verborgene Schatz, das Gut über alle Güter, ist das Reich Gottes – ist er selbst, das Reich in Person. In der heiligen Hostie ist er da, der wahre Schatz, für uns immer zugänglich. Im Anbeten dieser seiner Gegenwart lernen wir erst, ihn recht zu empfangen – lernen wir das Kommunizieren, lernen wir die Feier der Eucharistie von innen her ...

Lieben wir es, beim Herrn zu sein. Da können wir alles mit ihm bereden. Unsere Fragen, unsere Sorgen, unsere Ängste. Unsere Freuden. Unsere Dankbarkeit, unsere Enttäuschungen, unsere Bitten und Hoffnungen.

Predigt in der Marianischen Vesper in Altötting, 11.9.2006

## 27. Februar
# ANBETEN

**W**as heißt eigentlich „anbeten"? Handelt es sich etwa um eine Einstellung vergangener Zeiten, die für den heutigen Menschen sinnlos wäre? Nein! Ein weithin bekanntes Gebet, das viele morgens und abends beten, beginnt eben mit diesen Worten: „Ich bete dich an, mein Gott, ich liebe dich von ganzem Herzen …"

Beim Aufgang der Sonne und bei ihrem Untergang erneuert der Gläubige jeden Tag seine „Anbetung", also seine Anerkennung der Gegenwart Gottes, der Schöpfer und Herr des Universums ist. Es handelt sich um eine Anerkennung voller Dankbarkeit, die aus der Tiefe des Herzens kommt und das ganze Wesen ergreift, denn der Mensch kann sich selbst nur dann voll verwirklichen, wenn er Gott anbetet und ihn über alles liebt.

Vor dem Angelusgebet in Castelgandolfo, 7.8.2005

# HEILIGER DIENST

Im Leben der Mönche hat das Gebet eine besondere Stellung: Es ist die Mitte ihres Berufes. Sie sind von Beruf Betende. In der Väterzeit wurde das Mönchsleben als Leben nach der Weise der Engel bezeichnet. Und als das Wesentliche der Engel sah man es an, dass sie Anbetende sind. Ihr Leben ist Anbetung. So sollte es auch bei den Mönchen sein. Sie beten zuallererst nicht um dieses oder jenes, sondern sie beten einfach deshalb, weil Gott es wert ist, angebetet zu werden ... Ein solches zweckfreies Gebet, das reiner Gottesdienst sein will, wird daher mit Recht „Officium" genannt. Es ist der „Dienst", der „heilige Dienst" der Mönche. Er gilt dem dreifaltigen Gott, der über alles würdig ist, „Herrlichkeit zu empfangen und Ehre und Macht" (Offenbarung 4,11), da er die Welt wunderbar erschaffen und noch wunderbarer erneuert hat.

Zugleich ist das „Officium" der Gottgeweihten auch ein heiliger Dienst an den Menschen und ein Zeugnis für sie ... Kern des Mönchtums ist die Anbetung – das Sein nach der Weise der Engel. Weil aber die Mönche Menschen mit Fleisch und Blut auf dieser unserer Erde sind, hat der heilige Benedikt dem zentralen Imperativ des „Ora" doch einen zweiten hinzugefügt: das „Labora". Zum Mönchsleben gehört in der Konzeption des heiligen Benedikt wie des heiligen Bernhard mit dem Gebet die Arbeit, die Gestaltung der Erde gemäß dem Willen des Schöpfers.

So haben die Mönche in allen Jahrhunderten von ihrem Blick auf Gott her die Erde lebbar und schön gemacht. Bewahrung und Heilung der Schöpfung kam gerade aus ihrem Hinschauen auf Gott. Im Rhythmus von „ora et labora" legt die Gemeinschaft der Gottgeweihten Zeugnis ab für den Gott, der uns in Jesus Christus ansieht und von dem angeblickt Mensch und Welt recht werden.

Ansprache im Stift Heiligenkreuz, 9.9.2007

MÄRZ

# Wir haben der Liebe geglaubt

## Der christliche Grundentscheid

## 1. März

# IN DIE FASTENZEIT EINTRETEN

In die Fastenzeit eintreten bedeutet, eine Zeit besonderer Anstrengung im geistlichen Kampf zu beginnen, wodurch wir dem Bösen entgegentreten, das in der Welt gegenwärtig ist, in einem jeden Einzelnen von uns und in unserer Umgebung. Es bedeutet, dem Bösen ins Gesicht zu blicken und sich dafür zu entscheiden, gegen seine Wirkungen zu kämpfen, vor allem gegen seine Ursachen, bis hin zur letzten Ursache, die der Satan ist. Es bedeutet, das Problem des Bösen nicht auf die anderen abzuladen, auf die Gesellschaft oder auf Gott, sondern die eigene Verantwortung anzuerkennen und sie bewusst auf sich zu nehmen. Diesbezüglich klingt für uns Christen die Aufforderung Jesu, sein eigenes „Kreuz" auf sich zu nehmen und ihm in Demut und Vertrauen nachzufolgen, dringender denn je. So schwer das „Kreuz" auch sein mag, es ist nicht gleichbedeutend mit Missgeschick, Unglück, das es so weit wie möglich zu vermeiden gilt, sondern es stellt eine Gelegenheit dar, sich in die Nachfolge Jesu zu begeben und so im Kampf gegen die Sünde und das Böse Kraft zu gewinnen. In die Fastenzeit einzutreten bedeutet somit, die persönliche und gemeinschaftliche Entscheidung zu erneuern, dem Bösen zusammen mit Christus entgegenzutreten. Der Weg des Kreuzes ist nämlich der einzige, der zum Sieg der Liebe über den Hass, des Miteinanderteilens über den Egoismus, des Friedens über die Gewalt führt ...

In dieser vorösterlichen Zeit lädt uns die Kirche ein, unsere persönliche Beziehung zu Christus zu vertiefen und uns dem Heilsereignis, das er der Menschheit durch sein Leiden und seine Auferstehung schenkt, neu zu öffnen. Dazu kann es auch nützlich sein, von der Fülle und Flut an Stimmen und Bildern in unserem Alltag für eine Weile Abstand zu nehmen und in einem Klima der inneren Einkehr vermehrt nach Gottes Willen zu forschen.

Vor dem Angelusgebet, 10.2.2008

## 2. März

# AUS UNS SELBST AUSZIEHEN

Schauen wir mit Vertrauen auf die durchbohrte Seite Jesu, aus der „Blut und Wasser" (vgl. Johannes 19,34) flossen. Die Kirchenväter haben diese Elemente als Symbole für die Taufe und die Eucharistie gesehen. Durch das Wasser der Taufe erschließt sich uns in der Kraft des Heiligen Geistes die Intimität der trinitarischen Liebe. Die Fastenzeit drängt uns, dass wir in der Gnade der Taufe aus uns selbst ausziehen und uns der barmherzigen Umarmung des Vaters öffnen (vgl. hl. Johannes Chrysostomus, Katechesen, 3,14ff). Das Blut, Symbol der Liebe des Guten Hirten, strömt durch das Geheimnis der Eucharistie in uns ein: „Die Eucharistie zieht uns in den Hingabeakt Jesu hinein ... wir werden in die Dynamik seiner Liebe hineingenommen" (vgl. Enzyklika „Gott ist die Liebe", 13). Leben wir also die Fastenzeit als eine „eucharistische" Zeit, in der wir die Liebe Jesu empfangen und sie um uns in Wort und Tat verbreiten. Die Betrachtung dessen, „den sie durchbohrt haben", drängt uns somit, den anderen das Herz zu öffnen und die Wunden zu erkennen, die der Würde des Menschseins geschlagen werden ... So werde die Fastenzeit für jeden Christen zur erneuten Erfahrung der Liebe Gottes, die uns in Jesus Christus geschenkt worden ist – eine Liebe, die wir unsererseits dem Nächsten weiterschenken müssen.

*Botschaft für die Fastenzeit 2007*

## 3. März

# WERKE INNERER ERNEUERUNG

**W**ie stark der Einfluss von materiellem Besitz ist und wie eindeutig unsere Entscheidung sein soll, sie nicht zu Götzen zu machen, bekräftigt Jesus nachdrücklich: „Ihr könnt nicht beiden dienen, Gott und dem Mammon" (vgl. Lukas 16,13). Almosengeben hilft uns, diese ständige Versuchung zu überwinden; denn es erzieht uns, die Bedürfnisse des Nächsten wahrzunehmen und mit den anderen das zu teilen, was wir durch göttliche Güte besitzen ...

Jesus ist arm geworden, um uns durch seine Armut reich zu machen, so schreibt der Völkerapostel (vgl. 2 Korinther 8,9); er hat sich selbst ganz für uns hingegeben. Die Fastenzeit drängt uns dazu – auch durch das Almosengeben – seinem Beispiel zu folgen. In Jesu Schule können wir lernen, aus unserem Leben eine Gabe zu machen.

Botschaft für die Fastenzeit 2008

## 4. März

# FREI WERDEN FÜR DEN NÄCHSTEN

Jesus Christus, der reich war mit dem ganzen Reichtum Gottes, ist unseretwegen arm geworden, so sagt uns der heilige Paulus im 2. Korintherbrief (8,9); es ist ein unergründliches Wort, über das wir immer wieder nachdenken sollten. Und im Philipperbrief heißt es: Er hat sich entäußert, sich erniedrigt und war gehorsam bis zum Tod am Kreuz (2,6ff). Er, der arm geworden ist, hat die Armen selig gepriesen. Der heilige Lukas zeigt uns in seiner Version der Seligpreisungen, dass dieser Zuruf – die Seligpreisung der Armen – sich durchaus auf die armen, wirklich armen Menschen im Israel seiner Zeit bezieht, wo es einen bedrückenden Gegensatz zwischen Reichen und Armen gab.

Der heilige Matthäus aber erklärt uns in seiner Version der Seligpreisungen, dass freilich die bloße materielle Armut als solche für sich allein noch nicht die Nähe zu Gott verbürgt, denn das Herz kann hart und von der Begierde nach Reichtum erfüllt sein. Freilich lässt er uns – wie die ganze Heilige Schrift – erkennen, dass Gott in jedem Fall in besonderer Weise den Armen nahe ist. So wird klar: Der Christ sieht in ihnen Christus, der auf ihn wartet, auf seinen Einsatz. Wer Christus radikal nachfolgen will, muss auf materielle Habe verzichten. Aber er muss diese Armut von Christus her leben, als inwendiges Freiwerden für den Nächsten.

Ansprache bei der Marianischen Vester in Mariazell, 8.9.2007

## 5. März

# NÄCHSTENLIEBE – GOTTESLIEBE

Nächstenliebe besteht ja darin, dass ich auch den Mitmenschen, den ich zunächst gar nicht mag oder nicht einmal kenne, von Gott her liebe. Das ist nur möglich aus der inneren Begegnung mit Gott heraus, die Willensgemeinschaft geworden ist und bis ins Gefühl hineinreicht. Dann lerne ich, diesen anderen nicht mehr bloß mit meinen Augen und Gefühlen anzusehen, sondern aus der Perspektive Jesu Christi heraus. Sein Freund ist mein Freund. Ich sehe durch das Äußere hindurch sein inneres Warten auf eine Geste der Liebe … Ich sehe mit Christus und kann dem anderen mehr geben als die äußerlich notwendigen Dinge: den Blick der Liebe, den er braucht … Hier zeigt sich die notwendige Wechselwirkung zwischen Gottes- und Nächstenliebe … Nur meine Bereitschaft, auf den Nächsten zuzugehen, ihm Liebe zu erweisen, macht mich auch fühlsam Gott gegenüber. Nur der Dienst am Nächsten öffnet mir die Augen dafür, was Gott für mich tut und wie er mich liebt.

Enzyklika „Deus caritas est", 18

# WER SICH VERSCHENKT

Jesus hat sein ganzes Leben, von den stillen Jahren in Nazareth bis in den Augenblick des Todes am Kreuz, im Hören auf den Vater, im Gehorsam zum Vater gelebt. Sehen wir exemplarisch auf die Nacht am Ölberg hin. „Nicht mein Wille geschehe, sondern der deinige." Jesus nimmt in diesem Beten unser aller widerstrebenden Eigenwillen in seinen Sohneswillen hinein, wandelt unsere Rebellion in seinen Gehorsam um. Jesus war ein Betender. Darin war er aber zugleich ein Hörender und Gehorchender: „Gehorsam geworden bis zum Tod, bis zum Tod am Kreuz" (Philipperbrief 2,8).

Die Christen haben immer erfahren, dass sie sich nicht verlieren durch die Hingabe an den Willen des Herrn, sondern dass sie so durchfinden zu einer tiefen Identität und inneren Freiheit. An Jesus haben sie entdeckt, dass sich findet, wer sich verschenkt, dass frei wird, wer sich in einem in Gott gründenden und ihn suchenden Gehorsam bindet. Auf Gott zu hören und ihm zu gehorchen, hat nichts mit Fremdbestimmung und Selbstverlust zu tun. Im Eintreten in den Willen Gottes gelangen wir erst zu unserer wahren Identität. Das Zeugnis dieser Erfahrung braucht die Welt heute gerade mitten in ihrem Verlangen nach „Selbstverwirklichung" und „Selbstbestimmung".

Ansprache bei der Vesper in Mariazell, 8.9.2007

## 7. März

# DAS WAGNIS DER GÜTE

Die Aktualität des Gleichnisses [vom barmherzigen Samariter, vgl. Lukas 10,25–37] liegt zutage … Wenn wir es in die Dimensionen der Weltgesellschaft übersetzen, sehen wir, wie die ausgeraubt und geplündert daliegenden Völker Afrikas uns angehen. Dann sehen wir, wie sehr sie uns „Nächste" sind … Und das gilt ja nicht nur für Afrika.

Ja, wir haben materielle Hilfe zu geben und unsere eigene Lebensform zu überprüfen. Aber wir geben immer zu wenig, wenn wir nur Materie geben. Und finden wir nicht auch um uns herum den ausgeplünderten, zerschlagenen Menschen? Die Opfer der Droge, des Menschenhandels, des Sextourismus, inwendig zerstörte Menschen, die mitten im materiellen Reichtum leer sind. All das geht uns an und ruft uns, das Auge und das Herz des Nächsten zu haben und auch den Mut der Nächstenliebe … Das Wagnis der Güte müssen wir von innen her neu erlernen; das können wir nur, wenn wir selbst von innen her „gut" werden, von innen her „Nächste" sind und dann auch den Blick dafür haben, welche Weise des Dienens in meiner Umgebung und im größeren Radius meines Lebens gefordert und mir möglich und daher auch aufgegeben ist.

Jesus von Nazareth, 238f

## 8. März

# TABOR UND SINAI

Zusammen betrachtet, kündigen beide Episoden [Versuchungen Jesu in der Wüste und Verklärung auf dem Berg] das Ostergeheimnis an: der Kampf Jesu mit dem Versucher lässt den großen abschließenden Zweikampf der Passion vorausahnen, während das Licht seines verklärten Leibes die Herrlichkeit der Auferstehung vorwegnimmt. Auf der einen Seite sehen wir Jesus als vollkommenen Menschen, der wie wir sogar der Versuchung ausgesetzt ist; auf der anderen Seite betrachten wir ihn als Sohn Gottes, der unser Menschsein vergöttlicht. Auf diese Weise könnten wir sagen, dass diese beiden Sonntage gleichsam als Stützpfeiler dienen, auf denen das gesamte Gebäude der Fastenzeit bis Ostern ruht, mehr noch: die ganze Struktur des christlichen Lebens, das im Wesentlichen in der österlichen Dynamik besteht: vom Tod hin zum Leben.

Der Berg – der Berg Tabor wie auch der Sinai – ist der Ort der Nähe zu Gott. Er ist der gegenüber dem alltäglichen Dasein erhöhte Raum, wo die reine Luft der Schöpfung geatmet werden kann. Er ist der Ort des Gebets, an dem man in der Gegenwart Gottes steht, wie Mose und Elija, die neben dem verklärten Jesus erscheinen und mit ihm über den „Auszug" sprechen, der ihm in Jerusalem bevorsteht, das heißt sein Pascha. Die Verklärung ist ein Ereignis des Gebets: betend taucht Jesus in Gott ein, er vereint sich innig mit ihm, er bejaht mit seinem menschlichen Willen den Willen der Liebe Gottes, und so bricht das Licht über ihn herein und die Wahrheit seines Seins kommt sichtbar zum Vorschein: Er ist Gott, Licht vom Licht … Die Stimme des Vaters, die von oben erklingt, verkündet wie bei der Taufe am Jordan, dass Jesus sein geliebter Sohn ist, und fügt hinzu: „Auf ihn sollt ihr hören" (Matthäus 17,5). Um in das ewige Leben einzugehen, muss man auf Jesus hören, ihm auf dem Weg des Kreuzes nachfolgen und dabei wie er in der Hoffnung auf die Auferstehung stehen.

Vor dem Angelusgebet, 17.2.2008

## 9. März

# LEBEN IN FÜLLE

Das ist die große Verheißung Jesu: Leben in Fülle. Leben in Fülle wünscht sich jeder Mensch. Aber was ist das? Wann und wie haben wir „Leben in Fülle" [vgl. Johannes 10,10]? … Jesus verspricht, er werde den Schafen die „Weide" zeigen [vgl. Johannes 10,9] – das, wovon sie leben, sie wirklich an die Quellen des Lebens führen …

Wovon die Schafe leben, wissen wir. Aber wovon lebt der Mensch? … Der Mensch lebt von der Wahrheit und vom Geliebtsein, vom Geliebtsein durch die Wahrheit. Er braucht Gott, den Gott, der ihm nahe wird und der ihm den Sinn des Lebens deutet und so den Weg des Lebens weist. Gewiss: der Mensch braucht Brot, braucht die Nahrung des Leibes, aber er braucht im Tiefsten vor allem das Wort der Liebe, Gott selber. Wer ihm das gibt, der gibt ihm „Leben in Fülle". Und so macht er auch die Kräfte frei, durch die er die Erde sinnvoll gestalten, für sich und für die anderen die Güter finden kann, die wir nur im Miteinander haben können.

Der Mensch braucht und ersehnt letztlich nur eines: Leben, das volle Leben – das „Glück" … Dieses Eine, um das es in vielen Wünschen und Hoffnungen des Menschen geht, ist auch ausgedrückt in der zweiten Vaterunser-Bitte: Dein Reich komme. Das „Reich Gottes" ist das „Leben in Fülle" – gerade weil es nicht nur privates „Glück" … ist, sondern die zu ihrer rechten Gestalt gekommene Welt, die Einheit von Gott und Welt.

Jesus von Nazareth, 323f, 405

## 10. März

# WIR HABEN DER LIEBE GEGLAUBT

„Gott ist die Liebe, und wer in der Liebe bleibt, bleibt in Gott und Gott bleibt in ihm" (1 Johannes 4,16). In diesen Worten aus dem Ersten Johannesbrief ist die Mitte des christlichen Glaubens, das christliche Gottesbild und auch das daraus folgende Bild des Menschen und seines Weges in einzigartiger Klarheit angesprochen. Außerdem gibt uns Johannes in demselben Vers auch sozusagen eine Formel der christlichen Existenz: „Wir haben die Liebe erkannt, die Gott zu uns hat, und ihr geglaubt" (vgl. 1 Johannes 4,16).

Wir haben der Liebe geglaubt: So kann der Christ den Grundentscheid seines Lebens ausdrücken. Am Anfang des Christseins steht nicht ein ethischer Entschluss oder eine große Idee, sondern die Begegnung mit einem Ereignis, mit einer Person, die unserem Leben einen neuen Horizont und damit seine entscheidende Richtung gibt. In seinem Evangelium hatte Johannes dieses Ereignis mit folgenden Worten ausgedrückt: „So sehr hat Gott die Welt geliebt, dass er seinen einzigen Sohn hingab, damit jeder, der an ihn glaubt … das ewige Leben hat" (3,16). Mit der Zentralität der Liebe hat der christliche Glaube aufgenommen, was innere Mitte von Israels Glauben war und dieser Mitte zugleich eine neue Tiefe und Weite gegeben.

*Enzyklika „Deus caritas est", 1*

## 11. März

# NUR DIE LIEBENDEN

Die Liebe ist stets ein Geheimnis, eine Wirklichkeit, die den Verstand übersteigt; sie steht dabei nicht im Widerspruch zu ihm, sondern bringt seine Fähigkeiten voll zur Entfaltung. Jesus hat uns das Mysterium Gottes enthüllt: Er, der Sohn, hat uns den Vater im Himmel erkennen lassen und uns den Heiligen Geist, die Liebe des Vaters und des Sohnes, geschenkt.

Die christliche Theologie fasst die Wahrheit über Gott in diesem Begriff zusammen: ein einziges Wesen in drei Personen. Gott ist nicht Einsamkeit, sondern vollkommene Gemeinschaft. Deshalb verwirklicht sich der Mensch als Abbild Gottes in der Liebe, die aufrichtige Selbsthingabe ist.

*Vor dem Angelusgebet, 22.5.2005*

Nur der Liebende findet das Leben. Und Liebe verlangt immer das Weggehen aus sich selbst, verlangt immer, sich selber zu lassen. Wer umschaut nach sich selbst, den anderen nur für sich haben will, der gerade verliert sich und den anderen. Ohne dieses tiefste Sich-Verlieren gibt es kein Leben ... „Wer sein Leben um meinetwillen verliert ...", sagt der Herr: Ein letztes Loslassen unseres Selbst ist nur möglich, wenn wir dabei am Ende nicht ins Leere fallen, sondern in die Hände der ewigen Liebe hinein. Erst die Liebe Gottes, der sich selbst für uns und an uns verloren hat, ermöglicht auch uns, frei zu werden, loszulassen und so das Leben wirklich zu finden.

*Predigt im Wiener Stephansdom, 9.9.2007*

## 12. März

# WENN IHR MICH LIEBT

Den eigenen Glauben als Liebesbeziehung zu Christus zu leben bedeutet auch die Bereitschaft, auf alles zu verzichten, was eine Leugnung seiner Liebe darstellt. Deshalb hat Jesus zu den Aposteln gesagt: „Wenn ihr mich liebt, werdet ihr meine Gebote halten." Aber welche sind die Gebote Christi? Als Jesus, der Herr, die Menge lehrte, unterließ er es nicht, das Gesetz zu bestätigen, das der Schöpfer in das Herz des Menschen eingeschrieben und dann auf den Tafeln der Zehn Gebote in Worte gefasst hatte. „Denkt nicht, ich sei gekommen, um aufzuheben, sondern um zu erfüllen" (vgl. Matthäus 5,17–18) …

Jesus hat uns aber mit neuer Deutlichkeit den Mittelpunkt gezeigt, der die auf dem Sinai offenbarten göttlichen Gesetze vereint, nämlich die Liebe zu Gott und zum Nächsten: Gott „mit ganzem Herzen, ganzem Verstand und ganzer Kraft zu lieben und den Nächsten zu lieben wie sich selbst, ist weit mehr als alle Brandopfer und anderen Opfer" (vgl. Markus 12,33). Ja, Jesus hat in seinem Leben und in seinem österlichen Geheimnis das ganze Gesetz zur Vollendung geführt. Indem er sich mit uns durch die Gabe des Heiligen Geistes vereint, trägt er mit uns und in uns das „Joch" des Gesetzes, das so zu einer „leichten Last" wird (vgl. Matthäus 11,30).

Predigt auf dem Pilsudski-Platz in Warschau, 26.5.2006

## 13. März

# DIE ZEHN GEBOTE

Im Hinblick auf den Respekt gegenüber den menschlichen Erfahrungen, die uns heute den Weg weisen und dies auch morgen noch tun werden, scheinen mir die Zehn Gebote stets einen vorrangigen Wert zu haben, da wir in ihnen die großen Wegweiser erkennen. Die Zehn Gebote – im Licht Christi, im Licht des Lebens der Kirche und ihrer Erfahrungen neu ausgelegt und neu gelebt – machen einige grundlegende und wesentliche Werte deutlich: Das vierte und sechste Gebot zeigen gemeinsam auf, wie wichtig unser Leib ist, wie wichtig es ist, die Gesetze des Leibes und der Sexualität und der Liebe zu achten, den Wert der treuen Liebe, die Familie; das fünfte Gebot zeigt den Wert des Lebens und auch den Wert des gemeinsamen Lebens auf; das siebte Gebot zeigt den Wert auf, der darin liegt, die Güter der Erde ... gerecht miteinander zu teilen, die Verwaltung der Schöpfung Gottes; das achte Gebot zeigt den großen Wert der Wahrheit auf. Während wir also im vierten, fünften und sechsten Gebot die Nächstenliebe haben, haben wir im achten Gebot die Wahrheit. All das ist nicht möglich ohne die Gemeinschaft mit Gott, ohne die Achtung vor Gott und ohne die Gegenwart Gottes in der Welt. Eine Welt, in der es Gott nicht gibt, wird in jedem Fall eine Welt der Willkür und des Egoismus. Nur wenn Gott da ist, gibt es Licht, gibt es Hoffnung. Unser Leben hat einen Sinn, den nicht wir schaffen müssen, sondern der uns vorausgeht, der uns trägt.

Begegnung mit dem Klerus in Auronzo di Cadore, 24.7.2007

## 14. März

# ZEUGNIS EINER VORLIEBE

Die Aufstellung der Zehn Gebote wird durch eine vielsagende Bezugnahme auf die Befreiung des Volkes Israel eingeleitet. Der Text lautet: „Ich bin Jahwe, dein Gott, der dich aus Ägypten geführt hat, aus dem Sklavenhaus" (vgl. Exodus 20,2). Der Dekalog will also eine Bekräftigung der erlangten Freiheit sein. Die Gebote sind, wenn man sie in der Tiefe betrachtet, in der Tat das Mittel, das der Herr uns gibt, um unsere Freiheit zu schützen, und zwar sowohl vor inneren Zwängen, die die Leidenschaften uns auferlegen wollen, als auch vor äußeren Übergriffen von Menschen mit schlechten Absichten. Das „Nein" der Gebote ist ebenso ein „Ja" zum Heranwachsen einer wahren Freiheit. Es gibt noch eine zweite Dimension des Dekalogs, die ebenfalls hervorgehoben werden muss:

Durch das Gesetz, das durch Mose gegeben wurde, offenbart der Herr, dass er mit Israel einen Bund schließen will. Das Gesetz ist also mehr ein Geschenk als ein Befehl. Es will dem Menschen weniger befehlen, was er zu tun hat, als vielmehr allen Gottes Wahl offenbaren: Er steht auf der Seite des auserwählten Volkes; er hat es von der Knechtschaft befreit und umgibt es mit seiner barmherzigen Güte. Der Dekalog ist Zeugnis einer besonderen Liebe, einer Vorliebe.

Predigt im Petersdom am Fest des hl. Josef des Arbeiters, 19.3.2006

## 15. März
# DAS „SEHENDE HERZ"

Zu einer besseren Welt trägt man nur bei, indem man selbst jetzt das Gute tut, mit aller Leidenschaft und wo immer die Möglichkeit besteht, unabhängig von Parteistrategien und -programmen. Das Programm der Christen – das Programm des barmherzigen Samariters, das Programm Jesu – ist das „sehende Herz". Dieses sieht, wo Liebe nottut, und handelt danach ...

Der Christ weiß, dass Gott Liebe ist (vgl. 1 Johannes 4,8) und gerade dann gegenwärtig wird, wenn nichts als Liebe getan wird. Er weiß, dass die Verächtlichmachung der Liebe eine Verächtlichmachung Gottes und des Menschen ist – der Versuch, ohne Gott auszukommen. Daher besteht die beste Verteidigung Gottes eben in der Liebe.

Enzyklika „Deus caritas est", 31

## 16. März

# WEGWEISUNGEN

Wer den Matthäus-Text der Seligpreisungen [vgl. 5,3 –12] aufmerksam liest, wird inne, dass [sie] wie eine verhüllte innere Biographie Jesu, wie ein Porträt seiner Gestalt dastehen. Er, der keinen Ort hat, wo er sein Haupt hinlegen kann (vgl. Matthäus 8,20), ist der wahrhaft Arme; er, der von sich sagen kann: Kommt zu mir, denn ich bin sanftmütig und demütig von Herzen (vgl. Matthäus 11,29), ist der wahrhaft Sanftmütige; er ist es, der reinen Herzens ist und daher Gott immerfort schaut. Er ist der Friedenstifter, er ist der um Gottes willen Leidende: In den Seligpreisungen erscheint das Geheimnis Christi selbst, und sie rufen uns in die Gemeinschaft mit Christus hinein. Aber wegen ihres verborgenen christologischen Charakters sind die Seligpreisungen auch Wegweisungen für die Kirche, die in ihnen ihr Maßbild erkennen muss – Wegweisungen für die Nachfolge, die jeden Einzelnen berühren, wenn auch – gemäß der Vielfalt der Berufungen – in je verschiedener Weise.

Jesus von Nazareth, 104

# NACHFOLGE

Das Wort „Nachfolge Christi" ist eine Beschreibung des Ganzen der christlichen Existenz überhaupt. Worin besteht sie? Was heißt das praktisch, „Christusnachfolge"? Und was ist für uns ihr eigentliches Wesen? Es geht um eine innere Verwandlung der Existenz. Es geht darum, dass ich nicht mehr in mein Ich eingeschlossen bin und meine Selbstverwirklichung als meinen hauptsächlichen Lebensinhalt annehme. Es geht darum, dass ich mich freigebe an einen anderen hin – für die Wahrheit, für die Liebe, für Gott, der mir in Jesus Christus vorausgeht und den Weg zeigt. Es geht um die Grundentscheidung, nicht Nutzen und Erwerb, Karriere und Erfolg als letztes Ziel meines Lebens anzusehen, sondern Wahrheit und Liebe als die eigentlichen Maßstäbe anzuerkennen. Es geht um die Wahl, nur für mich selber zu leben oder mich wegzugeben – an das Größere hin. Und bedenken wir dabei, dass Wahrheit und Liebe nicht abstrakte Größen sind, sondern in Jesus Christus sind sie Person. Wenn ich ihm folge, dann trete ich in den Dienst der Wahrheit und der Liebe. Mich verlierend finde ich mich.

Predigt am Palmsonntag, 1.4.2007

**18. März**

# MITSEIN MIT CHRISTUS

Christus kennenlernen kann man nie nur theoretisch. Man kann in großer Gelehrsamkeit alles wissen über die Heiligen Schriften, ohne ihm begegnet zu sein. Zum Kennenlernen gehört das Mitgehen mit ihm, das Eintreten in seine Gesinnungen, wie der Philipperbrief sagt (2,5) …

Jünger Christi werden ist also ein Weg der Erziehung zu unserem wahren Sein, zum rechten Menschsein. Im Alten Testament wurde die Grundhaltung des Menschen, der Gottes Wort lebt, in dem Begriff *Zadik* – der Gerechte – zusammengefasst: Wer nach dem Wort Gottes lebt, wird ein Gerechter; er tut und lebt die Gerechtigkeit. Im Christentum ist die Haltung der Jünger Jesu Christi dann in einem anderen Wort formuliert worden: der Gläubige. Der Glaube umfasst alles; das Mitsein mit Christus und mit seiner Gerechtigkeit wird in diesem Wort nun zusammen ausgesagt.

Ansprache beim Weihnachtsempfang für die Römische Kurie, 21.12.2007

## 19. März

# IN DER VERBORGENHEIT

Heute, am 19. März, wird das Hochfest des heiligen Josef gefeiert … Die Gestalt dieses großen Heiligen ist, auch wenn sie eher verborgen blieb, in der Heilsgeschichte von grundlegender Bedeutung. Vor allem verband der heilige Josef dadurch, dass er dem Stamm Juda angehörte, Jesus mit der Nachkommenschaft Davids, so dass sich die Verheißungen über den Messias verwirklichten und der Sohn der Jungfrau Maria sich tatsächlich „Sohn Davids" nennen kann. Vor allem das Matthäusevangelium betont die messianischen Prophezeiungen, die durch Josefs Rolle ihre Erfüllung fanden: die Geburt Jesu in Bethlehem (2,1–6); sein Aufenthalt in Ägypten, wohin die Heilige Familie geflohen war (2,13–15); der Beiname „Nazoräer" (2,22–23). In all dem erwies er sich genau wie seine Braut Maria als wahrer Erbe des Glaubens Abrahams: Glauben an den Gott, der die Ereignisse der Geschichte nach seinem geheimnisvollen Heilsplan leitet. Josefs Größe tritt wie die Marias noch deutlicher hervor, weil seine Sendung in der Demut und in der Verborgenheit des Hauses in Nazareth geschah …

Das Vorbild des heiligen Josef ist für uns alle ein eindringlicher Aufruf, die Aufgabe, die uns von der Vorsehung anvertraut wurde, in Treue, Einfachheit und Bescheidenheit zu erfüllen … um auf diese Weise an der Vollendung des Heilswerks mitzuarbeiten.

Vor dem Angelusgebet, 19.3.2006

## 20. März

# NICHT ZU TRENNEN

Das Soziale und das Evangelium sind einfach nicht zu trennen. Wo wir den Menschen nur Kenntnisse bringen, Fertigkeiten, technisches Können und Gerät, bringen wir zu wenig. Dann treten die Techniken der Gewalt ganz schnell in den Vordergrund, und die Fähigkeit zum Zerstören, zum Töten wird zur obersten Fähigkeit, zur Fähigkeit, um Macht zu erlangen, die dann irgendwann einmal das Recht bringen soll und es doch nicht bringen kann.

Man geht so nur immer weiter fort von der Versöhnung, vom gemeinsamen Einsatz für die Gerechtigkeit und die Liebe. Die Maßstäbe, nach denen Technik in den Dienst des Rechts und der Liebe tritt, gehen dann verloren, aber auf diese Maßstäbe kommt alles an: Maßstäbe, die nicht nur Theorien sind, sondern das Herz erleuchten und so den Verstand und das Tun auf den rechten Weg bringen.

Predigt auf dem Freigelände der Neuen Messe in München, 10.9.2006

## 21. März

# DAS MASS DER HUMANITÄT

Das Maß der Humanität bestimmt sich ganz wesentlich im Verhältnis zum Leid und zum Leidenden. Das gilt für den Einzelnen wie für die Gesellschaft. Eine Gesellschaft, die die Leidenden nicht annehmen und nicht im Mit-leiden helfen kann, Leid auch von innen zu teilen und zu tragen, ist eine grausame und inhumane Gesellschaft. Aber die Gesellschaft kann die Leidenden nicht annehmen und sie nicht in ihrem Leiden tragen, wenn die Einzelnen dies nicht können, und wiederum der Einzelne kann das Leid des anderen nicht annehmen, wenn er nicht selbst im Leiden Sinn, einen Weg der Reinigung und der Reifung, einen Weg der Hoffnung zu finden vermag. Denn Annehmen des anderen, der leidet, bedeutet, dass ich mir sein Leid selbst zueigne, dass es auch mein Leiden wird. Eben dadurch aber, dass es nun geteiltes Leid geworden ist, dass ein anderer in ihm da ist, dringt das Licht der Liebe in dieses Leiden ein. Das lateinische Wort *con-solatio*, Tröstung, drückt dies sehr schön aus, indem es die Vorstellung eines Mitseins in der Einsamkeit weckt, die dann keine Einsamkeit mehr ist.

Enzyklika „Spe salvi", 38

## 22. März
# HEILEN

Jesus hat gesagt: Heilt die Kranken, die Verlorengegangenen, diejenigen, die in Not sind. Es ist die Liebe der Kirche für die Ausgegrenzten, für die Leidenden. Auch reiche Menschen können innerlich ausgegrenzt sein und leiden. Das „Heilen" bezieht sich auf alle menschlichen Nöte, die stets Nöte sind, die in der Tiefe zu Gott hingehen … Zu diesem „Heilen" in seinen zahlreichen Formen gehört, wie mir scheint, auch der sakramentale Dienst. Der Dienst der Versöhnung ist ein wunderbarer Akt des Heilens, den der Mensch braucht, um wirklich ganz gesund zu sein. Diese sakramentalen Heilungen also sind wichtig, von der Taufe, der grundlegenden Erneuerung unseres Daseins, bis hin zum Sakrament der Versöhnung und zur Krankensalbung. Natürlich besitzen alle anderen Sakramente, auch die Eucharistie, einen großen seelsorglichen Aspekt. Wir müssen den Leib heilen, vor allem aber – das ist unsere Sendung – die Seele. Wir müssen an die vielen Krankheiten denken, an die moralischen und geistlichen Nöte, die es heute gibt und denen wir gegenübertreten müssen, indem wir die Menschen zur Begegnung mit Christus im Sakrament führen und ihnen helfen, das Gebet und die Betrachtung zu entdecken, das stille Verharren in der Kirche in Gottes Gegenwart.

Begegnung mit dem Klerus in Auronzo di Cadore, 24.7.2007

# ERLÖST DURCH DIE LIEBE

Nicht die Wissenschaft erlöst den Menschen. Erlöst wird der Mensch durch die Liebe. Das gilt zunächst im rein innerweltlichen Bereich. Wenn jemand in seinem Leben die große Liebe erfährt, ist dies ein Augenblick der „Erlösung", die seinem Leben einen neuen Sinn gibt. Aber er wird auch bald erkennen, dass die ihm geschenkte Liebe allein die Frage seines Lebens nicht löst. Sie bleibt angefochten. Sie kann durch den Tod zerstört werden. Er braucht die unbedingte Liebe. Er braucht jene Gewissheit, die ihn sagen lässt: „Weder Tod noch Leben, weder Engel noch Mächte, weder Gegenwärtiges noch Zukünftiges, weder Gewalten der Höhe oder Tiefe noch irgendeine andere Kreatur können uns scheiden von der Liebe Gottes, die in Christus Jesus ist, unserem Herrn" (vgl. Römer 8,38–39). Wenn es diese unbedingte Liebe gibt mit ihrer unbedingten Gewissheit, dann – erst dann – ist der Mensch „erlöst", was immer ihm auch im Einzelnen zustoßen mag. Das ist gemeint, wenn wir sagen: Jesus Christus hat uns „erlöst". Durch ihn sind wir Gottes gewiss geworden – eines Gottes, der nicht eine ferne „Erstursache" der Welt darstellt, denn sein eingeborener Sohn ist Mensch geworden.

*Enzyklika „Spe salvi", 26*

# WEGE, DIE DIE WAHRE LIEBE AUFZEIGT

Jesus verkündet im Evangelium nach dem Gleichnis von den zur Hochzeit Geladenen: „Wer sich selbst erhöht, wird erniedrigt, und wer sich selbst erniedrigt, wird erhöht werden" (vgl. Lukas 14,11). Diese von der Schrift aufgezeigte Perspektive erscheint heute mehr denn je provokativ für die Kultur und die Sensibilität des Menschen der Gegenwart. Der Demütige wird wie einer, der aufgibt, wie ein Unterlegener wahrgenommen, einer, der der Welt nichts zu sagen hat. Indessen ist dies der Königsweg, und nicht nur, weil die Demut eine große menschliche Tugend ist, sondern weil sie vor allem die Handlungsweise Gottes selbst darstellt. Sie ist der Weg, den Christus … gewählt hat: „Sein Leben war das eines Menschen; er erniedrigte sich und war gehorsam bis zum Tod, bis zum Tod am Kreuz" (vgl. Philipperbrief 2,8).

In diesem Wort Gottes über die Demut ist eine wichtige und mehr denn je aktuelle Botschaft auszumachen: Folgt nicht dem Weg des Stolzes, sondern dem der Demut. Schwimmt gegen den Strom: hört nicht auf die gewinnsüchtigen und verlockenden Stimmen, die heute vielerorts Lebensmodelle propagieren, die von Arroganz und Gewalt, von Überheblichkeit und Erfolg um jeden Preis, vom äußeren Schein und vom Besitz auf Kosten des Seins durchdrungen sind … Seid wachsam! Seid kritisch! Folgt nicht der Welle, die diese mächtige Kampagne der Überredung hervorbringt! Habt keine Angst, die „alternativen" Wege zu bevorzugen, die uns von der wahren Liebe aufgezeigt werden.

Der Weg der Demut ist nicht der Weg der Aufgebens, sondern des Mutes. Er ist … der Ertrag eines Sieges der Liebe über den Egoismus und der Gnade über die Sünde. Wenn wir Christus nachfolgen und Maria nachahmen, müssen wir den Mut zur Demut haben; wir müssen uns demütig dem Herrn anvertrauen, da wir nur so fügsame Werkzeuge in seinen Händen werden können und es ihm so ermöglichen werden, in uns Großes zu wirken.

*Predigt für italienische Jugendliche im Wallfahrtsort Loreto, 2.9.2007*

## 25. März

# VERKÜNDIGUNG DES HERRN

Am 25. März ist das Hochfest der Verkündigung des Herrn. Die … Verkündigung, die am Anfang des Lukasevangeliums erzählt wird, ist ein bescheidenes, verborgenes Ereignis – niemand sah es und niemand wusste davon außer Maria –, gleichzeitig aber ist es für die Geschichte der Menschheit entscheidend.

Als die Jungfrau ihr „Ja" zur Verkündigung des Engels sagte, wurde Jesus empfangen, und mit ihm begann das neue Zeitalter der Geschichte, das im Ostergeschehen als „neuer und ewiger Bund" besiegelt werden sollte. In Wirklichkeit ist das Jawort Marias der vollkommene Widerschein des Jaworts Christi selbst, als er in die Welt kam, wie im Hebräerbrief als Deutung zum Psalm 40 geschrieben steht: „Ja, ich komme – so steht es über mich in der Schriftrolle –, um deinen Willen, Gott, zu tun" (10,7). Der Gehorsam des Sohnes spiegelt sich im Gehorsam der Mutter wider, und auf diese Weise, durch das Aufeinandertreffen der beiden Jaworte, konnte Gott ein menschliches Antlitz annehmen. So ist die Verkündigung auch ein christologisches Fest, weil es ein zentrales Mysterium Christi feiert: seine Menschwerdung.

„Siehe, ich bin die Magd des Herrn; mir geschehe, wie du es gesagt hast." Die Antwort Marias an den Engel dauert in der Kirche fort; diese ist berufen, Christus in der Geschichte durch ihre Bereitschaft zu vergegenwärtigen, damit Gott auch weiterhin die Menschheit mit seiner Barmherzigkeit besuchen kann.

Vor dem Angelusgebet, 25.3.2007

## 26. März

# WIE SOLL DAS GESCHEHEN?

Maria gehörte jenem Teil des Volkes Israel an, das zur Zeit Jesu sehnsüchtig auf das Kommen des Erlösers wartete.

Den im Evangelium wiedergegebenen Worten und Gesten können wir entnehmen, wie sie sich in ihrem Leben wirklich in die Worte des Propheten versenkte und das Kommen des Herrn mit ihrem ganzen Sein erwartete. Dennoch konnte sie nicht ahnen, wie dieses Kommen vor sich gehen sollte. Vielleicht erwartete sie ein Kommen in Herrlichkeit.

Umso überraschender war für sie der Moment, als der Engel Gabriel in ihr Haus eintrat und ihr sagte, dass der Herr, der Erlöser, in ihr und von ihr Fleisch annehmen und sein Kommen durch sie verwirklichen wollte. Wir können uns die Befangenheit der Jungfrau gut vorstellen. Mit einem großen Akt des Glaubens und des Gehorsams sagt Maria „Ja": „Ich bin die Magd des Herrn, mir geschehe wie du es gesagt hast" (vgl. Lukas 1,38). So wurde sie zur „Wohnstatt" des Herrn, zum wahren „Tempel" in der Welt und zur „Tür", durch die der Herr in die Welt eingetreten ist.

*Predigt im Petersdom, 26.11.2005*

„Wie soll das geschehen?", fragen auch wir uns mit den Worten, die die Jungfrau an den Engel Gabriel gerichtet hat. Und sie, die Mutter Christi und der Kirche, gibt uns die Antwort: Durch ihr Beispiel der totalen Verfügbarkeit gegenüber dem Willen Gottes – „mir geschehe, wie du es gesagt hast" (vgl. Lukas 1,38) – lehrt sie uns, „Epiphanie" des Herrn zu sein, indem wir unser Herz der Kraft der Gnade öffnen und dem Wort seines Sohnes, der das Licht der Welt und das Endziel der Geschichte ist, treu zu bleiben.

*Predigt im Petersdom, 6.1.2006*

## 27. März

# SICH CHRISTUS ANVERTRAUEN

Der Glaube bedeutet nicht nur, eine gewisse Anzahl von abstrakten Wahrheiten über die Geheimnisse Gottes, des Menschen, des Lebens und des Todes sowie der kommenden Wirklichkeiten anzunehmen. Der Glaube besteht in einer inneren Beziehung zu Christus, einer Beziehung, die auf der Liebe dessen beruht, der uns zuerst geliebt hat (vgl. 1 Johannes 4,11) bis zur vollkommenen Selbsthingabe ... Welche andere Antwort können wir auf eine so große Liebe geben, wenn nicht die eines offenen Herzens, das zu lieben bereit ist? Aber was bedeutet es, Christus zu lieben? Es bedeutet, ihm auch in der Stunde der Prüfung zu vertrauen, ihm auch auf dem Kreuzweg treu nachzufolgen, in der Hoffnung, dass bald der Morgen der Auferstehung kommen wird.

Wenn wir uns Christus anvertrauen, verlieren wir nichts und gewinnen alles. In seinen Händen erhält unser Leben seinen wahren Sinn. Die Liebe zu Christus kommt in dem Willen zum Ausdruck, das eigene Leben mit den Gedanken und Empfindungen Seines Herzens in Einklang zu bringen. Das wird durch die innere Vereinigung verwirklicht, die auf der Gnade der Sakramente beruht ... Nicht fehlen darf dabei ein aufmerksames Hinhören auf die Eingebungen, die er durch sein Wort, durch die Menschen, denen wir begegnen, und durch die Situationen des alltäglichen Lebens in uns weckt. Ihn zu lieben bedeutet, mit ihm im Gespräch zu bleiben, um seinen Willen zu erkennen und unverzüglich umzusetzen.

*Predigt auf dem Pilsudski-Platz in Warschau, 26.5.2006*

## 28. März

# LIEBE WÄCHST DURCH DIE LIEBE

Die Heiligen – denken wir zum Beispiel an die selige Teresa von Kalkutta – haben ihre Liebesfähigkeit dem Nächsten gegenüber immer neu aus ihrer Begegnung mit dem eucharistischen Herrn geschöpft, und umgekehrt hat diese Begegnung ihren Realismus und ihre Tiefe eben von ihrem Dienst an den Nächsten her gewonnen. Gottes- und Nächstenliebe sind untrennbar: Es ist nur ein Gebot. Beides aber lebt von der uns zuvorkommenden Liebe Gottes, der uns zuerst geliebt hat. So ist es nicht mehr „Gebot" von außen her, das uns Unmögliches vorschreibt, sondern geschenkte Erfahrung der Liebe von innen her, die sich … weiter mitteilen muss. Liebe wächst durch Liebe.

Enzyklika „Deus caritas est", 18

**29. März**

# LEIDENDE LIEBE

Das Bußsakrament ist einer der kostbaren Schätze der Kirche, weil sich nur in der Vergebung die wahre Erneuerung der Welt vollzieht. Nichts kann in der Welt besser werden, wenn nicht das Böse überwunden wird. Und das Böse kann nur durch die Vergebung überwunden werden. Es muss natürlich eine wirksame Vergebung sein. Aber diese Vergebung kann uns allein der Herr gewähren. Eine Vergebung, die das Böse nicht nur mit schönen Worten aus dem Weg räumt, sondern es wirklich zerstört. Das aber kann nur durch das Leiden geschehen, und es ist tatsächlich geschehen durch die leidende Liebe Christi, aus der wir die Vollmacht zur Vergebung schöpfen.

Predigt im Petersdom am Pfingstsonntag, 15.5.2005

# BEFREIENDE LIEBE

Die Liturgie legt uns zur Betrachtung den ... Abschnitt aus dem Evangelium über die Begegnung Jesu mit Zachäus in der Stadt Jericho vor [vgl. Lukas 19,1–10]. Wer war Zachäus? Ein reicher Mann, der von Beruf „Zöllner" war, das heißt Steuereintreiber für die römische Autorität. Gerade deshalb wurde er als öffentlicher Sünder angesehen. Als er erfahren hatte, dass Jesus nach Jericho kommen würde, ergriff jenen Mann der große Wunsch, ihn zu sehen; da er aber von kleiner Statur war, kletterte er auf einen Baum. Jesus blieb gerade unter diesem Baum stehen; er wandte sich an ihn und rief ihn beim Namen: „Zachäus, komm schnell herunter! Denn ich muss heute in deinem Haus zu Gast sein" (Lukas 19,5).

Welch große Botschaft beinhaltet dieser einfache Satz! „Zachäus": Jesus ruft einen von allen verachteten Mann beim Namen. „Heute": ja, gerade jetzt ist für ihn der Augenblick des Heils. „Ich muss in deinem Haus zu Gast sein": Warum „ich muss"? Weil der Vater, der reich an Barmherzigkeit ist, will, dass Jesus hingehe, „um zu suchen und zu retten, was verloren ist" (Lukas 19,10). Die Gnade jener unvorhersehbaren Begegnung war derart, dass sie das Leben des Zachäus völlig veränderte. „Herr", bekannte er Jesus, „die Hälfte meines Vermögens will ich den Armen geben, und wenn ich von jemand zu viel gefordert habe, gebe ich ihm das Vierfache zurück" (Lukas 19,8) ... Wie Jesus bei Zachäus zu Gast sein will und ihm seine befreiende Liebe schenkt, kommt Christus auch zu uns. Öffnen wir dem Herrn unsere Herzen, teilen wir mit ihm unsere Freuden und Sorgen und nehmen wir das Geschenk seiner Freundschaft dankbar an. Nur mit ihm kann unser Leben gelingen.

Vor dem Angelusgebet, 4.11.2007

## 31. März

# NUR ER

Wohin die Boten Jesu kamen, [gab es] wartende Menschen, die sich nicht mit dem begnügten, was alle taten und dachten, sondern nach dem Stern suchten, der sie den Weg zur Wahrheit selbst, zum lebendigen Gott weisen konnte.

Dieses unruhige und offene Herz brauchen wir ... Auch heute reicht es nicht aus, irgendwie so zu sein und zu denken wie alle anderen. Unser Leben ist weiter angelegt. Wir brauchen Gott, den Gott, der uns sein Gesicht gezeigt und sein Herz geöffnet hat: Jesus Christus. Johannes sagt von ihm zu Recht, dass er der Einzige ist, der Gott ist und am Herzen des Vaters ruht (vgl. Johannes 1,18); so konnte auch nur er aus dem Innern Gottes selbst uns Kunde bringen von Gott – Kunde auch, wer wir selber sind, woher wir kommen und wohin wir gehen. Sicher, es gibt viele große Persönlichkeiten in der Geschichte, die schöne und bewegende Gotteserfahrungen gemacht haben. Aber es bleiben menschliche Erfahrungen mit ihrer menschlichen Begrenztheit.

Nur Er ist Gott, und nur Er ist daher die Brücke, die Gott und Mensch wirklich zueinander kommen lässt. Wenn wir Christen ihn daher den einzigen für alle gültigen Heilsmittler nennen, der alle angeht und dessen alle letztlich bedürfen, so ist dies keine Verachtung der anderen Religionen und keine hochmütige Absolutsetzung unseres eigenen Denkens, sondern es ist das Ergriffensein von dem, der uns angerührt und uns beschenkt hat, damit wir auch andere beschenken können.

Predigt in Mariazell, 8.9.2007

# Christus lebt im Jetzt

## Auferstehung und Gegenwart

## 1. April

# CHRISTUS LEBT IM JETZT

**A**m Ostertag sagt uns die Kirche: Jesus Christus hat diese Reise durch die Dimensionen des Alls für uns gemacht. Im Epheserbrief heißt es: „Er ist hinabgestiegen in die Tiefen der Erde, und er, der abgestiegen ist, ist auch hinaufgestiegen über alle Himmel, um das All zu erfüllen" (vgl. 4,9f). So ist die Vision des Psalms Wirklichkeit geworden. In die undurchdringliche Finsternis des Todes ist er als Licht gekommen – Nacht wurde leuchtend wie der Tag und Finsternis zu Licht. Deshalb kann die Kirche mit Recht das Wort des Dankes und der Zuversicht als Wort des Auferstandenen an den Vater ansehen: „Ja, ich habe die Reise in die tiefsten Tiefen der Erde, in den Abgrund des Todes getan und Licht gebracht, und nun bin ich auferstanden und immer von deinen Händen umschlossen." Aber dieses Wort des Auferstandenen an den Vater ist auch ein Wort des Herrn an uns geworden: „Ich bin auferstanden und bin nun immer bei dir", sagt er zu einem jeden von uns: „Meine Hand hält dich. Wohin du auch fällst, du fällst in meine Hände hinein."

*Predigt in der Osternacht, 7.4.2007*

**H**eute, auch in dieser unserer von Unruhe und Unsicherheit gezeichneten Zeit, erleben wir erneut das Ereignis der Auferstehung, die das Wesen unseres Lebens verwandelt, die Geschichte der Menschheit verändert hat ... An alle sind heute die Worte gerichtet, mit denen der Engel am Ostermorgen die verängstigten Herzen der Frauen beruhigte. „Fürchtet euch nicht ... Er ist nicht hier; denn er ist auferstanden" (vgl. Matthäus 28,5 – 6). Jesus ist auferstanden und schenkt uns den Frieden; er selbst ist der Friede ... Die Menschheit des dritten Jahrtausends scheue sich nicht, ihm das Herz zu öffnen. Sein Evangelium stillt in Fülle den Durst nach Frieden und Glück, der in jedem menschlichen Herzen wohnt. Christus lebt im Jetzt und geht mit uns.

*Botschaft zum Segen „Urbi et Orbi" am Ostersonntag, 16.4.2006*

## 2. April
# UNS SEHR NAHE

**W**as verkündigen wir? Wir verkündigen das Reich Gottes. Aber das Reich Gottes ist keine ferne Utopie einer besseren Welt, die vielleicht in 50 Jahren oder wer weiß wann Wirklichkeit sein wird. Das Reich Gottes ist Gott selbst – Gott, der zu uns gekommen und der uns in Christus sehr nahe ist. Das ist das Reich Gottes: Gott selbst ist nahe, und wir müssen uns diesem Gott nähern, der nahe ist, weil er Mensch geworden ist, Mensch bleibt und stets bei uns ist in seinem Wort, in der heiligen Eucharistie und in allen Gläubigen. Das Reich Gottes verkündigen heißt daher, heute von Gott zu sprechen, das Wort Gottes, das Evangelium, das Gegenwart Gottes ist, gegenwärtig zu machen, und natürlich Gott gegenwärtig zu machen, der in der heiligen Eucharistie gegenwärtig geworden ist.

Begegnung mit dem Klerus in Auronzo di Cadore, 24.7.2007

## 3. April

# GOTT HAT SICH SICHTBAR GEMACHT

Niemand hat Gott gesehen, so wie er in sich ist. Und trotzdem ist Gott uns nicht gänzlich unsichtbar, nicht einfach unzugänglich geblieben. Gott hat uns zuerst geliebt, sagt der 1. Johannesbrief (vgl. 4,10), und diese Liebe Gottes ist unter uns erschienen, sichtbar geworden dadurch, dass er „seinen einzigen Sohn in die Welt gesandt hat, damit wir durch ihn leben" (1 Johannes 4,9). Gott hat sich sichtbar gemacht: In Jesus können wir den Vater anschauen (vgl. Johannes 14,9). In der Tat gibt es eine vielfältige Sichtbarkeit Gottes. In der Geschichte der Liebe, die uns die Bibel erzählt, geht er uns entgegen, wirbt um uns – bis hin zum Letzten Abendmahl, bis hin zu dem am Kreuz durchbohrten Herzen, bis hin zu den Erscheinungen des Auferstandenen und seinen Großtaten, mit denen er durch das Wirken der Apostel die entstehende Kirche auf ihrem Weg geführt hat. Und in der weiteren Geschichte der Kirche ist der Herr nicht abwesend geblieben: Immer neu geht er auf uns zu – durch Menschen, in denen er durchscheint; durch sein Wort, in den Sakramenten, besonders in der Eucharistie. In der Liturgie der Kirche, in ihrem Beten, in der lebendigen Gemeinschaft der Gläubigen erfahren wir die Liebe Gottes, nehmen wir ihn wahr und lernen so auch, seine Gegenwart in unserem Alltag zu erkennen. Er hat uns zuerst geliebt und liebt uns zuerst; deswegen können auch wir mit Liebe antworten.

Enzyklika „Deus caritas est", 17

## 4. April

# WIR KENNEN SEIN ANGESICHT

Gott ist kein Unbekannter, keine Hypothese – vielleicht über den ersten Anfang des Kosmos. Gott hat Fleisch und Blut. Er ist einer von uns. Wir kennen sein Angesicht, seinen Namen. Er ist Jesus Christus, der im Evangelium zu uns spricht. Er ist Mensch und Gott. Und weil er Gott ist, hat er den Menschen gewählt, damit wir Gott wählen können. Man muss also Jesus kennenlernen und dann mit ihm Freundschaft schließen, um mit ihm zu gehen ...

Diese Freundschaft mit Jesus ist keine Freundschaft mit einer unwirklichen Person, mit jemandem, der der Vergangenheit angehört oder der weit entfernt von den Menschen zur Rechten Gottes sitzt. Er ist in seinem Leib gegenwärtig, und dieser ist wiederum ein Leib aus Fleisch und Blut: die Kirche, die Gemeinschaft der Kirche ... Wir müssen Gemeinden aufbauen und zugänglicher machen, die die große Gemeinde der lebendigen Kirche widerspiegeln. Es gehört alles zusammen: die lebendige Erfahrung der Gemeinde, mit all ihren menschlichen Schwächen, die aber dennoch real ist, mit einem klaren Weg und einem festen sakramentalen Leben, in dem wir auch das berühren können, was uns so weit entfernt erscheinen mag, die Gegenwart des Herrn.

*Bei der Begegnung mit den Pfarrern und dem Klerus von Rom, 7.2.2007*

## 5. April
# PALMSONNTAG

In der Palmsonntagsprozession schließen wir uns der Schar der Jünger an, die den Herrn in festlicher Freude nach Jerusalem geleiten. Wie sie loben wir den Herrn mit lauter Stimme für all die Wunder, die wir erlebt haben. Ja, auch wir haben die Wunder Christi gesehen und sehen sie: Wie er Menschen dazu bringt, auf ihr eigenes bequemes Leben zu verzichten und sich ganz in den Dienst der Leidenden zu stellen; wie er Menschen den Mut gibt, der Gewalt und der Lüge zu widerstehen und der Wahrheit in der Welt Raum zu schaffen; wie er ganz im stillen Menschen bewegt, einander Gutes zu tun, Versöhnung zu schaffen, wo Hass war; Friede zu schaffen, wo Feindschaft herrschte ...

Die Palmprozession ist – wie damals bei den Jüngern – zunächst einfach Ausdruck der Freude darüber, dass wir Jesus kennen dürfen; dass wir ihm Freunde sein dürfen; und dass er uns den Schlüssel zum Leben geschenkt hat. Diese Freude, die am Anfang steht, ist aber auch Ausdruck unseres Ja zu Jesus und unserer Bereitschaft, mit ihm zu gehen, wohin er uns führt. Der Aufruf, mit dem die Liturgie heute begonnen hat, deutet deswegen die Prozession auch als symbolische Darstellung dessen, was wir Nachfolge Christi nennen: „Bitten wir um die Gnade, ihm zu folgen", heißt es da.

Predigt am Palmsonntag auf dem Petersplatz, Weltjugendtag, 1.4.2007

## 6. April

# CHRISTUS NACHFOLGEN

Das Wort „Nachfolge Christi" ist eine Beschreibung des Ganzen der christlichen Existenz überhaupt. Worin besteht sie? Was heißt das praktisch: „Christus nachfolgen"?

Am Anfang, bei den ersten Jüngern Jesu, hatte das Wort einen ganz einfachen Sinn. Es besagte, dass diese Menschen sich entschlossen, ihren Beruf, ihr Geschäft, ihr bisheriges Leben hinter sich zu lassen und stattdessen mit Jesus zu gehen. Es bedeutete einen neuen Beruf: den des Jüngers. Der grundlegende Inhalt dieses Berufs ist das Mitgehen mit dem Meister, das vollständige Sich-Anvertrauen an seine Führung. Nachfolge ist somit etwas Äußerliches und zugleich etwas ganz Innerliches gewesen. Etwas Äußerliches: das Nachgehen hinter Jesus auf seinen Wanderungen durch Palästina; etwas Innerliches: die neue Orientierung der Existenz, die nicht mehr im Geschäft, im Broterwerb, im eigenen Wollen ihre Leitpunkte hat, sondern weggegeben ist an den Willen eines anderen. Ihm zur Verfügung stehen ist nun Lebensinhalt geworden …

Predigt am Palmsonntag auf dem Petersplatz, Weltjugendtag, 1.4.2007

## 7. April

# DIE TÜR STEHT OFFEN

Kehren wir zur Liturgie der Palmprozession zurück. Als Prozessionslied wird der Psalm 23 gesungen, der auch in Israel ein Prozessionslied beim Aufstieg auf den Tempelberg gewesen ist. Der Psalm interpretiert dabei den inneren Aufstieg, dessen Bild das äußere Hinaufsteigen sein soll, und legt uns damit noch einmal aus, was Aufsteigen mit Christus bedeutet … Die Aufsteigenden, die wirklich nach oben, in die wahre Höhe kommen wollen, müssen Menschen sein, die nach Gott fragen … Wie wichtig ist das heute: sich nicht einfach im Leben dahintreiben lassen; nicht mit dem zufrieden sein, was alle denken, sagen und tun …

Der Aufstiegpsalm 23 endet mit einer Torliturgie am Eingang des Tempels: „Macht hoch die Tür, die Tor macht weit, es kommt der Herr der Herrlichkeit." In der früheren Liturgie des Palmsonntags pochte beim Ankommen am Kirchengebäude der Priester mit dem Vortragekreuz mächtig an die verschlossene Kirchentür, die sich auf das Pochen des Kreuzes hin auftat. Das war ein schönes Bild für das Geheimnis Jesu Christi selbst, der mit dem Stab seines Kreuzes, mit der Kraft seiner sich verschenkenden Liebe von der Welt her an das Tor Gottes klopfte; von einer Welt her, die den Zugang zu Gott nicht finden konnte. Mit dem Kreuz hat Jesus die Tür Gottes, die Tür zwischen Gott und Mensch aufgestoßen. Sie steht offen. Aber der Herr klopft mit seinem Kreuz auch umgekehrt an die Türen dieser Welt, an die Türen unserer Herzen, die so oft und so weithin für Gott verschlossen sind. Und er sagt uns gleichsam: Wenn schon die Gottesbeweise der Schöpfung dich nicht für Gott auftun können; wenn schon das Wort der Schrift und die Botschaft der Kirche dich unberührt lassen – sieh doch mich an, den Gott, der für dich zu einem Leidenden geworden ist … ich leide um dich, und tu dich auf für mich, deinen Herrn und deinen Gott.

Predigt am Palmsonntag auf dem Petersplatz, Weltjugendtag, 1.4.2007

## 8. April

# DER VERSPOTTETE

Der als Pseudokönig verurteilte Jesus wird verspottet, aber im Spott kommt auf grausame Weise Wahrheit zum Vorschein. Wie oft sind Insignien der Macht, die die Mächtigen der Welt tragen, Hohn auf die Wahrheit, auf die Gerechtigkeit, auf die Menschenwürde. Wie oft sind ihre Rituale und ihre großen Worte in Wahrheit nichts als pompöse Lügen, Karikaturen des Auftrags, den ihnen ihr Amt gibt: im Dienst des Guten zu stehen.

Jesus, der Verspottete, der die Krone des Leidens trägt, ist gerade so der wahre König. Sein Zepter ist Gerechtigkeit (vgl. Psalm 45,7). Gerechtigkeit kostet Leiden in dieser Welt: Er, der wahre König, herrscht nicht durch Gewalt, sondern durch die Liebe, die für uns und mit uns leidet. Er nimmt das Kreuz auf sich – unser Kreuz, die Last des Menschseins, die Last der Welt. So geht er uns voran und zeigt uns, wie wir den Weg zum wirklichen Leben finden.

Herr, du hast dich verspotten und beschimpfen lassen. Hilf uns, dass wir nie in den Spott auf die Leidenden und die Schwachen einstimmen. Hilf uns, in den Erniedrigten, in den an den Rand Gestoßenen, dein Gesicht zu erkennen. Hilf uns, nicht vor dem Spott der Welt zurückzuschrecken, wenn der Gehorsam gegen deinen Willen verächtlich gemacht wird.

Du hast das Kreuz getragen und uns eingeladen, dir auf diesem Weg nachzufolgen (vgl. Matthäus 10,38). Hilf uns, das Kreuz anzunehmen, nicht in die Betäubungen zu flüchten, nicht zu murren und nicht finsteren Herzens zu werden ob der Mühsal unseres Lebens. Hilf uns, den Weg der Liebe zu gehen – im Erleiden ihres Anspruchs zur wahren Freude zu kommen.

*Kreuzweg am Kolosseum in Rom, Karfreitag 2005*

# DAS GESCHENK DER EUCHARISTIE

Der Gründonnerstag kennt eine eucharistische Prozession, mit der die Kirche Jesus vom Abendmahlssaal zum Ölberg begleitet ... In Israel feierte man die Paschanacht zu Hause, im engen Familienkreis. So erinnerte man an das erste Pascha in Ägypten, an die Nacht, in der das Blut des Osterlammes auf die Schwellen und Pfosten der Häuser gestrichen worden war, um sie vor dem Vernichter zu schützen. In jener Nacht geht Jesus hinaus und liefert sich den Händen des Verräters aus, des Vernichters, und besiegt genau dadurch die Nacht und die Finsternis des Bösen. Nur so findet das Geschenk der Eucharistie, die im Abendmahlssaal eingesetzt wurde, seine Erfüllung: Jesus gibt wirklich seinen Leib und sein Blut hin. Indem er die Schwelle des Todes überschreitet, wird er lebendiges Brot, wahres Manna, unvergängliche Speise für alle Zeiten. Das Fleisch wird zum Brot des Lebens. Bei der Prozession am Gründonnerstag ... ist es der inständige Wunsch der betenden Kirche, mit Jesus zu wachen, ihn nicht allein zu lassen in der Nacht der Welt, in der Nacht des Verrats, in der Nacht der Gleichgültigkeit so vieler.

Predigt am Hochfest des Leibes und Blutes Christi, 26.5.2005

## 10. April

# LIEBE IN IHRER RADIKALSTEN FORM

Gott hat die Welt nicht durch das Schwert, sondern durch das Kreuz erlöst. Sterbend breitet Jesus die Arme aus. Dies ist zunächst die Gebärde der Passion, in der er sich für uns annageln lässt, um uns sein Leben zu geben. Aber die ausgebreiteten Arme sind zugleich die Haltung des Betenden … Jesus hat die Passion, sein Leiden und seinen Tod in Gebet umgewandelt, und so umgewandelt in einen Akt der Liebe zu Gott und zu den Menschen.

Darum sind die ausgebreiteten Arme des Gekreuzigten endlich auch eine Geste der Umarmung, mit der er uns an sich zieht, in die Hände seiner Liebe hineinnehmen will. So ist er ein Bild des lebendigen Gottes, Gott selbst, ihm dürfen wir uns anvertrauen.

Predigt vor der Basilika in Mariazell, 8.9.2007

Im Kreuz betrachten wir die Herrlichkeit des Herrn, die im gemarterten Leib Jesu aufscheint. Gerade in dieser völligen Selbsthingabe offenbart sich die Größe Gottes, offenbart sich die Tatsache, dass er Liebe ist.

Jeder Christ ist berufen, durch sein Dasein die Herrlichkeit des Gekreuzigten zu verstehen, zu leben und zu bezeugen …

Das Kreuz, die Selbsthingabe des Sohnes Gottes ist letzten Endes das „Zeichen" schlechthin, das uns geschenkt wurde, um die Wahrheit des Menschen und die Wahrheit Gottes zu verstehen: Wir alle sind geschaffen und erlöst worden von einem Gott, der aus Liebe seinen einzigen Sohn geopfert hat. „In seinem Tod am Kreuz", so habe ich in der Enzyklika „Gott ist die Liebe" geschrieben, „vollzieht sich jene Wende Gottes gegen sich selbst, in der er sich verschenkt, um den Menschen wieder aufzuheben und zu retten – Liebe in ihrer radikalsten Form" (Nr. 12).

Predigt in der römischen Pfarrei Dio Padre Misericordioso, 26.3.2006

# IM GRAB

Wie Jona im Bauch des Fisches, so blieb auch der gekreuzigte Christus im Verlauf eines Sabbats „verschlungen" im Innern der Erde (vgl. Matthäus 12,40). Es war wirklich „dieser Sabbat ein großer Feiertag", wie der Evangelist Johannes schreibt (19,31): der feierlichste der Geschichte, denn an ihm führte der „Herr über den Sabbat" (vgl. Matthäus 12,8) das Schöpfungswerk zur Vollendung (vgl. Genesis 2,1–4a), indem er den Menschen und den gesamten Kosmos in die Freiheit und Herrlichkeit der Kinder Gottes erhob (vgl. Römer 8,21). Nachdem dieses außerordentliche Werk vollbracht war, ist der leblose Leib vom lebendigen Atem Gottes durchweht worden, hat das Hindernis des Grabes gesprengt und ist glorreich auferstanden. Darum erklären die Engel: „Er ist nicht hier", er kann sich nicht mehr im Grab befinden. Er ist auf der Erde der Menschen unterwegs gewesen und hat seinen Weg im Grab beendet wie alle, doch er hat den Tod überwunden, und in absolut neuer Weise, durch einen Akt reiner Liebe, hat er die Erde geöffnet, sie weit aufgerissen zum Himmel hin.

Botschaft vor dem Segen „Urbi et Orbi", Ostern 2006

## 12. April

# STÄRKER ALS DER TOD

Heute ertönen machtvoll die Worte, welche die Frauen in Erstaunen versetzten, die am ersten Tag nach dem Sabbat zum Grab gekommen waren, wo man den eilig vom Kreuz abgenommenen Leichnam Jesu beigesetzt hatte. Betrübt und untröstlich über den Verlust ihres Meisters, hatten sie den großen Stein schon vom Eingang weggewälzt vorgefunden, und beim Eintreten in das Grab sahen sie, dass sein Leib nicht mehr da war. Während sie so verunsichert und verloren dastanden, wurden sie von zwei Männern in leuchtenden Gewändern überrascht, die sagten: „Was sucht ihr den Lebenden bei den Toten? Er ist nicht hier, sondern er ist auferstanden" (vgl. Lukas 24,5 – 6) … Seit jenem Morgen hören diese Worte nicht auf, im Universum nachzuklingen als Verkündigung der Freude – eine Verkündigung, die unverändert die Jahrhunderte durchzieht und zugleich reich ist an unendlichen und immer neuen Resonanzen.

Botschaft vor dem Segen „Urbi et Orbi", Ostern 2006

Wir sind frei. Durch die Auferstehung Jesu hat die Liebe sich stärker gezeigt als der Tod und als das Böse. Die Liebe ließ ihn absteigen, und sie ist zugleich die Kraft, in der er aufsteigt. Und durch die er uns mitnimmt. Geeint mit seiner Liebe, von ihren Flügeln getragen, steigen wir mit ihm als Liebende ab in die Dunkelheiten der Welt und wissen, dass wir gerade so mit ihm aufsteigen. So bitten wir: Herr, zeige auch heute, dass die Liebe stärker ist als der Hass. Dass sie stärker ist als der Tod. Steig auch in die Nächte und Unterwelten dieser unserer modernen Zeit hinab, und nimm die Wartenden an die Hand. Führe sie ins Licht. Sei auch in meinen dunklen Nächten mit mir und führe mich hinaus. Hilf mir, hilf uns, mit dir hinabzusteigen in das Dunkel der Wartenden, die aus der Tiefe nach dir schreien. Hilf uns, dein Licht dorthin zu tragen. Hilf uns zum Ja der Liebe, die uns absteigen und ebenso mit dir aufsteigen lässt.

Predigt bei der Osternachtsfeier im Petersdom, 7.4.2007

Jesus ist nicht mehr im Grab. Er ist in einem ganz neuen Leben. Wie war das möglich? Welche Kräfte wirkten da? Entscheidend ist, dass dieser Mensch Jesus nicht allein war, kein in sich abgeschlossenes Ich. Er war eins mit dem lebendigen Gott, so sehr eins, dass er nur eine Person mit ihm bildete. Er stand sozusagen nicht nur in einer gefühlsmäßigen, sondern in einer sein Sein umspannenden und es durchdringenden Umarmung mit dem, der das Leben selber ist. Sein eigenes Leben war nicht bloß sein Eigen, es war Mitsein und Insein mit Gott, und daher konnte es ihm gar nicht wirklich genommen werden. Er konnte sich aus Liebe töten lassen, aber gerade so zerbrach er die Endgültigkeit des Todes, weil in ihm die Endgültigkeit des Lebens da war. Er war so eins mit dem unzerstörbaren Leben, dass es durch den Tod hindurch neu aufbrach. Sagen wir dasselbe noch einmal von einer anderen Seite her: Sein Tod war ein Akt der Liebe. Im Abendmahl hat er den Tod vorweggenommen und in eine Gabe seiner selbst umgewandelt. Sein Mitsein mit Gott war konkret Mitsein mit Gottes Liebe, und die ist die wahre Macht gegen den Tod, stärker als der Tod. Auferstehung war gleichsam eine Explosion des Lichts, eine Explosion der Liebe, die das bislang unauflösbare Geflecht von „Stirb und Werde" aufgelöst hat. Sie hat eine neue Dimension des Seins, des Lebens eröffnet, in die verwandelt auch die Materie hineingeholt ist und durch die eine neue Welt heraufsteigt.

Predigt bei der Osternachtsfeier im Petersdom, 15.4.2006

## 13. April

# ÜBERGANG

Heute hält uns die Liturgie zum Nachdenken über … die Begegnung mit den zwei Emmausjüngern (vgl. Lukas 24,13 –35) an. Während sie untröstlich über den Tod ihres Meisters unterwegs zurück nach Hause waren, gesellte sich der Herr als Weggefährte zu ihnen, ohne dass sie ihn erkannt hätten. Seine erklärenden Worte zur Schrift, die sich auf ihn bezogen, ließen die Herzen der beiden Jünger brennen. Am Ziel angekommen, baten sie ihn, bei ihnen zu bleiben. Als er schließlich „das Brot nahm, den Lobpreis sprach, das Brot brach und es ihnen gab" (vgl. Vers 30), da gingen ihnen die Augen auf. Aber im selben Augenblick entzog sich Jesus ihrem Blick. Sie erkannten ihn also, als er verschwand …

Im Vorwort zur Apostelgeschichte sagt der heilige Lukas, dass der auferstandene Herr „nach seinem Leiden (den Aposteln) durch viele Beweise gezeigt hat, dass er lebt; vierzig Tage hindurch ist er ihnen erschienen" (vgl. Apostelgeschichte 1,3). Das muss richtig verstanden werden: Wenn der heilige Verfasser von ihm sagt, „er hat gezeigt, dass er lebt", will er damit nicht sagen, dass Jesus in das frühere Leben zurückgekehrt ist wie Lazarus. Das Ostern, das wir feiern, bedeutet, wie der heilige Bernhard feststellt, „Übergang" und nicht „Rückkehr", denn Jesus ist nicht in die vorige Situation zurückgekehrt, sondern „er hat die Grenze zu einem glorreicheren Zustand überschritten", der neu und endgültig ist. Er fügt deshalb hinzu: „Nun ist Christus wahrhaftig in ein neues Leben übergegangen" (vgl. Predigt über Ostern).

Generalaudienz, 11.4.2007

121

## 14. April

# DAS WAHRE GUT DES MENSCHEN

Jesus sagt auch zu uns, was er dem Satan entgegengehalten hat und was er zu Petrus gesagt und was er den Jüngern von Emmaus erläutert hat: dass kein Reich dieser Welt das Reich Gottes ist, der Heilszustand der Menschheit schlechthin. Menschenreich bleibt Menschenreich. Und wer behauptet, er könne die heile Welt errichten, der stimmt dem Betrug Satans zu, der spielt ihm die Welt in die Hände ... Aber was hat Jesus dann eigentlich gebracht, wenn er nicht den Weltfrieden, nicht den Wohlstand für alle, nicht die bessere Welt gebracht hat? Die Antwort lautet ganz einfach: Gott ... Er hat den wahren Gott zu den Völkern der Erde gebracht. Nun kennen wir sein Antlitz, nun können wir ihn anrufen. Nun kennen wir den Weg, den wir als Menschen in dieser Welt zu nehmen haben. Jesus hat Gott gebracht und damit die Wahrheit über unser Wohin und Woher; den Glauben, die Hoffnung und die Liebe ... Ja, Gottes Macht ist leise in dieser Welt, aber es ist die wahre, die bleibende Macht ... Im Kampf gegen den Satan hat Jesus gesiegt: Der verlogenen Vergöttlichung der Macht und des Wohlstands, der verlogenen Verheißung einer durch Macht und Wirtschaft allen alles gewährenden Zukunft hat er das Gottsein Gottes entgegengestellt – Gott als das wahre Gut des Menschen.

Jesus von Nazareth, 73f

# PERSÖNLICHER DANK AN MARIA

Ich möchte Maria meine Dankbarkeit dafür zum Ausdruck bringen, dass sie mich im täglichen Dienst für die Kirche trägt. Ich weiß, dass ich in jeder Situation auf sie zählen kann; mehr noch, ich weiß, dass sie mit mütterlichem Empfinden jedem Bedürfnis ihrer Kinder zuvorkommt und wirksam eingreift, um ihnen beizustehen: Das ist die Erfahrung, die das christliche Volk seit seinen Anfängen in Jerusalem gemacht hat.

Ansprache vor der Lourdes-Grotte in den Vatikanischen
Gärten zum Abschluss des Marienmonats, 31.5.2006

# 80 JAHRE

Es fügt sich, dass ich gerade in diesen vom Licht der göttlichen Barmherzigkeit besonders durchleuchteten Tagen auf 80 Jahre Leben zurückblicken darf … Wir sind hier versammelt im Gedanken an die Vollendung eines langen Abschnitts meines Lebens. Natürlich darf die Liturgie nicht dazu dienen, vom eigenen Ich, von sich selber zu reden. Aber das eigene Leben darf dazu dienen, Gottes Barmherzigkeit zu verkünden …

Ich habe es immer als ein großes Geschenk der göttlichen Barmherzigkeit betrachtet, dass mir Geburt und Wiedergeburt [16. April 1927] am selben Tag, im Zeichen des anfangenden Osterfestes geschenkt worden sind. So wurde ich zugleich in meine eigene Familie und in die große Familie Gottes hineingeboren. Ja, ich danke Gott, dass ich erleben durfte, was Familie bedeutet. Dass ich erfahren durfte, was Vaterschaft heißt und dass so das Wort von Gott dem Vater von innen her verständlich wurde, von der menschlichen Erfahrung her mir sich der Zugang öffnete zu dem großen und gütigen Vater im Himmel. Vor ihm tragen wir Verantwortung, aber er schenkt uns zugleich Vertrauen, weil in seiner Gerechtigkeit die Barmherzigkeit immer durchleuchtet und die Güte, mit der er auch unsere Schwachheit annimmt und uns aufhilft, um langsam aufrecht gehen zu lernen. Ich danke Gott, dass ich tief erfahren durfte, was mütterliche Güte bedeutet, zu der die Zuflucht immer offensteht und die mir gerade so Freiheit gibt. Ich danke Gott für meine Geschwister, die mir ein Leben lang treu und helfend zur Seite standen und stehen. Ich danke Gott für die Weggefährten, Freunde und Helfer, die er mir geschenkt hat. Ich danke ganz besonders auch dafür, dass ich vom ersten Tag an in die große Gemeinschaft der Glaubenden hineinwachsen durfte, in der die Grenze zwischen Leben und Tod, zwischen Himmel und Erde aufgerissen ist …

Predigt beim Hochamt auf dem Petersplatz, 15.5.2007

# GOTTES ERBARMUNGEN

**D**er Geist Jesu Christi ist Macht der Vergebung. Er ist Macht der göttlichen Barmherzigkeit. Er ermöglicht einen neuen Anfang – immer wieder. Die Freundschaft mit Jesus Christus ist Freundschaft mit dem, der uns zu Menschen des Vergebens macht und der uns auch selbst vergibt, uns immer wieder aufhebt aus unserer Schwachheit und uns gerade so erzieht, uns die innere Verpflichtung der Liebe einsenkt, seinem Vertrauen mit unserer Treue zu antworten …

Gottes Erbarmungen begleiten uns Tag um Tag. Wenn wir nur wachen Herzens sind, können wir sie wahrnehmen. Allzusehr sind wir geneigt, bloß die tägliche Mühsal zu empfinden, die uns als Kinder Adams auferlegt ist. Aber wenn wir unser Herz öffnen, dann können wir mitten in ihm auch immer wieder sehen, wie gut Gott mit uns ist; wie er gerade im Kleinen unser gedenkt und uns so zum Großen hilft. Mit der größer gewordenen Last der Verantwortung hat der Herr auch neue Hilfe in mein Leben gebracht: Immer wieder erfahre ich mit dankbarer Freude, wie groß die Schar derer ist, die mich mit ihrem Gebet mittragen; die mir mit ihrem Glauben und ihrer Liebe helfen, meinen Dienst zu tun; die mit meiner Schwachheit Nachsicht haben und auch im Schatten Petri das gütige Licht Jesu Christi erkennen. Dafür möchte ich in dieser Stunde dem Herrn und euch allen von ganzem Herzen danken.

*Predigt beim Hochamt auf dem Petersplatz, 15.5.2007*

## 18. April

# DER MITTELPUNKT

Petrus zusammen mit den Aposteln und dann ihre Nachfolger haben zunächst in Jerusalem und dann bis an die Grenzen der Erde mutig die Botschaft des Evangeliums verbreitet, dessen grundlegender und unverzichtbarer Kern das Ostergeheimnis ist: das Leiden, der Tod und die Auferstehung Christi. Dieses Geheimnis feiert die Kirche zu Ostern und lässt seinen freudigen Nachklang in den folgenden Tagen andauern; sie singt das Halleluja des Triumphs Christi über das Böse und den Tod ...

Die Freude dieser Tage umfasst das ganze Kirchenjahr und wird besonders am Sonntag erneuert, dem Tag, der dem Gedächtnis der Auferstehung des Herrn geweiht ist. An diesem Tag, der gleichsam das „kleine Osterfest" jeder Woche ist, verkündet die zur heiligen Messe zusammengekommene liturgische Versammlung im Credo, dass Jesus am dritten Tage auferstanden ist, und fügt hinzu, dass wir „die Auferstehung der Toten und das Leben der kommenden Welt" erwarten. Auf diese Weise wird gezeigt, dass das Ereignis des Todes und der Auferstehung Jesu den Mittelpunkt unseres Glaubens bildet und dass auf dieser Verkündigung die Kirche gegründet ist und wächst. Auf einprägsame Weise sagt der heilige Augustinus: „Meine Lieben, betrachten wir die Auferstehung Christi: In der Tat, wie sein Leiden und Sterben unser altes Leben bedeutete, so ist seine Auferstehung Sakrament des neuen Lebens ... Du hast geglaubt, du bist getauft worden: Das alte Leben ist gestorben, am Kreuz getötet, in der Taufe begraben worden. Das alte Leben, in dem du gelebt hast, ist begraben worden: das neue Leben möge auferstehen. Lebe gut: Lebe so, dass du lebst, auf dass du, wenn du gestorben bist, sein wirst, nicht stirbst" (vgl. Sermo 229).

Generalaudienz, 19.4.2006

**19. April**

# FRIEDE SEI MIT EUCH!

Der heutige Sonntag, der traditionsgemäß „Weißer Sonntag" genannt wird, beschließt die Osterwoche, besser gesagt die Osteroktav, die die Liturgie als einen einzigen Tag ansieht: „Dies ist der Tag, den der Herr gemacht hat" (Psalm 118,24). Es handelt sich nicht um eine chronologische, sondern um eine geistliche Zeit, die Gott im Geflecht der Tage eröffnet hat, als er Christus von den Toten auferweckte. Indem der Schöpfergeist das neue und ewige Leben in den bestatteten Leib Jesu von Nazareth eingoss, brachte er das Werk der Schöpfung zur Erfüllung und schuf eine „Erstlingsfrucht": die Erstlingsfrucht einer neuen Menschheit, die gleichzeitig Erstlingsfrucht einer neuen Welt und eines neuen Zeitalters ist. Diese Erneuerung der Welt lässt sich in einem Wort zusammenfassen, in demselben, das der auferstandene Jesus als Gruß, aber mehr noch als Botschaft seines Sieges zu seinen Jüngern sprach: „Friede sei mit euch!" (vgl. Lukas 24,36; Johannes 29,19.21.26). Der Friede ist das Geschenk, das Christus seinen Freunden als Segen hinterlassen hat (vgl. Johannes 14,27), der für alle Menschen und alle Völker bestimmt ist. Nicht der Friede nach der Mentalität der „Welt", als Gleichgewicht der Kräfte, sondern eine neue Wirklichkeit, die Frucht der Liebe Gottes, seiner Barmherzigkeit. Es ist der Friede, den Jesus Christus um den Preis seines Blutes verdient hat und den er allen mitteilt, die Ihm vertrauen. „Jesus, ich vertraue auf dich": in diesen Worten ist der Glaube des Christen zusammengefasst, der Glaube an die Allmacht der barmherzigen Liebe Gottes ist.

Vor dem „Regina Caeli", Weißer Sonntag, 15.4.2007

127

## 20. April
# GEWÄHLT

Liebe Schwestern und Brüder!

Nach einem großen Papst, Johannes Paul II., haben die Herren Kardinäle mich gewählt, einen einfachen und bescheidenen Arbeiter im Weinberg des Herrn.

Mich tröstet die Tatsache, dass der Herr auch mit ungenügenden Werkzeugen zu arbeiten und zu wirken weiß. Vor allem vertraue ich mich euren Gebeten an.

In der Freude des auferstandenen Herrn und im Vertrauen auf seine immerwährende Hilfe gehen wir voran. Der Herr wird uns helfen, und Maria, seine allerseligste Mutter, steht uns zur Seite.

Erster Gruß Benedikts XVI. mit Apostolischem Segen, 19.4.2005

## 21. April

# JA, ICH FOLGE DIR

Als langsam der Gang der Abstimmungen mich erkennen ließ, dass sozusagen das Fallbeil auf mich herabfallen würde, war mir ganz schwindelig zumute. Ich hatte geglaubt, mein Lebenswerk getan zu haben und nun auf einen ruhigen Ausklang meiner Tage hoffen zu dürfen. Ich habe mit tiefer Überzeugung zum Herrn gesagt: Tu mir dies nicht an! Du hast Jüngere und Bessere, die mit ganz … anderer Kraft an diese große Aufgabe herantreten können. Da hat mich ein kleiner Brief sehr berührt, den mir ein Mitbruder aus dem Kardinalskollegium geschrieben hat. Er erinnerte mich daran, dass ich die Predigt beim Gottesdienst für Johannes Paul II. vom Evangelium her unter das Wort gestellt hatte, das der Herr am See Genesareth zu Petrus gesagt hat: Folge mir nach! Ich hatte dargestellt, wie Karol Wojtyła immer wieder vom Herrn diesen Anruf erhielt und immer neu viel aufgeben und einfach sagen musste: Ja, ich folge dir, auch wenn du mich führst, wohin ich nicht wollte. Der Mitbruder schrieb mir: „Wenn der Herr nun zu dir sagen sollte: ‚Folge mir‘, dann erinnere dich, was du gepredigt hast. Verweigere dich nicht! Sei gehorsam, wie du es vom großen heimgegangenen Papst gesagt hast." Das fiel mir ins Herz …

So blieb mir am Ende nichts, als Ja zu sagen. Ich vertraue auf den Herrn, und ich vertraue auf euch, liebe Freunde. Ein Christ ist nie allein, habe ich gestern in der Predigt gesagt. Damit habe ich die wunderbare Erfahrung ausgedrückt, die wir alle in diesen außergewöhnlichen vier Wochen machen durften, die hinter uns liegen.

Ansprache an die Pilger aus Deutschland, 25.4.2005

# BENEDIKT XVI.

Ich möchte über den Namen sprechen, den ich gewählt habe ... Ich wollte mich Benedikt XVI. nennen, weil ich geistig an den ehrwürdigen Papst Benedikt XV. anknüpfen wollte, der die Kirche in der stürmischen Zeit des Ersten Weltkriegs geleitet hat. Er war ein mutiger und wahrer Prophet des Friedens und bemühte sich mit großer Tapferkeit zuerst darum, das Drama des Krieges zu vermeiden, und später dessen unheilvolle Auswirkungen einzudämmen. Ich möchte mein Amt auf seinen Spuren im Dienst der Versöhnung und Harmonie unter den Menschen und Völkern fortführen in der Überzeugung, dass das große Gut des Friedens vor allem ein Geschenk Gottes, ein zerbrechliches und wertvolles Geschenk ist, das Tag für Tag durch den Beitrag aller zu erbitten, zu schützen und aufzubauen ist ... Die Wahl meines Namens knüpft auch an den heiligen Benedikt von Nursia an, den „Vater des abendländischen Mönchtums" und Mitpatron Europas.

Ansprache bei der ersten Generalaudienz, 27.4.2005

## 23. April

# GEMEINSAM STIFTER DES FRIEDENS

Die Welt, in der wir leben, ist oft von Konflikten, Gewalt und Krieg geprägt, aber sie sehnt sich ernsthaft nach Frieden, einem Frieden, der vor allem ein Geschenk Gottes ist, einem Frieden, für den wir unablässig beten müssen. Der Friede ist jedoch auch eine Aufgabe, zu der sich alle Völker verpflichten müssen, vor allem diejenigen, die ihre Zugehörigkeit zu religiösen Traditionen bekennen. Unsere Bemühungen, zueinanderzufinden und den Dialog zu fördern, stellen einen wertvollen Beitrag zum Aufbau des Friedens auf einer soliden Grundlage dar. Papst Johannes Paul II. … schrieb zu Beginn des neuen Jahrtausends: „Der Name des einzigen Gottes muss immer mehr zu dem werden, was er ist, ein Name des Friedens und ein Gebot des Friedens" (Novo Millennio Ineunte, 55). Es ist daher geboten, dass wir in einen authentischen und ehrlichen Dialog miteinander treten, gegründet auf den Respekt der Würde jedes Menschen, der, wie wir Christen fest glauben, nach dem Abbild und Gleichnis Gottes geschaffen wurde (vgl. Genesis 1,27–27).

Zu Beginn meines Pontifikats richte ich an Sie und an alle Gläubigen der von Ihnen vertretenen religiösen Traditionen sowie an alle Menschen, die mit aufrichtigem Herzen die Wahrheit suchen, die ausdrückliche Einladung, gemeinsam zu Stiftern des Friedens zu werden im gegenseitigen Streben nach Verständnis, Respekt und Liebe.

*Ansprache bei einer ökumenischen Begegnung, 25.4.2005*

# DER GEIST VON ASSISI

Ich kann … nicht die Initiative meines Vorgängers seligen Angedenkens, Johannes Paul II., vergessen, der 1986 hier (in Assisi) die Repräsentanten der christlichen Konfessionen und der verschiedenen Weltreligionen zu einem Gebetstreffen für den Frieden versammeln wollte … Die Entscheidung, jenes Treffen in Assisi abzuhalten, war wirklich vom Zeugnis des Franziskus als Mann des Friedens eingegeben, auf den so viele, auch Vertreter anderer kultureller und religiöser Auffassungen, voll Sympathie blicken. Gleichzeitig war das Licht des „Poverello", das auf jene Initiative ausstrahlte, auch die Garantie für christliche Authentizität, da sein Leben und seine Botschaft so offensichtlich auf der Entscheidung Christi beruhen, dass jede Versuchung zu religiösem Indifferentismus, der nichts mit einem glaubwürdigen interreligiösen Dialog zu tun hätte, von vornherein zurückzuweisen ist. Der „Geist von Assisi", der sich seit diesem Ereignis in der Welt verbreitet, stellt sich dem Geist der Gewalt entgegen, dem Missbrauch der Religion als Vorwand für Gewalt. Assisi sagt uns, dass die Treue zur eigenen religiösen Überzeugung, vor allem die Treue zum gekreuzigten und auferstandenen Christus, sich nicht in Gewalt und Intoleranz ausdrückt, sondern im aufrichtigen Respekt des anderen, im Dialog, in einer Botschaft, die im Bemühen um Frieden und Versöhnung zu Freiheit und Vernunft aufruft.

Predigt bei der Eucharistiefeier in Assisi, 17.6.2007

## 25. April

# ICH BRAUCHE NICHT ALLEIN ZU TRAGEN

Zusammen mit euch möchte ich dem Herrn danken, der mich dazu berufen hat, als Nachfolger des Apostels Petrus der Kirche zu dienen ... Es ist bereits ein Jahr vergangen, seitdem die im Konklave versammelten Kardinäle meine arme Person in die Nachfolge des verstorbenen Dieners Gottes, des geliebten und großen Papstes Johannes Paul II., gewählt haben, was für mich völlig unerwartet und überraschend kam. Ich bin innerlich bewegt, wenn ich daran zurückdenke, wie ich unmittelbar nach meiner Wahl zum ersten Mal auf der Mittleren Loggia der Basilika den hier auf diesem Platz versammelten Gläubigen gegenüberstand. Die Erinnerung an jene Begegnung hat sich mir im Geist und im Herzen eingeprägt; auf sie folgten viele weitere Begegnungen, die mich erfahren ließen, wie sehr das zutrifft, was ich während der festlichen Konzelebration sagte, mit der ich die Ausübung des Petrusamtes feierlich begonnen habe: „So darf ich auch wissen: Ich brauche nicht allein zu tragen, was ich wahrhaftig allein nicht tragen könnte." Und ich spüre immer mehr, dass ich diese Aufgabe, diese Sendung allein nicht tragen könnte. Aber ich spüre auch, dass ihr sie mit mir tragt: So befinde ich mich in einer großen Gemeinschaft, und zusammen können wir die vom Herrn erhaltene Sendung voranbringen.

Eine unersetzliche Hilfe ist mir der himmlische Schutz Gottes und der Heiligen; und eure Nähe, liebe Freunde, die ihr mir stets eure Nachsicht und Liebe schenkt, gibt mir Kraft. Von ganzem Herzen danke ich allen, die auf verschiedene Weise nah an meiner Seite stehen oder mich aus der Ferne im Geiste mit ihrer Zuneigung und ihrem Gebet begleiten.

Generalaudienz, 19.4.2006

## 26. April

# VON DEN FREUNDEN GOTTES UMGEBEN

Wie verlassen fühlten wir uns nach dem Heimgang von Johannes Paul II., der gut 26 Jahre unser Hirt und Führer auf dem Weg durch diese Zeit gewesen war. Nun hatte er die Schwelle ins andere Leben – ins Geheimnis Gottes hinein überschritten. Aber er ging nicht allein. Wer glaubt, ist nie allein – im Leben nicht und auch im Sterben nicht …

Wir sind nicht allein. Wir sind von den Freunden Gottes umgeben, geleitet und geführt. Und nun, in dieser Stunde, muss ich schwacher Diener Gottes diesen unerhörten Auftrag übernehmen, der doch alles menschliche Vermögen überschreitet. Wie sollte ich das? Wie kann ich das? Aber ihr alle, liebe Freunde, habt nun die ganze Schar der Heiligen stellvertretend durch einige der großen Namen der Geschichte Gottes mit den Menschen herbeigerufen, und so darf auch ich wissen: Ich bin nicht allein. Ich brauche nicht allein zu tragen, was ich wahrhaftig allein nicht tragen könnte. Die Schar der Heiligen Gottes schützt und stützt und trägt mich. Und euer Gebet, liebe Freunde, eure Nachsicht, eure Liebe, euer Glaube und euer Hoffen begleiten mich.

Predigt bei der Messe zur Amtseinführung, 24.4.2005

## 27. April

# WEIDE MEINE SCHAFE

Ja, die Kirche lebt – das ist die wunderbare Erfahrung dieser Tage. Durch alle Traurigkeit von Krankheit und Tod des Papstes [Johannes Paul II.] hindurch ist uns dies auf wunderbare Weise sichtbar geworden: Die Kirche lebt. Und die Kirche ist jung. Sie trägt die Zukunft der Welt in sich und zeigt daher auch jedem Einzelnen den Weg in die Zukunft. Die Kirche lebt – wir sehen es, und wir spüren die Freude, die der Auferstandene den Seinen verheißen hat. Die Kirche lebt – sie lebt, weil Christus lebt, weil er wirklich auferstanden ist …

Ich brauche in dieser Stunde keine Art von Regierungsprogramm vorzulegen … Das eigentliche Regierungsprogramm ist, nicht meinen Willen zu tun, nicht meine Ideen durchzusetzen, sondern gemeinsam mit der ganzen Kirche auf Wort und Wille des Herrn zu lauschen und mich von ihm führen zu lassen, damit er selbst die Kirche führe in dieser Stunde unserer Geschichte.

So muss es eine Haupteigenschaft des Hirten sein, dass er die Menschen liebt, die ihm anvertraut sind, weil und wie er Christus liebt, in dessen Diensten er steht. „Weide meine Schafe", sagt Christus zu Petrus, sagt er nun zu mir. Weiden heißt lieben, und lieben heißt auch, bereit zu sein zu leiden. Und lieben heißt: den Schafen das wahrhaft Gute zu geben, die Nahrung von Gottes Wahrheit, von Gottes Wort, die Nahrung seiner Gegenwart, die er uns in den heiligen Sakramenten schenkt.

Predigt bei der Messe zur Amtseinführung, 24.4.2005

135

## 28. April
# HIRT

Den Hirten muss die heilige Unruhe Christi beseelen, dem es nicht gleichgültig ist, dass so viele Menschen in der Wüste leben. Und es gibt vielerlei Arten von Wüsten. Es gibt die Wüste der Armut, die Wüste des Hungers und des Durstes. Es gibt die Wüste der Verlassenheit, der Einsamkeit, der zerstörten Liebe. Es gibt die Wüste des Gottesdunkels, der Entleerung der Seelen, die nicht mehr um die Würde und um den Weg des Menschen wissen. Die äußeren Wüsten wachsen in der Welt, weil die inneren Wüsten so groß geworden sind. Deshalb dienen die Schätze der Erde nicht mehr dem Aufbau von Gottes Garten, in dem alle leben können, sondern dem Ausbau von Mächten der Zerstörung. Die Kirche als Ganze und die Hirten in ihr müssen wie Christus sich auf den Weg machen, um die Menschen aus der Wüste herauszuführen zu den Orten des Lebens – zur Freundschaft mit dem Sohn Gottes, der uns Leben schenkt, Leben in Fülle …

Der wahre Hirte aller Menschen, der lebendige Gott, ist selbst zum Lamm geworden, er hat sich auf die Seite der Lämmer, der Getretenen und Geschlachteten gestellt. Gerade so zeigt er sich als der wirkliche Hirt. „Ich bin der wahre Hirte … Ich gebe mein Leben für die Schafe", sagt Jesus von sich (vgl. Johannes 10,14f). Nicht die Gewalt erlöst, sondern die Liebe … Wir leiden unter der Geduld Gottes. Und doch brauchen wir sie alle. Der Gott, der Lamm wurde, sagt es uns: Die Welt wird durch den Gekreuzigten und nicht durch die Kreuziger erlöst. Die Welt wird durch die Geduld Gottes erlöst und durch die Ungeduld der Menschen verwüstet.

Predigt bei der Messe zur Amtseinführung, 24.4.2005

## 29. April
# ÜBER SICH HINAUSGEHEN

Nur in Gott und von Gott her kennt man den Menschen richtig. Ein Sich-Kennen, das den Menschen ins Empirische und Fassbare einengt, begegnet gerade der eigentlichen Tiefe des Menschen nicht. Der Mensch kennt sich selbst nur, wenn er sich von Gott her zu verstehen lernt, und er kennt den anderen nur, wenn er in ihm das Geheimnis Gottes sieht. Für den Hirten im Dienste Jesu bedeutet das, dass er die Menschen nicht an sich, an sein eigenes kleines Ich binden darf. Das Sich-Kennen, das ihn mit den ihm anvertrauten „Schafen" verbindet, muss darauf zielen, sich gegenseitig in Gott hineinzuführen, auf ihn zuzuführen; es muss so Sich-Finden in der Gemeinsamkeit der Erkenntnis und der Liebe Gottes sein. Der Hirte im Dienste Jesu muss immer über sich hinausführen, damit der andere seine ganze Freiheit finde; und er muss deswegen auch immer selber über sich hinausgehen in die Einheit mit Jesus und mit dem trinitarischen Gott hinein.

Jesus von Nazareth, 327f

## 30. April

# RAUM FÜR ALLE

Jesus [beruft] seine Jünger und Mitarbeiter aus den unterschiedlichsten sozialen und religiösen Schichten, ohne jemanden von vornherein auszuschließen. Ihn interessieren die Menschen, nicht die gesellschaftlichen Kategorien oder die Etiketten! Und das Schöne daran ist, dass in der Gruppe seiner Jünger alle Seite an Seite lebten trotz ihrer Verschiedenheit und unter Überwindung der vorstellbaren Schwierigkeiten: Der Grund des Zusammenhalts war nämlich Jesus selbst, in dem sich alle vereint fanden.

Das ist eine deutliche Lehre für uns, die wir oft dazu neigen, die Unterschiede und vielleicht auch die Gegensätze hervorzuheben. Dabei vergessen wir, dass uns in Jesus Christus die Kraft gegeben ist, unsere Konflikte beizulegen. Bedenken wir auch, dass die Gruppe der Zwölf das Vorausbild der Kirche ist, in der Raum sein soll für alle Charismen, Völker, Rassen und alle menschlichen Eigenschaften, die ihren Zusammenhalt und ihre Einheit in der Gemeinschaft mit Jesus finden.

Generalaudienz, 11.10.2006

MAI

# Sei gegrüßt, Maria

Glaubensgefährtin und Fürsprecherin

## 1. Mai

# JOSEF UND MARIA

Der Monat Mai beginnt mit einem liturgischen Gedenktag, der dem Volk Gottes sehr am Herzen liegt, der Gedenktag des heiligen Josefs, des Arbeiters. Und ihr wisst, dass ich Joseph heiße. Dieser Gedenktag wurde von Papst Pius XII. vor genau 50 Jahren eingeführt, um die Bedeutung der Arbeit und der Gegenwart Christi und der Kirche in der Arbeitswelt hervorzuheben. Auch in der heutigen Gesellschaft ist es notwendig, das „Evangelium der Arbeit" zu bezeugen, von dem Johannes Paul II. in seiner Enzyklika „Laborem exercens" gesprochen hat. Mein Wunsch ist es, dass es vor allem den jungen Menschen nie an Arbeit fehlen möge und dass die Arbeitsbedingungen immer mehr die Würde der menschlichen Person achten.

Ansprache vor dem „Regina Caeli", 1.5.2005

Der Monat Mai ist in besonderer Weise Maria geweiht. Durch seine Worte und mehr noch durch sein Vorbild hat uns Papst Johannes Paul II. gelehrt, Christus mit den Augen Marias zu betrachten. Tatsächlich lehrt uns Maria, die Mutter des Herrn, was es heißt, in Gemeinschaft mit Christus zu treten: Maria hat ihr eigenes Fleisch, ihr eigenes Blut Jesus gegeben und ist zum lebendigen Zelt des Wortes geworden, als sie sich im Körper und im Geist von seiner Gegenwart durchdringen ließ.

Bitten wir sie, unsere heilige Mutter, dass sie uns dabei helfe, unser ganzes Sein immer mehr der Gegenwart Christi zu öffnen.

Predigt an Fronleichnam vor der Lateranbasilika, 26.5.2005

## 2. Mai
# SEIN ZEUGNIS

Die Arbeit hat vorrangige Bedeutung für die Verwirklichung des Menschen und für die Entwicklung der Gesellschaft. Deshalb ist es notwendig, dass sie immer in voller Achtung der Würde des Menschen und im Dienste des Gemeinwohls organisiert und ausgeübt wird. Zugleich ist es unerlässlich, dass der Mensch sich von der Arbeit nicht versklaven lässt, dass er sie nicht zum Götzen macht, indem er meint, in ihr den letzten und endgültigen Sinn des Lebens zu finden …

Die Arbeit soll dem wahren Wohl der Menschheit dienen, indem sie „dem Menschen als Einzelwesen und als Glied der Gesellschaft gestatte, seiner ganzen Berufung nachzukommen und sie zu erfüllen" (Gaudium et spes, 35). Damit das geschieht, genügt die technische und berufliche Qualifikation nicht, wenn sie auch notwendig ist; es genügt nicht einmal, eine gerechte Gesellschaftsordnung zu schaffen, die das Wohl aller Menschen vor Augen hat. Es ist notwendig, eine Spiritualität zu leben, die den Gläubigen hilft, sich durch ihre Arbeit zu heiligen, in Nachahmung des heiligen Josef, der jeden Tag eigenhändig für die Bedürfnisse der Heiligen Familie sorgen musste und den die Kirche deshalb zum Patron der Arbeiter erklärt hat. Sein Zeugnis zeigt, dass der Mensch Subjekt und Protagonist der Arbeit ist.

Predigt im Petersdom am Fest des heiligen Josef des Arbeiters, 19.3.2006

## 3. Mai

# „KOMM UND SIEH!"

In den Listen der von Jesus persönlich erwählten zwölf Apostel steht Philippus immer an fünfter Stelle (so in Matthäus 10,3; Markus 3,18; Lukas 6,14; Apostelgeschichte 1,13), also im Grunde unter den Ersten ... Die Nachrichten, die wir über ihn besitzen, liefert uns das Johannesevangelium. Er stammte aus demselben Heimatort wie Petrus und Andreas, nämlich aus Betsaida (vgl. Johannes 1,44) ...

Das Vierte Evangelium berichtet, dass Philippus nach seiner Berufung durch Jesus Natanaël trifft und zu ihm sagt: „Wir haben den gefunden, über den Mose im Gesetz und auch die Propheten geschrieben haben: Jesus aus Nazareth, den Sohn Josefs" (vgl. Johannes 1,45). Auf die eher spektische Antwort Natanaëls hin („Aus Nazareth? Kann von dort etwas Gutes kommen?") gibt Philippus nicht auf und entgegnet entschieden: „Komm und sieh!" (vgl. Johannes 1,46). In dieser trockenen, aber klaren Antwort zeigt Philippus die Eigenschaften des wahren Zeugen: Er begnügt sich nicht damit, die Botschaft wie eine Theorie zu verkünden, sondern wendet sich direkt an seinen Gesprächspartner und schlägt ihm vor, das, was ihm verkündet wurde, persönlich zu erfahren ...

Begegnen wir Jesus so, wie ihm Philippus begegnet ist, indem wir versuchen, in ihm Gott selbst, den himmlischen Vater, zu sehen. Wäre dieses Bemühen nicht vorhanden, so würden wir wie in einem Spiegel immer nur auf uns selbst zurückgeworfen! Philippus hingegen lehrt uns, uns von Jesus ergreifen zu lassen, bei ihm zu sein und auch andere zur Teilhabe an dieser unverzichtbaren Gemeinschaft einzuladen – und im Sehen, im Finden Gottes das wahre Leben zu finden.

Generalaudienz, 6.9.2006

## 4. Mai
# IHR GEWEIHT

In den Tagen nach der Auferstehung des Herrn blieben die Apostel, von der Gegenwart Marias getröstet, vereint, und nach der Himmelfahrt verharrten sie mit ihr zusammen in betender Erwartung des Pfingstereignisses. Maria war für sie Mutter und Lehrerin, und sie hat diese Rolle bis heute für die Christen aller Epochen. Jedes Jahr in der Osterzeit, erleben wir dies noch tiefer, und vielleicht ist in der Volksfrömmigkeit gerade aus diesem Grund der Monat Mai, der gewöhnlich zwischen Ostern und Pfingsten liegt, der Jungfrau Maria geweiht. Dieser Monat dient uns daher zur Wiederentdeckung der mütterlichen Aufgabe, die Maria in unserem Leben erfüllt, damit wir stets fügsame Jünger und mutige Zeugen des auferstandenen Herrn seien.

Vor dem Angelusgebet, 30.4.2006

## 5. Mai

# VOM ERSTEN AUGENBLICK

Warum hat Gott aus allen Frauen gerade Maria von Nazareth auserwählt? Die Antwort liegt im unergründlichen Geheimnis des göttlichen Willens verborgen. Es gibt jedoch einen Grund, den das Evangelium deutlich herausstellt: ihre Demut ... Die Jungfrau selbst sagt in ihrem Lobgesang des Magnifikat: „Meine Seele preist die Größe des Herrn ... Denn er hat auf die Niedrigkeit seiner Magd geschaut" (vgl. Lukas 1,46–48). Ja, Gott wurde von Marias Demut angezogen, und sie hat bei Gott Gnade gefunden (vgl. ebenda 1,30). So wurde sie zur Mutter Gottes und Vorbild der Kirche, unter den Völkern erwählt, um den Segen des Herrn zu empfangen und ihn auf die ganze Menschheitsfamilie zu verteilen. Dieser „Segen" ist kein anderer als Jesus Christus. Er ist die Quelle der Gnade, mit der Maria vom ersten Augenblick ihres Daseins an erfüllt war.

Vor dem Angelusgebet, 8.12.2006

# ZEIGE UNS JESUS

Heilige Maria, Mutter Gottes, du hast der Welt das wahre Licht geschenkt, Jesus, deinen Sohn – Gottes Sohn. Du hast dich ganz dem Ruf Gottes überantwortet und bist so zum Quell der Güte geworden, die aus ihm strömt. Zeige uns Jesus. Führe uns zu ihm. Lehre uns ihn kennen und lieben, damit auch wir selbst wahrhaft Liebende und Quelle lebendigen Wassers werden können inmitten einer dürstenden Welt.

Enzyklika „Deus caritas est", 42

## 7. Mai

# GOTT TRÄGT DICH

Wir können uns vorstellen, dass die heilige Jungfrau später manchmal an dieses Wort [des Engels: „Fürchte dich nicht, Maria" (vgl. Lukas 1,30)] zurückgedacht hat, es von Neuem gehört hat. In dem Augenblick, in dem Simeon zu ihr sagt: „Dein Sohn wird ein Zeichen sein, dem widersprochen wird, dir selbst aber wird ein Schwert durch die Seele dringen" (vgl. Lukas 2,34f), in diesem Augenblick, in dem die Furcht sie hätte überwältigen können, denkt Maria an die Worte des Engels und hört sie im Innern leise widerhallen: „Fürchte dich nicht, Gott trägt dich!"

Und als während seines öffentlichen Lebens der Streit um Jesus entbrennt und viele sagen: „Er ist von Sinnen", denkt sie wieder: „Fürchte dich nicht!", und setzt ihren Weg fort.

Als sie ihm schließlich auf dem Kreuzweg begegnet und dann auf Golgota unter dem Kreuz steht, hört sie, als alles verloren scheint, in ihrem Herzen wieder die Worte des Engels: „Fürchte dich nicht!" Und so steht sie mutig neben dem sterbenden Sohn und geht vom Glauben gestützt auf die Auferstehung, auf Pfingsten, auf die Gründung der neuen Familie der Kirche zu.

Predigt in der römischen Pfarrei „Maria Consolatrice", 18.12.2005

## 8. Mai

# MAGNIFIKAT

Im Evangelium [vgl. Lukas 1,46–55] hören wir das „Magnifikat", dieses großartige Gedicht, das aus dem Munde, ja aus dem Herzen Marias kam und vom Heiligen Geist inspiriert war. In diesem wunderbaren Lied spiegelt sich die ganze Seele Marias wider, ihre ganze Persönlichkeit. Wir können sagen, dass dieser Gesang ein Porträt, eine wahre Ikone Marias ist, in der wir sie so sehen können, wie sie ist.

Ich möchte nur zwei Aspekte dieses großartigen Gesangs hervorheben. Er beginnt mit dem Wort „Magnifikat": „Meine Seele macht den Herrn groß", das heißt, sie „preist die Größe des Herrn". Maria möchte, dass der Herr in der Welt groß ist, dass er unter uns allen gegenwärtig ist. Sie hat keine Angst, dass der Herr ein „Konkurrent" in unserem Leben sein könnte, dass er uns durch seine Größe etwas von unserer Freiheit, unserem Lebensraum nehmen könnte. Sie weiß, dass, wenn Gott groß ist, auch wir groß sind. Unser Leben wird nicht unterdrückt, es wird vielmehr erhöht und weitet sich: gerade dann wird es groß im Glanz Gottes … Nur wenn Gott groß ist, ist auch der Mensch groß. Mit Maria sollen wir beginnen zu verstehen, dass es so ist.

Predigt in der Pfarrkirche von Castelgandolfo, 15.8.2005

## 9. Mai

# IM WORT „ZU HAUSE"

Das „Magnifikat", diese großartige Dichtung, ist ganz und gar neuartig; dennoch ist es zugleich ein „Gewebe", das ganz aus „Fäden" des Alten Testaments gewoben ist, aus dem Wort Gottes. Und so sehen wir, dass Maria gleichsam im Wort Gottes „zu Hause" war, vom Wort Gottes lebte und vom Wort Gottes durchdrungen war. In dem Maß, in dem sie mit den Worten Gottes sprach, mit ihnen dachte, waren ihre Gedanken die Gedanken Gottes, waren ihre Worte die Worte Gottes. Sie war vom göttlichen Licht durchdrungen (und deshalb war sie so leuchtend, so gütig, so strahlend vor Liebe und Güte). Maria lebt vom Wort Gottes, sie ist vom Wort Gottes durchdrungen. Und dieses Eingetaucht-Sein in das Wort Gottes, diese vollständige Vertrautheit mit ihm schenkt ihr auch das innere Licht der Weisheit.

Wer mit Gott denkt, denkt gut, und wer mit Gott spricht, spricht gut, er besitzt Urteilskriterien, die für alle Dinge dieser Welt gelten. Er wird klug, weise und zugleich gut; er wird auch stark und mutig mit der Kraft Gottes, die dem Bösen widersteht und das Gute in der Welt fördert.

Predigt in der Pfarrkirche von Castelgandolfo, 15.8.2005

## 10. Mai
# MUTTER GOTTES

Im Brief an die Galater sagt der heilige Paulus: „Gott sandte seinen Sohn, geboren von einer Frau" (vgl. 4,4). Origenes schreibt in seinem Kommentar dazu: „Beachte wohl, dass er [Paulus] nicht gesagt hat: durch eine Frau geboren, sondern: von einer Frau geboren. Diese scharfsinnige Beobachtung des großen Exegeten und Kirchenschriftstellers ist wichtig: in der Tat, wäre der Sohn Gottes nur „durch" eine Frau geboren worden, so hätte er unsere Menschlichkeit nicht wirklich angenommen, was er aber getan hat, indem er „von" Maria Fleisch annahm.

Die Mutterschaft Marias ist demnach wahr und vollends menschlich. In der Aussage: „Gott sandte seinen Sohn, geboren von einer Frau" verdichtet sich die grundlegende Wahrheit über Jesus als göttliche Person, die unsere menschliche Natur voll und ganz angenommen hat. Er ist der Sohn Gottes, von Ihm gezeugt, und zugleich ist er Sohn einer Frau, Sohn Marias. Er kommt von ihr. Er ist von Gott und von Maria. Deshalb kann und muss die Mutter Jesu Mutter Gottes genannt werden.

Predigt bei der Vesper am Hochfest der Gottesmutter Maria, 31.12.2006

## 11. Mai

# IN DER SCHULE MARIAS

Der Evangelist Lukas wiederholt mehrmals, dass Maria in Stille nachdachte über diese außerordentlichen Geschehnisse, in die Gott sie einbezogen hatte [vgl. Lukas 2,19] ... Das griechische Wort, das verwendet wird: „symbállousa", bedeutet wortwörtlich „zusammensetzen" und lässt an ein großes Geheimnis denken, das nach und nach entdeckt werden muss. Das Kind, das in der Krippe weint und scheinbar allen Kindern der Welt gleicht, ist aber zugleich ganz anders: Es ist der Sohn Gottes, es ist Gott, wahrer Gott und wahrer Mensch. Dieses Geheimnis – die Menschwerdung des göttlichen Wortes und die Gottesmutterschaft Marias – ist groß und mit der menschlichen Vernunft allein nicht leicht zu begreifen.

Aber in der Schule Marias können wir mit dem Herzen das erfassen, was Augen und Sinn allein nicht wahrnehmen und fassen können. Denn es handelt sich um ein so großes Geschenk, dass wir es nur im Glauben annehmen können, ohne es ganz zu verstehen. Und auf diesem Glaubensweg kommt uns gerade Maria entgegen, sie stützt und leitet uns. Sie ist Mutter, weil sie Jesus im Fleisch geboren hat; sie ist es, weil sie dem Willen des Vaters ganz zugestimmt hat. Der heilige Augustinus schreibt: „Für sie wäre die Gottesmutterschaft wertlos gewesen, wenn sie nicht Christus im Herzen getragen hätte, mit einem glücklicheren Los als dem, als sie ihn im Fleisch empfing." Und Maria bewahrte und „setzte" die nachfolgenden Ereignisse „zusammen", deren Zeugin und Protagonistin sie war, bis zum Kreuzestod und zur Auferstehung ihres Sohnes Jesus.

Predigt im Petersdom am Hochfest der Gottesmutter Maria, 1.1.2008

## 12. Mai

# VOLL DER GNADE

„Voll der Gnade – gratia plena", im griechischen Originaltext [heißt es] „kecharitoménë" … [was wir] mit die von Gott „Geliebte" übersetzen könnten (vgl. Lukas 1,28). Origenes stellt fest, dass niemals ein Mensch mit einem solchen Ehrentitel bedacht worden sei und dass dieser an keiner anderen Stelle der ganzen Heiligen Schrift vorkomme (vgl. In Lucam 6,7).

Dieser Titel ist in passiver Form ausgedrückt. Aber diese „Passivität" Marias, die von jeher und für alle Zeit die vom Herrn „Geliebte" ist, schließt ihre freie Zustimmung, ihre persönliche und eigene Antwort ein: Im Geliebtsein, im Empfangen der Gabe Gottes, ist Maria ganz aktiv, weil sie die Flut der Liebe Gottes, die sich in sie ergießt, in persönlicher Bereitschaft aufnimmt.

Auch darin ist sie vollkommene Jüngerin ihres Sohnes, der durch den Gehorsam gegenüber dem Vater seine eigene Freiheit ganz verwirklicht und eben auf diese Weise seine Freiheit ausübt, indem er gehorcht.

Predigt am Hochfest der Verkündigung des Herrn, 25.3.2006

## 13. Mai

# EINE LIEBENDE

Maria ist eine Liebende. Wie könnte es anders sein? Als Glaubende und im Glauben mit Gottes Gedanken denkend, mit Gottes Willen wollend, kann sie nur eine Liebende sein. Wir ahnen es an den leisen Gebärden, von denen uns die Kindheitsgeschichten aus dem Evangelium erzählen. Wir sehen es in der Diskretion, mit der sie in Kana die Not der Brautleute wahrnimmt und zu Jesus trägt. Wir sehen es in der Demut, mit der sie die Zurückstellung in der Zeit des öffentlichen Lebens annimmt – wissend, dass der Sohn nun eine neue Familie gründen muss und dass die Stunde der Mutter erst wieder sein wird im Augenblick des Kreuzes, der ja die wahre Stunde Jesu ist (vgl. Johannes 2,4; 13,1). Dann, wenn die Jünger geflohen sind, wird sie es sein, die unter dem Kreuz steht (vgl. Johannes 19,25–27); und später, in der Stunde von Pfingsten, werden die Jünger sich um sie scharen in der Erwartung des Heiligen Geistes (vgl. Apostelgeschichte 1,14).

Enzyklika „Deus caritas est", 41

## 14. Mai

# FREI VON SICH SELBST

Die Liebe Gottes, der sich selber für uns und an uns verloren hat, [schenkt] uns die innere Freiheit, unser Leben „loszulassen" und so das wirkliche Leben zu finden. Die Teilhabe an dieser Liebe hat einst Maria die Kraft gegeben zu ihrem vorbehaltlosen Ja. Angesichts der rücksichtsvollen und feinfühligen Liebe Gottes, der zur Verwirklichung seines Heilsplanes auf die freiwillige Mitwirkung seines Geschöpfes wartet, konnte die Jungfrau alle Bedenken fallen lassen und sich vertrauensvoll bei diesem großen, unerhörten Plan in seine Hand geben. Vollkommen verfügbar, innerlich weit geöffnet und frei von sich selbst, ermöglichte sie es Gott, sie mit seiner Liebe, mit seinem Heiligen Geist zu erfüllen. Und so konnte Maria, die einfache Frau, Gottes Sohn in sich empfangen und der Welt den Erlöser schenken, der sich ihr geschenkt hatte.

Vor dem Angelusgebet auf dem Stephansplatz in Wien, 9.9.2007

## 15. Mai

# DIE EINFACH DAS GUTE WILL

[Die Menschen] erfahren immer das Geschenk der Güte [Marias], erfahren die unerschöpfliche Liebe, die sie aus dem Grund ihres Herzens austeilt. Die Zeugnisse der Dankbarkeit, die ihr in allen Kontinenten und Kulturen erbracht werden, sind die Anerkennung jener reinen Liebe, die nicht sich selber sucht, sondern nur einfach das Gute will.

Die Verehrung der Gläubigen zeigt zugleich das untrügliche Gespür dafür, wie solche Liebe möglich wird: durch die innerste Einung mit Gott, durch das Durchdrungensein von ihm, das denjenigen, der aus dem Brunnen von Gottes Liebe getrunken hat, selbst zum Quell werden lässt, „von dem Ströme lebendigen Wassers ausgehen" (vgl. Johannes 7,38).

Maria, die Jungfrau, die Mutter, zeigt uns, was Liebe ist und von wo sie ihren Ursprung, ihre immer erneuerte Kraft nimmt. Ihr vertrauen wir die Kirche, ihre Sendung im Dienst der Liebe an.

Enzyklika „Deus caritas est", 42

## 16. Mai
# HINEINGENOMMEN

Wir wollen in diesen Tagen dem Herrn danken, dass er uns in diesen großen Kreislauf von Mensch zu Gott, von Gott zu Mensch hineingenommen hat, und wir wollen Maria, die gleichsam den Anfang bilden durfte, darum bitten, dass sie uns immer wieder hilft, wirklich unser Fleisch und Blut ihm zu geben und von ihm her sein Fleisch und Blut zu empfangen und so neue Menschen zu werden.

In der Maiandacht schauen wir vor allen Dingen … auf Maria, die immer jugendliche Jungfrau. Und wir erfahren und bedenken dabei, dass sie deswegen immer jung bleibt und immer wieder neu jung vor den Menschen steht, weil sie aus der Ewigkeit Gottes ist, die den Quell allen Lebens bildet. Und so lädt sie uns ein, gleichsam an diesen Quell zu gehen, der uns immer wieder verjüngt, der die Kirche verjüngt und der die Menschheit verjüngt.

Ansprache bei der Maiandacht im „Campo Santo Teutonico", 24.5.2005

# DEMÜTIG

Was … macht wirklich „jung" im Sinne des Evangeliums? … Fragen wir uns: Wie hat Maria ihre Jugend gelebt? Warum ist in ihr das Unmögliche möglich geworden? Sie selbst offenbart es uns im Gesamt des „Magnifikat": Gott „[hat] auf die Niedrigkeit seiner Magd geschaut" (vgl. Lukas 1,48a). Die Demut Mariens ist es, die Gott mehr als alles andere an ihr schätzt … Hier [in Loreto] geht unser Gedanke natürlich zum Heiligen Haus von Nazareth, das das Heiligtum der Demut ist: die Demut Gottes, der Mensch geworden ist, der klein geworden ist, und die Demut Mariens, die ihn in ihrem Schoß aufgenommen hat; die Demut des Schöpfers und die Demut des Geschöpfs. Aus dieser Begegnung der Demut wurde Jesus geboren, Sohn Gottes und Menschensohn … Jesus verkündet im Evangelium nach dem Gleichnis von den zur Hochzeit Geladenen: „Wer sich selbst erhöht, wird erniedrigt, und wer sich selbst erniedrigt, wird erhöht werden" (vgl. Lukas 14,11). Diese von der Schrift aufgezeigte Perspektive erscheint heute mehr denn je provokativ … Der Demütige wird wie einer, der aufgibt … wahrgenommen, einer, der der Welt nichts zu sagen hat. Indessen ist dies der Königsweg, und nicht nur, weil die Demut eine große menschliche Tugend ist, sondern weil sie vor allem die Handlungsweise Gottes selbst darstellt. Sie ist der Weg, den Christus, der Mittler des neuen Bundes, gewählt hat: „Sein Leben war das eines Menschen; er erniedrigte sich und war gehorsam bis zum Tod, bis zum Tod am Kreuz" (vgl. Philipper 2,8).

Predigt für italienische Jugendliche im Wallfahrtsort Loreto, 2.9.2007

## 18. Mai

# DIE HÖRENDE

Es ist notwendig – für das Leben des Einzelnen wie für das friedliche Zusammenleben aller –, Gott als Zentrum der Wirklichkeit und als Zentrum unseres eigenen Lebens zu sehen. Das Vorbild schlechthin für eine solche Haltung ist Maria, die Mutter des Herrn. Sie war während ihres ganzen Lebens die Hörende, die Jungfrau mit dem offenen Herzen für Gott und für die Menschen. Das haben die Gläubigen von den ersten Jahrhunderten des Christentums an begriffen, und darum haben sie sich in jeder Not und Bedrängnis vertrauensvoll an sie gewandt und ihre Hilfe und ihre Fürsprache bei Gott erfleht …

Sie ist und bleibt immer die Magd des Herrn, die nicht sich selbst ins Zentrum setzt, sondern uns zu Gott hinführen will und uns einen Lebensstil lehren möchte, in dem Gott als Mitte der Wirklichkeit und als Zentrum unseres eigenen Lebens erkannt wird.

Vor dem Angelusgebet in München-Riem, 10.9.2006

## 19. Mai

# UNS NOCH VIEL NÄHER

Aufgenommen in den Himmel, hat sich Maria nicht von uns entfernt, sondern sie ist uns noch viel näher; und ihr Licht erleuchtet unser Leben und die Geschichte der ganzen Menschheit. Wir fühlen uns angezogen vom himmlischen Glanz der Mutter des Erlösers und wir nehmen vertrauensvoll Zuflucht zu ihr, die uns von oben anschaut und beschützt. Wir bedürfen alle ihrer Hilfe und ihrer Stärkung, um die täglichen Prüfungen und Herausforderungen zu bestehen; und wir haben das Bedürfnis, sie in den konkreten Situationen unserer Existenz als Mutter und Schwester zu erleben. Und damit eines Tages auch wir ihr Schicksal teilen können, ahmen wir sie jetzt nach in ihrer demütigen Nachfolge Christi und ihrem großzügigen Dienst an den Brüdern und Schwestern. Dies ist die einzige Weise, um schon während unserer irdischen Pilgerschaft einen Vorgeschmack der Freude und des Friedens zu bekommen, die demjenigen zuteil wird, der zum unsterblichen Ziel des Paradieses gelangt.

Vor dem Angelusgebet in Castelgandolfo, 15.8.2007

## 20. Mai

# MUTTER JEDEN TROSTES UND JEDER HILFE

Je näher der Mensch Gott ist, desto näher ist er den Menschen. Wir sehen es an Maria. Der Umstand, dass sie ganz bei Gott ist, ist der Grund dafür, dass sie auch den Menschen so nahe ist. Deshalb kann sie die Mutter jedes Trostes und jeder Hilfe sein: Jeder kann es in seiner Schwachheit und Sünde wagen, sich in jeder Art von Not an diese Mutter zu wenden, denn sie hat Verständnis für alles und ist für alle offene Kraft der schöpferischen Güte.

*Predigt im Petersdom, 8.12.2005*

Niemals trübt oder mindert die wahre Marienverehrung den Glauben an unseren Erlöser Jesus Christus und die Liebe zu ihm, dem einzigen Mittler zwischen Gott und den Menschen. Im Gegenteil: die vertrauensvolle Hingabe an die Muttergottes ist der beste, von zahlreichen Heiligen erprobte Weg einer treueren Nachfolge des Herrn. Vertrauen wir uns ihr in kindlicher Ergebenheit an.

*Ansprache vor der Lourdes-Grotte in den Vatikanischen Gärten, 31.5.2006*

## 21. Mai

# CHRISTI HIMMELFAHRT

Was will uns das Fest der Himmelfahrt des Herrn sagen? Es will uns nicht sagen, dass der Herr irgendwohin, weit weg von den Menschen und der Welt, gegangen ist.

Die Himmelfahrt Christi ist keine Weltraumfahrt zu den fernsten Gestirnen; denn im Grunde genommen bestehen auch die Gestirne, ebenso wie die Erde, aus physischen Elementen. Die Himmelfahrt Christi bedeutet, dass er nicht mehr der Welt der Vergänglichkeit und des Todes angehört, die unser Leben bedingt. Sie bedeutet, dass er vollkommen Gott gehört. Er – der ewige Sohn – hat unser Menschsein vor das Angesicht Gottes getragen. Er hat das Fleisch und Blut in einer verwandelten Gestalt mit sich getragen.

Der Mensch findet Raum in Gott; durch Christus wurde das menschliche Sein in das innerste Leben Gottes selbst hineingenommen. Und da Gott den ganzen Kosmos umfasst und trägt, bedeutet die Himmelfahrt des Herrn, dass sich Christus nicht von uns entfernt hat, sondern dass er jetzt, weil er beim Vater ist, jedem von uns für immer nahe ist. Jeder von uns darf zu ihm „Du" sagen; jeder kann ihn anrufen. Der Herr befindet sich immer in Hörweite. Wir können uns innerlich von ihm entfernen. Wir können leben, indem wir ihm den Rücken zukehren. Aber er erwartet uns immer und ist uns immer nahe.

Predigt in der Lateranbasilika, 7.5.2005

## 22. Mai
# HELFENDE GÜTE

„Sie haben keinen Wein mehr" (vgl. Johannes 2,3). Hochzeiten im Heiligen Land dauerten eine ganze Woche lang; das ganze Dorf nahm teil, und so wurden große Mengen von Wein gebraucht. Nun sind die Brautleute in Verlegenheit, und Maria sagt es Jesus ganz einfach. Sie bittet nicht um irgendetwas Bestimmtes, schon gar nicht darum, dass Jesus seine Macht ausübe, ein Mirakel wirke, Wein produziere. Sie vertraut Jesus nur einfach die Sache an und überlässt es ihm, was er daraufhin tut.

So sehen wir in den einfachen Worten der Mutter Jesu zweierlei: Einerseits ihre liebevolle Fürsorge für die Menschen, ihre mütterliche Wachheit, mit der sie die Bedrängnis der anderen wahrnimmt; wir sehen ihre herzliche Güte und ihre Hilfsbereitschaft. Zu dieser Mutter pilgern die Menschen seit Generationen … Ihr vertrauen wir unsere Sorgen, Nöte und Bedrängnisse an. Die helfende Güte der Mutter, der wir uns anvertrauen – hier sehen wir sie zum ersten Mal in der Heiligen Schrift.

*Predigt auf dem Kapellplatz in Altötting, 11.9.2006*

## 23. Mai

# FÜRSPRECHERIN

Mit dem Glauben an Jesus Christus, den menschgewordenen Sohn Gottes, geht seit frühesten Zeiten eine besondere Verehrung für seine Mutter einher, für die Frau, in deren Schoß er Menschennatur annahm und sogar ihren Herzschlag teilte, die einfühlsam und respektvoll sein Leben begleitete bis zu seinem Tod am Kreuz und deren Mutterliebe er am Ende den Lieblingsjünger und mit ihm die ganze Menschheit anvertraute. In ihrer Mütterlichkeit nimmt Maria auch heute Menschen aus allen Sprachen und Kulturen unter ihren Schutz, um sie in vereinter Vielfalt miteinander zu Christus zu führen. An sie können wir uns wenden in unseren Sorgen und Nöten. Von ihr sollen wir aber auch lernen, einander so liebevoll anzunehmen wie sie uns alle annimmt: einen jeden in seiner Eigenart, von Gott gewollt und geliebt. In der weltweiten Familie Gottes, in der für jeden Menschen ein Platz vorgesehen ist, soll jeder seine persönlichen Gaben zum Wohle aller entfalten.

Grußworte auf dem Platz „Am Hof" in Wien, 7.9.2007

## 24. Mai

# PILGERN

Wir sehen immer mehr, dass die Wallfahrtsstätten eine Quelle des Lebens und des Glaubens … sind. In meiner Heimat habe ich die Erfahrung der Fußwallfahrten zu unserem Nationalheiligtum von Altötting gemacht. Das ist eine große Mission des Volkes. Da gehen vor allem die jungen Leute mit; und während sie drei Tage zu Fuß pilgern, leben sie in der Atmosphäre des Gebets, der Gewissensprüfung, sie entdecken gleichsam wieder ihr christliches Glaubensbewusstsein. Diese drei Tage der Wallfahrt sind Tage der Beichte und des Gebets, sie sind ein wahrhaftiger Weg hin zur Muttergottes, zur Familie Gottes und dann zur Eucharistie. Zu Fuß gehen sie zur Muttergottes, und mit der Muttergottes gehen sie zum Herrn, zur eucharistischen Begegnung … Sie erleben erneut die eucharistische Wirklichkeit des Herrn, der sich selbst hingibt, wie die Muttergottes dem Herrn ihr Fleisch schenkte und so die Pforte zur Menschwerdung öffnete. Die Muttergottes hat ihr Fleisch für die Menschwerdung gegeben und so die Eucharistie möglich gemacht, in der wir das Fleisch empfangen, das das Brot für die Welt ist. Auf dem Weg zur Begegnung mit der Muttergottes lernen diese jungen Menschen, ihr Fleisch, das tägliche Leben darzubringen, um es dem Herrn zu übergeben. Und sie lernen zu glauben, nach und nach „Ja" zu sagen zum Herrn.

Bei der Begegnung mit den Priestern der Diözese Rom, 22.2.2007

# GESCHENK UND VERPFLICHTUNG

Obwohl die Jungfrau Maria unter allen menschlichen Geschöpfen Gott am nächsten stand, ist auch sie Tag für Tag den Pilgerweg des Glaubens gegangen (vgl. Lumen gentium, Nr. 58), indem sie das Wort, das Gott sowohl durch die Heilige Schrift als auch durch die Ereignisse im Leben ihres Sohnes an sie richtete, und in denen sie die geheimnisvolle Stimme des Herrn erkannte und in sich aufnahm, stets in ihrem Herzen bewahrte und darüber nachdachte.

Das ist also das Geschenk und die Verpflichtung für jeden von uns: auf Christus hören, wie Maria. Auf ihn hören in seinem Wort, das in der Heiligen Schrift verwahrt ist. Auf ihn hören auch in den Ereignissen unseres Lebens und versuchen, darin die Botschaften der Vorsehung zu erkennen. Schließlich auch in den Brüdern und Schwestern auf ihn hören, vor allem in den Kleinen und in den Armen, in denen Jesus selbst konkret um unsere Liebe bittet.

Auf Christus hören und seiner Stimme gehorchen. Das ist der Königsweg, der einzige, der zur Fülle der Freude und zur Liebe führt.

Vor dem Angelusgebet, 12.3.2006

## 26. Mai
# DURCH GLÄUBIGE FRAUEN

Heute möchte ich unseren Blick auf alle Frauen lenken, die zur Verbreitung der Frohen Botschaft beigetragen haben. An erster Stelle schauen wir dabei auf die Jungfrau Maria, denn sie ist als Mutter des Herrn mehr als alle anderen Frauen gesegnet (vgl. Lukas 1,42). Von der Verkündigung bis zum Kreuz und auch danach im Kreis der ersten Christen hat sie am Erlösungswerk ihres Sohnes mitgewirkt. Unter den zahlreichen Frauen, die Jesus nachfolgten, ragt sodann Maria Magdalena hervor: Sie ist als erste Zeugin der Auferstehung gleichsam zur „Apostolin der Apostel" geworden. Schließlich erfahren wir in den Paulusbriefen von vielen Frauen, die in der frühen Kirche einen wichtigen Platz einnahmen. Als eifrige Mitarbeiterinnen in der Verkündigung des Evangeliums bezeugten sie mutig den Glauben und versammelten die Gläubigen in ihren Häusern.

Die Sendung der Frauen in der Kirche gründet in der Taufe, die allen Christen die gemeinsame Würde der Gotteskindschaft schenkt, sie über alle Unterschiede hinweg in Christus vereint und gemäß der ihnen eigenen Berufung in den Dienst an Gott und den Menschen stellt …

Wir wollen Gott für das Große danken, das er durch gläubige Frauen in der Kirche gewirkt hat und wirkt, besonders für die Weitergabe des Glaubens und den Dienst der Liebe. Ich danke allen Frauen, die heute durch ihr Gebet und ihr christliches Zeugnis und Engagement einen unersetzlichen Beitrag zum Leben der Kirche leisten.

Generalaudienz, 14.2.2007

## 27. Mai

# UND SIE SORGTE FÜR SIE

Das Markus-Evangelium [berichtet von] einer sehr ansprechenden Begebenheit, die sehr schön, aber auch bedeutungsvoll ist [vgl. 1,29–31; auch Matthäus 8,14–15; Lukas 4,38–39]. Der Herr geht zum Haus des Simon Petrus und des Andreas und findet die Schwiegermutter des Petrus fieberkrank vor; er nimmt sie an der Hand, richtet sie auf, und die Frau ist geheilt … Diese soeben geheilte Frau macht sich daran, für sie zu sorgen, sagt das Evangelium. Sie beginnt sofort zu arbeiten, sich anderen Menschen zur Verfügung zu stellen, und vertritt so die vielen guten Frauen, Mütter, Großmütter und berufstätigen Frauen, die sich zur Verfügung stellen, aufstehen und anderen dienen, und die die Seele der Familie, die Seele der Pfarrgemeinde sind.

Und wenn wir das Altarbild hier betrachten, dann sehen wir, dass sie nicht nur praktische Dienste verrichten: Die heilige Anna führt ihre große Tochter, die Jungfrau Maria, in die Heiligen Schriften ein, in die Hoffnung Israels, in der sie selbst zum Ort der Erfüllung werden sollte. Die Frauen sind auch die ersten Botinnen des Gotteswortes im Evangelium, sie sind wahre Evangelistinnen.

Es scheint mir, dass dieser Abschnitt des Evangeliums mit dieser so bescheiden anmutenden Begebenheit uns gerade hier in der Kirche der heiligen Anna Gelegenheit gibt, all den Frauen, die diese Pfarrgemeinde beseelen, tiefempfundenen Dank auszusprechen, den Frauen, die Dienste in allen Bereichen verrichten, die uns immer wieder helfen, das Wort Gottes nicht nur mit dem Verstand, sondern auch mit dem Herzen kennenzulernen.

*Predigt in der Pfarrkirche Sankt Anna im Vatikan, 5.2.2006*

## 28. Mai
# PRISZILLA UND AQUILA

Aus der Apostelgeschichte und den Paulusbriefen kennen wir die Eheleute Priszilla (oder kurz Priska) und Aquila, die in der Urkirche eine aktive und wichtige Rolle gespielt haben. Beide waren jüdischer Herkunft und haben wohl in Rom den Glauben an Christus angenommen. Der Apostel Paulus lernte sie in Korinth kennen und fand in ihrem Haus Aufnahme. In Ephesus führten Priszilla und Aquila Apollos … tiefer in den christlichen Glauben ein. Ihr Haus war ein Versammlungshaus der Gläubigen von Ephesus für die Feier der Liturgie. Später machten sie ebenso in Rom ihr Heim zu einer „Hauskirche". Im Römerbrief gibt Paulus uns ein schönes Zeugnis von ihrem Wirken, wenn er schreibt: „Grüßt Priska und Aquila, meine Mitarbeiter in Christus Jesus, die für mich ihr eigenes Leben aufs Spiel gesetzt haben; nicht allein ich, sondern alle Gemeinden der Heiden sind ihnen dankbar" (16,3–4). An Priszilla und Aquila sehen wir, wie wichtig die Tätigkeit christlicher Eheleute ist. Sie zeigen uns, wie ein jedes Haus zu einer Kirche werden kann und das Familienleben seinen Mittelpunkt im Herrn finden soll. Wenn Ehe und Familie vom Glauben und von einer tiefen Spiritualität getragen sind, wird der Einsatz für Christus und für seinen mystischen Leib, die Kirche, etwas ganz Selbstverständliches …

Die Kirche ist in Wirklichkeit die Familie Gottes. Wir ehren daher Aquila und Priszilla als Vorbilder eines Ehelebens, das sich in verantwortlicher Weise für den Dienst an der ganzen christlichen Gemeinschaft einsetzt. Und wir finden in ihnen das Vorbild der Kirche, Familie Gottes für alle Zeiten.

Generalaudienz, 7.2.2007

# LOB DEN FRAUEN

Die Geschichte des Christentums hätte eine ganz andere Entwicklung genommen, hätte es nicht den hochherzigen Beitrag vieler Frauen gegeben. Deshalb „sagt die Kirche", wie mein verehrter und lieber Vorgänger Johannes Paul II. in dem Apostolischen Schreiben „Mulieris dignitatem" schrieb, „Dank für alle Frauen und für jede einzelne … Die Kirche sagt Dank für alle Äußerungen des weiblichen ‚Geistes', die sich im Laufe der Geschichte bei allen Völkern und Nationen gezeigt haben; sie sagt Dank für alle Gnadengaben, mit denen der Heilige Geist die Frauen in der Geschichte des Gottesvolkes beschenkt, für alle Siege, die sie dem Glauben, der Hoffnung und der Liebe von Frauen verdankt: Sie sagt Dank für alle Früchte fraulicher Heiligkeit" (Nr. 31). Wie man sieht, gilt dieses Lob den Frauen im Verlauf der Geschichte der Kirche und wird im Namen der ganzen kirchlichen Gemeinschaft zum Ausdruck gebracht. Auch wir schließen uns dieser Wertschätzung an und danken dem Herrn dafür, dass er seine Kirche durch die Generationen hindurch leitet, wobei er sich unterschiedslos solcher Männer und Frauen bedient, die ihren Glauben und ihre Taufe für das Wohl des gesamten Leibes der Kirche fruchtbar zu machen wissen, zur größeren Ehre Gottes.

Generalaudienz, 14.2.2007

## 30. Mai
# WIE MARIA

Wer die heilige Kommunion empfangen hat, trägt den auferstandenen Herrn in besonderer Weise in sich. Wie Maria Ihn in ihrem Schoß trug – ein wehrloses kleines Menschenwesen, ganz auf die Liebe der Mutter angewiesen –, so hat sich Jesus Christus in der Gestalt des Brotes uns anvertraut, liebe Schwestern und Brüder. Lieben wir diesen Jesus, der sich uns so ganz in die Hand gibt! Lieben wir ihn, wie Maria ihn geliebt hat! Und tragen wir ihn zu den Menschen, wie Maria ihn zu Elisabeth getragen und dort Jubel und Freude ausgelöst hat! Maria hat dem Wort Gottes einen menschlichen Leib geschenkt, damit es als Mensch in die Welt kommen konnte. Schenken auch wir dem Herrn unseren Leib, lassen wir unseren Leib immer mehr zum Werkzeug der Liebe Gottes und zum Tempel des Heiligen Geistes werden! …

Bitten wir Maria, uns zu lehren, wie sie frei von uns selbst zu werden, um in der Verfügbarkeit für Gott unsere wahre Freiheit, das eigentliche Leben, die echte und anhaltende Freude zu finden.

Heilige Maria, makellose Mutter unseres Herrn Jesus Christus, in dir hat Gott uns das Urbild der Kirche und des rechten Menschseins geschenkt … Hilf uns allen, deinem Beispiel zu folgen und unser Leben ganz auf Gott auszurichten! Lass uns, indem wir auf Christus schauen, ihm immer ähnlicher, wirklich Kinder Gottes werden! Dann können auch wir, erfüllt mit allem Segen seines Geistes, immer besser seinem Willen entsprechen und so zu Werkzeugen des Friedens werden für Österreich, für Europa und für die Welt. Amen.

Vor dem Angelusgebet auf dem Stephansplatz in Wien, 9.9.2007

## 31. Mai

# PFINGSTEN

Kurz vor seiner Himmelfahrt hat Jesus zu seinen Jüngern gesagt: „Und ich werde die Gabe, die mein Vater verheißen hat, zu euch herabsenden" (vgl. Lukas 24,49). Das wurde am Pfingsttag Wirklichkeit, als [die Apostel] mit der Jungfrau Maria betend im Obergemach vereint waren. „Da kam plötzlich vom Himmel her ein Brausen", ist in der Apostelgeschichte zu lesen, „wie wenn ein heftiger Sturm daherfährt, und erfüllte das ganze Haus, in dem sie waren. Und es erschienen ihnen Zungen wie von Feuer, die sich verteilten; auf jeden von ihnen ließ sich eine nieder" (2,2ff).

Der Heilige Geist erneuerte die Apostel in ihrem Inneren und erfüllte sie mit einer Kraft, die ihnen Mut gab, furchtlos zu verkünden: „Christus ist gestorben und auferstanden!" Frei von jeglicher Furcht, begannen sie freimütig zu reden (vgl. Apostelgeschichte 2,29; 4,13; 4,29.31). Aus furchtsamen Fischern wurden sie zu mutigen Boten des Evangeliums ... Jenen, die sie zum Schweigen bringen wollten, antworteten sie: „Wir können unmöglich schweigen über das, was wir gesehen und gehört haben" (ebd. 4,20). So ist die Kirche entstanden, die seit dem Pfingsttag nicht aufgehört hat, die Frohe Botschaft „bis an die Grenzen der Erde" (ebd. 1,8) zu verbreiten ...

Der Heilige Geist [ist] das höchste Geschenk Gottes an den Menschen, das heißt das höchste Zeugnis seiner Liebe zu uns, einer Liebe, die konkreten Ausdruck findet im „Ja zum Leben", das Gott für jedes seiner Geschöpfe will. Dieses „Ja zum Leben" erreicht seine vollkommene Gestalt in Jesus von Nazareth und seinem Sieg über das Böse durch die Erlösung.

Botschaft an die Jugendlichen zum XXIII. Weltjugendtag, 20.7.2007

# Die Grenzen zwischen den Völkern öffnen

Gemeinschaft mit Gott und miteinander

## 1. Juni

# ZUSAMMENBLEIBEN

Am Pfingsttag kam der Heilige Geist mit Macht auf die Apostel herab. So begann die Sendung der Kirche in der Welt. Jesus selbst hatte die Elf auf diese Mission vorbereitet, als er ihnen nach seiner Auferstehung mehrmals erschien (vgl. Apostelgeschichte 1,3). Vor seiner Auffahrt in den Himmel gebot er ihnen, „nicht wegzugehen von Jerusalem, sondern auf die Verheißung des Vaters zu warten" (vgl. Apostelgeschichte 1,4–5); er bat sie also, zusammenzubleiben und sich auf den Empfang der Gabe des Heiligen Geistes vorzubereiten. Und sie verharrten im Abendmahlssaal einmütig im Gebet, zusammen mit Maria, in Erwartung des verheißenen Ereignisses (vgl. 1,14).

Zusammenbleiben war die Bedingung, die Jesus für den Empfang der Gabe des Heiligen Geistes stellte; Voraussetzung für die Eintracht war ihr ständiges Gebet. Wir erkennen darin den Entwurf einer ausgezeichneten Lehre für jede christliche Gemeinschaft. Man denkt bisweilen, dass der missionarische Erfolg hauptsächlich von einer genauen Planung abhänge, auf die dann konkretes Bemühen um ihre intelligente Umsetzung folgen müsse. Sicher, der Herr verlangt unsere Mitarbeit, aber vor jeder Antwort unsererseits bedarf es seiner Initiative: Sein Geist ist der wahre Hauptakteur der Kirche. Die Wurzeln unseres Seins und unseres Handelns liegen im klugen, im weisen Schweigen Gottes.

Das ist das Pfingstgeheimnis: Der Heilige Geist erleuchtet den menschlichen Geist und zeigt uns durch die Offenbarung des gekreuzigten und auferstandenen Christus den Weg, ihm ähnlicher zu werden, also „Ausdruck und Organ seiner Liebe" zu sein (Enzyklika „Deus caritas est", Nr. 33) … Wie in ihrer Geburtsstunde [ist die Kirche] mit Maria versammelt und betet heute: „Komm, Heiliger Geist, erfülle die Herzen deiner Gläubigen und entzünde in ihnen das Feuer deiner Liebe!"

Predigt auf dem Petersplatz am Hochfest Pfingsten, 4.6.2006

## 2. Juni
# EINENDE GEGENWART

Im Gegensatz zu dem, was mit dem Turmbau zu Babel geschehen war (vgl. Genesis 11,1–9) – als die Menschen in der Absicht, eigenhändig einen Weg zum Himmel zu bauen, am Ende ihre Fähigkeit, einander zu verstehen, zerstört hatten –, zeigt zu Pfingsten der Geist durch die Gabe, in fremden Sprachen zu sprechen, dass seine Gegenwart eint und die Verwirrung in Gemeinschaft verwandelt. Der Stolz und Egoismus des Menschen ruft immer Spaltungen hervor, errichtet Mauern der Gleichgültigkeit, des Hasses und der Gewalt. Der Heilige Geist hingegen befähigt die Herzen, die Sprachen aller Menschen zu verstehen, weil er die Brücke wahrer Kommunikation zwischen Erde und Himmel wiederherstellt. Der Heilige Geist ist die Liebe …

Der Abschnitt aus dem Evangelium führt uns heute in den Abendmahlssaal, wo nach dem Letzten Abendmahl ein Gefühl des Verlorenseins die Apostel mit Trauer erfüllt. Grund dafür ist die Tatsache, dass die Worte Jesu beunruhigende Fragen aufkommen lassen: Er spricht vom Hass der Welt gegen sich und gegen die Seinen, er spricht von seinem geheimnisvollen Weggang und davon, dass es noch vieles zu sagen gäbe, die Apostel es aber jetzt noch nicht tragen könnten (vgl. Johannes 16,12). Um sie zu trösten, erklärt er die Bedeutung seines Weggangs: Er wird fortgehen, aber wiederkommen; in der Zwischenzeit wird er sie nicht als Waisen zurücklassen. Er wird den Tröster, den Geist des Vaters, senden, und der Geist wird sie erkennen lassen, dass das Werk Christi das Werk der Liebe ist: der Liebe Christi, der sich hingegeben hat, der Liebe des Vaters, der ihn geschenkt hat.

Predigt auf dem Petersplatz am Hochfest Pfingsten, 4.6.2006

# WELTWEITE GEMEINSCHAFT

„**W**ir haben Gemeinschaft mit dem Vater und mit seinem Sohn Jesus Christus" (vgl. 1 Johannes 1,3), und wenn wir im Licht Christi leben, haben wir auch Gemeinschaft miteinander (vgl. 1 Johannes 1,7). Die Verse aus dem ersten Brief des Johannes ... beschreiben das Wesen der Kirche als Gemeinschaft mit Gott und untereinander. Urbild und Quelle dieser Gemeinschaft ist der Dreifaltige Gott. Vater, Sohn und Heiliger Geist bilden eine vollkommene Einheit und wollen, dass auch die Menschen in der Kirche am göttlichen Leben und an der göttlichen Gemeinschaft Anteil haben. Die in Gott gegründete Gemeinschaft ist ein Geschenk der Liebe, die nach dem Beispiel Christi auch in unserem Leben sichtbar werden muss: „Liebt einander, so wie ich euch geliebt habe" (vgl. Johannes 15,12). „Sie sollen eins sein, wie wir eins sind" (vgl. Johannes 17,22). Zu Recht erwarten die Menschen von uns Christen, dass wir in dieser Liebe leben, damit in einer Welt voller Konflikte und Spaltungen das Licht der Vergebung und der Gemeinschaft in Christus aufstrahle.

Wir alle, liebe Pilger, dürfen hier auf dem Petersplatz kirchliche Gemeinschaft, die universale, weltweite Gemeinschaft erleben, die der Herr gestiftet hat. Danken wir Gott für dieses Geschenk und öffnen wir unser Herz für die Gnade Christi und für die Liebe, durch die der Heilige Geist uns mit Gott und untereinander vereinen will.

Vor dem Angelusgebet, 22.5.2005

## 4. Juni
# KONTINUITÄT

Zwischen Christus und der Kirche besteht keinerlei Gegensatz: Sie sind untrennbar, trotz der Sünden der Menschen, die die Kirche bilden. Daher ist ein bestimmter Slogan, der vor einigen Jahren in Mode war, mit der Absicht Christi absolut unvereinbar: „Jesus ja, Kirche nein". Solch ein individualistisch gewählter Jesus ist ein Jesus, der der Phantasie entspringt. Wir können Jesus nicht ohne die Wirklichkeit haben, die er geschaffen hat und in der er sich mitteilt … Beim Letzten Abendmahl beauftragt Jesus die Apostel, sein Gedächtnis zu feiern. In Einheit mit ihnen und ihren Nachfolgern sind alle Gläubigen Zeichen und Werkzeug jener eschatologischen Gemeinschaft, die in Gott ihren Ursprung hat. Der auferstandene Herr Jesus Christus verleiht den Aposteln die Macht, Sünden zu vergeben. Er selbst macht sich zur Garantie dafür, dass die Kirche als solche niemals von ihm getrennt wird …

Zwischen dem fleischgewordenen Sohn Gottes und seiner Kirche besteht eine tiefe, untrennbare und geheimnisvolle Kontinuität, kraft derer Christus heute in seinem Volk gegenwärtig ist. Er ist immer unser Zeitgenosse, er ist immer gegenwärtig in der Kirche, die auf dem Fundament der Apostel errichtet worden ist, er ist lebendig in der Nachfolge der Apostel. Und diese Gegenwart in der Gemeinschaft, in der er selbst sich uns immer wieder schenkt, ist der Grund unserer Freude. Ja, Christus ist bei uns, das Reich Gottes kommt.

Generalaudienz, 15.3.2006

## 5. Juni
# 1968 ...

In der nachkonziliaren Wirklichkeit lassen sich zwei große historische Einschnitte feststellen. In die Zeit gleich nach dem Konzil fällt der Einschnitt des Jahres 1968, der Beginn oder, ich wage sogar zu sagen, die Explosion der großen kulturellen Krise des Westens. Die Nachkriegszeit war zu Ende. Nach all den Zerstörungen, nach dem Grauen des Krieges, des Einander-Bekämpfens, und nach der Bewusstwerdung des Dramas der großen Ideologien, die die Menschen wirklich in den Abgrund des Krieges geführt hatten, haben wir die christlichen Wurzeln Europas wiederentdeckt und haben begonnen, Europa mit diesen großen Idealen wieder aufzubauen. Aber als diese Zeit zu Ende war, kam auch alles Versagen zum Vorschein, die Mängel des Wiederaufbaus, das große Elend in der Welt. Und so beginnt, so explodiert die Krise der westlichen Kultur – eine Kulturrevolution, würde ich sagen, die radikale Veränderungen herbeiführen will. Es wird gesagt: „2000 Jahre Christentum haben nicht zu einer besseren Welt geführt. Wir müssen wieder ganz von vorn anfangen, auf eine vollkommen neue Art; der Marxismus scheint die wissenschaftliche Lösung zu sein, um endlich die neue Welt zu schaffen ..."

Begegnung mit dem Klerus in Auronzo di Cadore, 24.7.2007

# ... 1989

Und dann kam 1989 der zweite Einschnitt: der Zusammenbruch der kommunistischen Regime. Aber die Antwort war nicht die Rückkehr zum Glauben ... Es wurde nicht wiederentdeckt, dass die Kirche durch das authentische Konzil die Antwort gegeben hatte. Die Antwort war dagegen der totale Skeptizismus, die sogenannte Postmoderne. Nichts ist wahr, jeder muss sehen, wie er lebt. Ein Materialismus gewinnt die Oberhand, ein blinder pseudorationalistischer Skeptizismus, der am Ende in den Drogenkonsum führt, zu all den Problemen, die wir kennen, und der dem Glauben wieder den Weg verschließt, weil es so einfach ist, so offensichtlich: Nein, es gibt nichts Wahres. Die Wahrheit ist intolerant, wir können diesen Weg nicht einschlagen. Im Umfeld dieser beiden kulturellen Brüche also – zuerst die Kulturrevolution von 1968 und dann sozusagen der Fall des Nihilismus nach 1989 – geht die Kirche mit Demut ihren Weg zwischen den Leiden der Welt und der Herrlichkeit des Herrn. Auf diesem Weg müssen wir ... jetzt auf neue Weise lernen, was es heißt, auf den Triumphalismus zu verzichten. Das Konzil hatte gesagt, dass man auf den Triumphalismus verzichten muss – und es hatte dabei an den Barock gedacht, an all diese großen Kulturen der Kirche ... Aber ein anderer Triumphalismus war herangewachsen, der Triumphalismus zu denken: Wir haben den Weg gefunden, und auf ihm finden wir die neue Welt. Aber die Demut des Kreuzes, des Gekreuzigten schließt gerade auch diesen Triumphalismus aus. Wir müssen auf den Triumphalismus verzichten, dass jetzt wirklich die große Kirche der Zukunft entsteht. Die Kirche Christi ist stets demütig, und gerade so ist sie groß und voll Freude.

Begegnung mit dem Klerus in Auronzo di Cadore, 24.7.2007

# DREIFALTIG

Am heutigen Sonntag nach Pfingsten feiern wir das Hochfest der Allerheiligsten Dreifaltigkeit. Durch den Heiligen Geist, der die Worte Jesu verstehen hilft und in die ganze Wahrheit führt (vgl. Johannes 14,26; 16,13), können die Gläubigen sozusagen Kenntnis erlangen vom innersten Wesen Gottes und dabei entdecken, dass Er keineswegs unendliche Einsamkeit ist, sondern Gemeinschaft des Lichtes und der Liebe, geschenktes und empfangenes Leben in einem ewigen Dialog zwischen dem Vater und dem Sohn im Heiligen Geist – Liebender, Geliebter und Liebe, um es mit den Worten des heiligen Augustinus zu sagen …

Für den Glaubenden spricht das ganze Universum von dem einen und dreifaltigen Gott. Vom Weltall bis hin zu den kleinsten mikroskopischen Teilchen verweist alles, was existiert, auf ein Sein, das sich in der Vielfalt und Verschiedenheit der Elemente wie in einer gewaltigen Symphonie mitteilt. Alle Lebewesen sind gemäß einem harmonischen Dynamismus geordnet, den wir analog als „Liebe" bezeichnen können. Nur im Menschen als freiem und vernunftbegabtem Wesen wird dieser Dynamismus jedoch geistlich, wird er als Antwort an Gott und an den Nächsten in aufrichtiger Selbsthingabe zu verantwortlicher Liebe. In dieser Liebe findet das menschliche Wesen seine Wahrheit und sein Glück. Unter den verschiedenen Analogien zum unaussprechlichen Geheimnis des einen und dreifaltigen Gottes, die die Gläubigen zu erkennen in der Lage sind, möchte ich die der Familie erwähnen. Sie ist aufgerufen, eine Gemeinschaft der Liebe und des Lebens zu sein, in der die Unterschiede zusammenwirken sollen, um ein „Gleichnis der Gemeinschaft" zu bilden.

Vor dem Angelusgebet, 11.6.2006

# ALLE SIND GERUFEN

Durch den apostolischen Dienst wird die Kirche als die vom menschgewordenen Sohn Gottes zusammengeführte Gemeinschaft durch die Zeiten hindurch leben, indem sie in Christus und im Heiligen Geist die Gemeinschaft aufbaut und nährt, in die alle Menschen gerufen sind und in der sie das vom Vater geschenkte Heil erfahren können. In der Tat sorgten die Zwölf – wie Papst Klemens, der dritte Nachfolger des Petrus, am Ende des 1. Jahrhunderts sagt – für die Einsetzung von Nachfolgern (vgl. 1. Brief des Klemens an die Korinther 42,4), damit die ihnen anvertraute Sendung nach ihrem Tod weitergeführt werden konnte. Auf diese Weise hat im Laufe der Jahrhunderte die Kirche, organisch strukturiert unter der Leitung der rechtmäßigen Hirten, in der Welt als Geheimnis der Gemeinschaft weitergelebt, einem Geheimnis, in dem sich in gewissem Maße die Gemeinschaft der Dreifaltigkeit, das Geheimnis Gottes selbst, widerspiegelt.

Schon der Apostel Paulus erwähnt diese höchste Quelle, die die Dreifaltigkeit ist, wenn er den Christen wünscht: „Die Gnade Jesu Christi, des Herrn, die Liebe Gottes und die Gemeinschaft des Heiligen Geistes sei mit euch allen!" (vgl. 2 Korinther 13,13).

Generalaudienz, 29.3.2006

## 9. Juni

# GRENZEN ÖFFNEN

Die Kirche muss immer wieder neu zu dem werden, was sie schon ist: Sie muss die Grenzen zwischen den Völkern öffnen und die Barrieren zwischen Klassen und Rassen niederreißen. In ihr darf es keinen geben, der vergessen oder verachtet wird. In der Kirche gibt es nur freie Brüder und Schwestern Jesu Christi. Wind und Feuer des Heiligen Geistes müssen unaufhörlich jene Grenzen öffnen, die wir immer wieder zwischen uns aufrichten; wir müssen immer wieder von Babel, vom Verschlossensein in uns selbst, zu Pfingsten übergehen. Deshalb müssen wir ständig dafür beten, dass der Heilige Geist uns offen mache, uns die Gnade des gegenseitigen Verstehens schenke, um zum Volk Gottes zu werden, das aus allen Völkern kommt – ja, der heilige Paulus sagt uns noch mehr: Wir müssen in Christus, der als einziges Brot uns alle in der Eucharistie speist und uns in seinem am Kreuz durchbohrten Leib an sich zieht, zu einem Leib und einem Geist werden.

*Predigt im Petersdom am Pfingstsonntag, 15.5.2005*

Die Kirche ist wie eine menschliche Familie, und sie ist doch zugleich die große Familie Gottes, durch die er einen Raum der Gemeinschaft und der Einheit quer durch die Kontinente, durch die Kulturen und Nationen legt. Deswegen freuen wir uns, dass wir zu dieser großen Familie gehören; dass wir Geschwister und Freunde haben in aller Welt. Wir erleben es hier in Köln, wie schön es ist, einer weltweiten Familie anzugehören, die Himmel und Erde, Vergangenheit, Gegenwart und Zukunft und alle Teile der Erde umspannt. In dieser großen Weggemeinschaft gehen wir mit Christus, gehen wir mit dem Stern, der die Geschichte erleuchtet.

*Predigt bei der Vigil mit Jugendlichen in Köln, 20.8.2005*

## 10. Juni
# GEMEINSCHAFT

Wo es das Geschenk der Einheit im Heiligen Geist nicht gibt, da ist die Zersplitterung der Menschheit unvermeidlich. Die „Gemeinschaft" ist wirklich die frohe Botschaft, das Heilmittel, das der Herr uns gegen die Einsamkeit geschenkt hat, die heute alle Menschen bedroht, das kostbare Geschenk, das uns spüren lässt, dass wir in Gott, in der Einheit seines im Namen der Dreifaltigkeit versammelten Volkes angenommen und geliebt sind; sie ist das Licht, das die Kirche als unter den Völkern errichtetes Zeichen erstrahlen lässt: „Wenn wir sagen, dass wir Gemeinschaft mit ihm haben, und doch in der Finsternis leben, lügen wir und tun nicht die Wahrheit. Wenn wir aber im Licht leben, wie er im Licht ist, haben wir Gemeinschaft miteinander" (1 Johannes 1,6f). Auf diese Weise offenbart sich die Kirche trotz aller menschlicher Schwächen, die ihrer Erscheinungsform in der Geschichte anhaften, als eine wunderbare Schöpfung der Liebe, die geschaffen wurde, um Christus bis ans Ende der Zeiten jedem Mann und jeder Frau, der oder die ihm wirklich begegnen will, nahezubringen. Und in der Kirche bleibt der Herr immer unser Zeitgenosse … Der Herr spricht nicht in der Vergangenheit, sondern er spricht in der Gegenwart, er spricht heute mit uns, er schenkt uns Licht, er zeigt uns den Weg des Lebens, er schenkt uns Gemeinschaft und bereitet und öffnet uns so für den Frieden.

Generalaudienz, 29.3.2006

## 11. Juni

# EIN EINZIGARTIGES FEST

In dem Nachsynodalen Apostolischen Schreiben „Sacramentum caritatis" habe ich daran erinnert, dass „das eucharistische Geheimnis das Geschenk der Selbsthingabe Jesu Christi [ist], mit dem er uns die unendliche Liebe Gottes zu jedem Menschen offenbart" (Nr. 1). Daher ist Fronleichnam ein einzigartiges Fest und ein wichtiger Tag des Glaubens und des Lobpreises für jede christliche Gemeinschaft. Dieses Fest hat seine Wurzeln in einem bestimmten historischen und kulturellen Kontext: Es ist mit dem klaren Ziel entstanden, öffentlich den Glauben des Volkes Gottes an Jesus Christus zu bezeugen, der im allerheiligsten Sakrament der Eucharistie lebt und wirklich gegenwärtig ist. Es ist ein Fest, das eingeführt wurde, um den Herrn öffentlich anzubeten, zu preisen und Ihm zu danken, der uns im eucharistischen Sakrament immer noch liebt „bis zur Vollendung, bis zur Hingabe seines Leibes und seines Blutes" (Sacramentum caritatis, 1).

Das Geschenk der Eucharistie haben die Apostel beim Letzten Abendmahl vom Herrn empfangen, aber es gilt allen, der ganzen Welt. Aus diesem Grund muss es öffentlich verkündet und ausgestellt werden, damit jeder dem „vorbeiziehenden Jesus" begegnen kann, so wie es in den Straßen von Galiläa, Samaria und Judäa geschah; denn jeder, der Ihn empfängt, wird durch die Kraft seiner Liebe geheilt, erneuert und gestärkt.

Predigt vor der Lateranbasilika, 7.6.2007

## 12. Juni

# FÜR ALLE

Im Abschnitt aus dem Evangelium [zum Fronleichnamsfest] erzählt uns der heilige Lukas das Wunder der Vermehrung von „fünf Broten und zwei Fischen", mit denen Jesus den Hunger der Menge „in der Wüste" stillte; er schließt mit den Worten: „Und alle aßen und wurden satt" [vgl. 9,17]. Ich möchte in erster Linie dieses „alle" unterstreichen. Denn es ist der Wunsch des Herrn, dass jeder Mensch sich von der Eucharistie nährt, denn die Eucharistie ist für alle. Wenn am Gründonnerstag die enge Verbindung zwischen dem Letzten Abendmahl und dem Geheimnis des Todes Christi am Kreuz hervorgehoben wird, dann wird am Fest Fronleichnam mit der Prozession und der gemeinschaftlichen Anbetung der Eucharistie unsere Aufmerksamkeit auf die Tatsache gelenkt, dass Christus sich für die ganze Menschheit hingegeben hat. Sein Weg zwischen den Häusern und auf den Straßen unserer Stadt soll für diejenigen, die hier leben, eine Gabe der Freude, des ewigen Lebens, des Friedens und der Liebe sein.

Predigt vor der Lateranbasilika, 7.6.2007

## 13. Juni

# „MANNA" AUF DEM WEG

Die Sequenz [vom Hochfest des Leibes und Blutes Christi lässt] uns an ihrem Höhepunkt singen: „Seht das Brot, die Engelspeise! Auf des Lebens Pilgerreise nehmt es nach der Kinder Weise". Und durch die Gnade Gottes sind wir Kinder. Die Eucharistie ist eine Speise, die jenen vorbehalten ist, die durch die Taufe von der Sklaverei befreit und Kinder wurden; jene Speise, die sie auf ihrem langen Weg des Exodus durch die Wüste der menschlichen Existenz am Leben hält. Wie das „Manna" für das Volk Israel, so ist die Eucharistie für jede christliche Generation die unentbehrliche Nahrung, die uns auf unserem Weg durch die Wüsten der Welt begleitet, die ausgetrocknet ist von ideologischen und wirtschaftlichen Systemen, die das Leben nicht fördern, sondern vielmehr erniedrigen; eine Welt, in der die Logik der Macht und des Besitzes vorherrscht und nicht die Logik des Dienens und der Liebe; eine Welt, in der nicht selten die Kultur der Gewalt und des Todes dominiert. Doch Christus kommt uns entgegen und schenkt uns die Gewissheit: Er selbst ist das „Brot des Lebens". Er hat es im Ruf vor dem Evangelium wiederholt: „Ich bin das lebendige Brot, das vom Himmel gekommen ist. Wer dieses Brot isst, wird in Ewigkeit leben" (vgl. Johannes 6,51).

Predigt vor der Lateranbasilika, 7.6.2007

## 14. Juni

# SENFKORN UND BAUM

Der Herr ist stets auf dem Weg zum Kreuz, zur Niedrigkeit des leidenden und getöteten Gottesknechtes, aber zugleich ist er immer auch auf dem Weg zur Welt in ihrer ganzen Weite, in der er uns als der Auferstandene vorausgeht, damit in der Welt das Licht seines Wortes und die Gegenwart seiner Liebe aufleuchte; er ist auf dem Weg, damit durch ihn, den gekreuzigten und auferstandenen Christus, Gott selbst in die Welt komme … Für die Kirche gehören Karfreitag und Ostern stets zusammen; sie ist immer sowohl das Senfkorn als auch der Baum, in dessen Zweigen die Vögel des Himmels nisten.

Die Kirche – und in ihr Christus – leidet auch heute. In ihr wird Christus immer wieder verspottet und geschlagen; immer wieder versucht man, ihn aus der Welt zu verdrängen. Immer wieder wird das kleine Boot der Kirche vom Wind der Ideologien hin- und hergeworfen, die mit ihren Wassern eindringen und es scheinbar zum Untergang verurteilen. Und dennoch ist Christus gerade in der leidenden Kirche siegreich. Trotz allem gewinnt der Glaube an ihn immer wieder an Kraft. Auch heute gebietet der Herr den Wassern und erweist sich als Herr der Elemente. Er bleibt in seinem Boot, im Schifflein der Kirche.

Predigt im Petersdom, 29.6.2006

## 15. Juni

# DAS WAHRE BROT

Jesus schenkt in der Eucharistie nicht „etwas", sondern sich selbst; er bringt seinen Leib als Opfer dar und vergießt sein Blut. Auf diese Weise verschenkt er sich in der Ganzheit seiner Existenz und offenbart die ursprüngliche Quelle dieser Liebe. Er ist der ewige Sohn, der vom Vater für uns hingegeben wurde. Im Evangelium hören wir dazu noch einmal die Worte Jesu. Nach der Speisung der Menschenmenge durch die Vermehrung der Brote und der Fische sagt er zu seinen Gesprächspartnern, die ihm bis in die Synagoge von Kafarnaum gefolgt sind: „Mein Vater gibt euch das wahre Brot vom Himmel. Denn das Brot, das Gott gibt, kommt vom Himmel herab und gibt der Welt das Leben" (vgl. Johannes 6,32–33). Und er geht so weit, sich selbst, sein Fleisch und sein Blut, mit diesem Brot zu identifizieren: „Ich bin das lebendige Brot, das vom Himmel herabgekommen ist. Wer von diesem Brot isst, wird in Ewigkeit leben. Das Brot, das ich geben werde, ist mein Fleisch für das Leben der Welt" (vgl. Johannes 6,51). Auf diese Weise offenbart sich Jesus als das Brot des Lebens, das der ewige Vater den Menschen schenkt.

Nachsynodales Apostolisches Schreiben „Sacramentum caritatis", 7

# ZEICHEN DES WIDERSPRUCHS

Als ich im Nachsynodalen Apostolischen Schreiben „Sacramentum caritatis" den Ausruf des Priesters nach der Konsekration: „Geheimnis des Glaubens!" kommentierte, schrieb ich: Mit diesen Worten „verkündet der Priester das gefeierte Mysterium und drückt sein Staunen aus angesichts der Wesensverwandlung von Brot und Wein in den Leib und das Blut Christi – einer Wirklichkeit, die alles menschliche Verstehen übersteigt" (Nr. 6).

Gerade weil es sich um eine geheimnisvolle Wirklichkeit handelt, die unser „Verstehen" übersteigt, dürfen wir uns nicht wundern, wenn auch heute viele Menschen Mühe haben, die wirkliche Gegenwart Christi in der Eucharistie anzuerkennen. Es kann gar nicht anders sein. Es war so bis zu jenem Tag, als Jesus in der Synagoge von Kafarnaum offen verkündete, dass er gekommen ist, um uns sein Fleisch und sein Blut zur Speise zu geben (vgl. Johannes 6,26–58). Seine Sprache erschien „hart", und viele zogen sich zurück.

Heute wie damals bleibt die Eucharistie ein „Zeichen des Widerspruchs", und das kann auch gar nicht anders sein, denn ein Gott, der selbst Fleisch geworden ist, sich selbst opfert für das Leben der Welt, stürzt die Weisheit der Menschen in eine Krise. Aber mit demütigem Vertrauen macht sich die Kirche den Glauben des Petrus und der Apostel zu eigen, und mit ihnen verkündet sie und verkünden auch wir: „Herr, wohin sollen wir gehen? Du hast Worte des ewigen Lebens."

Predigt vor der Lateranbasilika, 7.6.2007

## 17. Juni

# DOPPELTER KREISLAUF

„**W**ahrer Leib, sei uns gegrüßet, den Maria uns gebar", singt und betet die Kirche. Maria hat dem lebendigen, dem ewigen Wort Gottes ihr Fleisch und Blut geschenkt … Und auch in der verwandelnden Verklärung, die durch die Auferstehung geschehen ist, ist es dieser Leib geblieben. Leib, der aus Maria, der Jungfrau genommen worden ist, und diesen Leib hat er in die Ewigkeit Gottes hineingetragen. Nun schenkt er uns, wie Maria ihm Fleisch und Blut gegeben hatte, sein Fleisch und Blut. Und so wie er dieses ihm geschenkte menschliche Fleisch und Blut umgewandelt hatte, dass es Leib Christi in die Ewigkeit hinein wurde, will er, indem er uns nun Fleisch und Blut zu essen und zu trinken gibt, uns umwandeln, uns verwandeln, dass wir gottesfähig werden und in die Gottesgemeinschaft hineinreichen können, dass wir mit ihm ein Leib werden und so ein Leib untereinander, Glieder, die … von ihm her, auf ihn hin und so füreinander leben.

Dabei bleibt aber doch die doppelte Bewegung bestehen: Maria hat ihm Fleisch und Blut gegeben, er gibt es uns zurück, um uns wieder hinaufzuwandeln in das neue Leben Gottes. Aber er will zugleich doch auch durch uns immer wieder neu leibhaftig in der Geschichte gegenwärtig sein. Er will, dass wir sein Zelt werden, dass er durch uns, in uns sich neu inkarnieren und in der Welt leibhaftig Tag um Tag gegenwärtig sein kann. So ist dieser doppelte Kreislauf der Kommunion, den uns das marianische Geheimnis anzeigt, der Kern der eucharistischen Realität, und dabei wird zugleich sichtbar, wie Eucharistie weit über ein rituelles Geschehen … hinaus das Ganze unseres Lebens, das Ganze der Geschichte umgreift.

Ansprache bei der Maiandacht im „Campo Santo Teutonico", 24.5.2005

## 18. Juni

# DAS GANZE GUT

Gott geht uns entgegen, „bis hin zum Letzten Abendmahl, bis hin zu dem am Kreuz durchbohrten Herzen, bis hin zu den Erscheinungen des Auferstandenen und seinen Großtaten, mit denen er durch das Wirken der Apostel die entstehende Kirche auf ihrem Weg geführt hat" (vgl. Enzyklika „Deus caritas est", 17). Er offenbart sich durch sein Wort, in den Sakramenten, besonders in der Eucharistie. Deshalb ist das Leben der Kirche wesentlich eucharistisch. Der Herr hat uns in seiner wunderbaren Vorsehung ein sichtbares Zeichen seiner Gegenwart hinterlassen …

Wenn wir in der heiligen Messe den vom Priester erhobenen Herrn nach der Konsekration des Brotes und des Weines betrachten, oder wenn wir ihn voll Ehrfurcht in der ausgestellten Monstranz anbeten, erneuern wir in tiefer Demut unseren Glauben … In der heiligen Eucharistie ist das ganze geistliche Gut der Kirche enthalten, das heißt, Christus selbst, unser Ostern, das lebendige Brot, das vom Himmel herabgestiegen ist, vom Heiligen Geist lebendig gemacht, und das Leben spendet, weil es den Menschen das Leben schenkt. Dieses geheimnisvolle und unaussprechliche Offenbarwerden der Liebe Gottes zu den Menschen hat einen bevorzugten Platz im Herzen der Christen. Sie müssen die Möglichkeit haben, den Glauben der Kirche kennenzulernen durch ihre geweihten Diener, durch die Vorbildlichkeit, mit der sie die vorgeschriebenen Riten vollziehen, die immer auf die eucharistische Liturgie als den Mittelpunkt des ganzen Evangelisierungswerkes hinweisen.

Predigt in São Paulo, 11.5.2007

# HERZ JESU

[**W**ir feiern] das Hochfest des Heiligsten Herzens Jesu, ein Fest, das Volksfrömmigkeit und theologische Tiefe harmonisch miteinander verbindet. Die Weihe der Familien an das Heiligste Herz Jesu hat eine lange Tradition, und in manchen Ländern gibt es sie noch; in ihrem Haus bewahrten diese Familien ein Herz-Jesu-Bild auf. Die Verehrung wurzelt im Geheimnis der Menschwerdung: Gerade durch das Herz Jesu offenbarte sich die Liebe Gottes zur Menschheit auf erhabene Weise. Daher behält die echte Verehrung des Heiligsten Herzens ihre volle Gültigkeit und zieht besonders die nach der Barmherzigkeit Gottes dürstenden Seelen an, die in ihm den unerschöpflichen Quell finden, aus dem sie das Wasser des Lebens schöpfen können, das die Wüsten der Seele bewässern und die Hoffnung wieder erblühen lassen kann. Das Hochfest des Heiligsten Herzens Jesu ist auch der Weltgebetstag für die Heiligung der Priester.

*Vor dem Angelusgebet, 25.6.2006*

**W**enn wir das Herz Jesu verehren, anerkennen wir nicht nur voll Dankbarkeit Gottes Liebe, sondern öffnen uns immer mehr dieser Liebe, so dass unser Leben zunehmend von ihr geformt wird. Gott, der seine Liebe ausgegossen hat „in unsere Herzen durch den Heiligen Geist, der uns gegeben ist" (vgl. Römer 5,5), lädt uns unermüdlich ein, seine Liebe anzunehmen. Die Einladung, sich ganz der heilbringenden Liebe Christi hinzugeben und sich ihr zu weihen, hat daher als erstes Ziel die Beziehung zu Gott. Das ist der Grund, warum diese Verehrung, die ganz der Liebe Gottes gilt, der sich für uns opfert, für unseren Glauben und für unser Leben in der Liebe von unersetzlicher Bedeutung ist.

*Schreiben an den Generaloberen der Gesellschaft Jesu, 15.5.2006*

## 20. Juni

# ZEICHEN SEINER LIEBE

Da die Liebe Gottes ihren tiefsten Ausdruck darin gefunden hat, dass Christus sein Leben für uns am Kreuz hingegeben hat, können wir vor allem durch den Blick auf sein Leiden und seinen Tod immer deutlicher die unermessliche Liebe Gottes zu uns erkennen: „Denn Gott hat die Welt so sehr geliebt, dass er seinen einzigen Sohn hingab, damit jeder, der an ihn glaubt, nicht zugrunde geht, sondern das ewige Leben hat" (vgl. Johannes 3,16).

Dieses Geheimnis der Liebe Gottes zu uns ist aber nicht nur Gegenstand der Herz-Jesu-Verehrung: Es ist in gleicher Weise der Inhalt jeder echten Spiritualität und christlichen Frömmigkeit … Christsein ist nämlich nur mit dem Blick auf das Kreuz unseres Erlösers möglich, mit dem Blick auf den, „den sie durchbohrt haben" (vgl. Johannes 19,37; vgl. Sacharja 12,10). Zu Recht erinnert die Enzyklika „Haurietis aquas" daran, dass die Seitenwunde und die von den Nägeln hinterlassenen Wundmale für unzählige Seelen die Zeichen einer Liebe waren, die ihr Leben immer mehr geprägt hat. Im Gekreuzigten die Liebe Gottes zu erkennen, ist für sie zu einer inneren Erfahrung geworden, die sie mit Thomas bekennen ließ: „Mein Herr und mein Gott!" (vgl. Johannes 20,28), und es ihnen ermöglichte, in der vorbehaltlosen Annahme der Liebe Gottes zu einem tieferen Glauben zu gelangen.

Schreiben an den Generaloberen der Gesellschaft Jesu, 15.5.2006

# GEHEIMNIS DES GLAUBENS

Gott ist das vollkommene Mit- und Ineinander gegenseitiger Liebe zwischen dem Vater, dem Sohn und dem Heiligen Geist. Schon in der Schöpfung empfängt der Mensch die Berufung, in einem gewissen Maß am Lebensatem Gottes teilzuhaben (vgl. Genesis 2,7). Doch im gestorbenen und auferstandenen Christus und in der Aussendung des Heiligen Geistes, der unbegrenzt gegeben wird (vgl. Johannes 3,34), werden wir der innersten Tiefen Gottes anteilig. Jesus Christus, „der sich selbst kraft ewigen Geistes Gott als makeloses Opfer dargebracht hat" (vgl. Hebräer 9,14), teilt uns in der eucharistischen Gabe also das eigene göttliche Leben mit. Es handelt sich um eine absolut vorleistungsfreie Gabe, die allein den Verheißungen Gottes nachkommt und diese über alle Maßen erfüllt. In treuem Gehorsam nimmt die Kirche diese Gabe an, feiert sie und betet sie an. Das „Geheimnis des Glaubens" ist ein Geheimnis der trinitarischen Liebe, an der teilzuhaben wir aus Gnade berufen sind. Auch wir müssen daher mit Augustinus rufen: „Wenn du die Liebe siehst, siehst du die Trinität."

Nachsynodales Apostolisches Schreiben „Sacramentum caritatis", 8

**22. Juni**

# SELBSTHINGABE

Das Wort, das die gesamte Offenbarung zusammenfasst, lautet: „Gott ist die Liebe" (vgl. Johannes 4,8.16). Die Liebe ist stets ein Geheimnis, eine Wirklichkeit, die den Verstand übersteigt; sie steht dabei nicht im Widerspruch zu ihm, sondern bringt seine Fähigkeiten voll zur Entfaltung. Jesus hat uns das Mysterium Gottes enthüllt: Er, der Sohn, hat uns den Vater im Himmel erkennen lassen und uns den Heiligen Geist, die Liebe des Vaters und des Sohnes, geschenkt. Die christliche Theologie fasst die Wahrheit über Gott in diesem Begriff zusammen: ein einziges Wesen in drei Personen. Gott ist nicht Einsamkeit, sondern vollkommene Gemeinschaft. Deshalb verwirklicht sich der Mensch als Abbild Gottes in der Liebe, die aufrichtige Selbsthingabe ist.

Wir betrachten das Geheimnis der Liebe Gottes, an dem wir auf erhabenste Weise in der heiligen Eucharistie teilhaben, dem Sakrament des Leibes und Blutes Christi, der Vergegenwärtigung seines Erlösungsopfers.

Vor dem Angelusgebet, 22.5.2005

## 23. Juni

# DIE WIRKLICHE REVOLUTION

Nur von den Heiligen, nur von Gott her kommt die wirkliche Revolution, die grundlegende Änderung der Welt. Wir haben im abgelaufenen Jahrhundert die Revolutionen erlebt, deren gemeinsames Programm es war, nicht mehr auf Gott zu warten, sondern die Sache der Verfassung der Welt ganz selbst in die Hände zu nehmen. Und wir haben gesehen, dass damit immer menschlicher, ein parteilicher Standpunkt zum absoluten Maßstab genommen wurde. Das Absolutsetzen dessen, was nicht absolut, sondern relativ ist, heißt Totalitarismus. Es macht den Menschen nicht frei, sondern entehrt ihn und versklavt ihn. Nicht die Ideologien retten die Welt, sondern allein die Hinwendung zum lebendigen Gott, der unser Schöpfer, der Garant unserer Freiheit, der Garant des wirklich Guten und Wahren ist. Die wirkliche Revolution besteht allein in der radikalen Hinwendung zu Gott, der das Maß des Gerechten und zugleich die ewige Liebe ist. Und was könnte uns denn retten, wenn nicht die Liebe?

Predigt bei der Vigil mit den Jugendlichen in Köln, 20.8.2005

## 24. Juni

# DER TÄUFER

Die Liturgie [lässt] uns [heute] die Geburt des heiligen Johannes des Täufers feiern, des einzigen Heiligen, dessen Geburt wir gedenken, weil sie den Beginn der Erfüllung der göttlichen Verheißungen anzeigte: Johannes ist der „Prophet", der mit Elija identifiziert wird und der dazu ausersehen war, dem Messias unmittelbar vorauszugehen, um das Volk Israel auf sein Kommen vorzubereiten (vgl. Matthäus 11,14; 17,10–13).

Sein Festtag erinnert uns daran, dass unser Leben ganz und immer auf Christus „bezogen" ist und es dadurch seine Verwirklichung findet, dass wir ihn aufnehmen: ihn, das Wort, das Licht und den Bräutigam, dessen Stimmen, Lampen und Freunde wir sind (vgl. Johannes 1,1.23; 1,7–8; 3,29). „Er muss wachsen, ich aber muss kleiner werden" (vgl. Johannes 3,30): Diese Aussage des Täufers ist richtungweisend für jeden Christen.

Vor dem Angelusgebet, 25.6.2006

## 25. Juni

# SAMMELN

Wie Johannes der Täufer, sein unmittelbarer Vorläufer, so wendet sich Jesus zuallererst an Israel (vgl. Matthäus 15,24), um es in der Endzeit, die mit ihm angebrochen ist, zu „sammeln". Und wie die Predigt des Johannes, so ist auch die Verkündigung Jesu gleichzeitig Gnadenruf und Zeichen des Widerspruchs und des Gerichts für das gesamte Volk Gottes. Vom ersten Augenblick seines Heilswirkens an strebt deshalb Jesus von Nazareth danach, das Volk Gottes zu sammeln. Auch wenn seine Verkündigung immer ein Aufruf zur persönlichen Umkehr ist, hat er in Wirklichkeit stets den Aufbau des Volkes Gottes als Ziel vor Augen ... Daher ist die von der liberalen Theologie vertretene individualistische Interpretation von Christi Verkündigung des Reiches Gottes einseitig und ohne jede Grundlage. Sie wurde im Jahre 1900 von dem großen liberalen Theologen Adolf von Harnack ... so zusammengefasst: „Das Reich Gottes kommt, insofern es in einzelne Menschen kommt, Zugang zu ihrer Seele findet und sie es aufnehmen. Das Reich Gottes ist gewiss die Herrschaft Gottes, aber es ist die Herrschaft des heiligen Gottes in den einzelnen Herzen" (vgl. Das Wesen des Christentums, Dritte Vorlesung). In Wirklichkeit ist dieser Individualismus der liberalen Theologie eine typisch moderne Akzentuierung: Aus der Sicht der biblischen Tradition und innerhalb des Judentums, in die sich das Wirken Jesu stellt, wenn auch in seiner ganzen Neuheit, wird deutlich, dass die ganze Sendung des fleischgewordenen Sohnes eine auf Gemeinschaft ausgerichtete Zielsetzung hat: Er ist eben dazu gekommen, die zerstreute Menschheit zu einen, ... das Volk Gottes zu sammeln, zu einen.

Generalaudienz, 15.3.2006

# AM ENDE

Im Zeitalter der Reformation schien die katholische Kirche tatsächlich fast am Ende zu sein. Es schien diese neue Strömung zu triumphieren, die behauptete: Jetzt ist die Kirche von Rom am Ende. Und wir sehen, dass mit den großen Heiligen wie Ignatius von Loyola, Teresa von Ávila, Karl Borromäus und anderen die Kirche wieder ersteht. Im Konzil von Trient findet sie eine neue Aktualisierung und eine Wiederbelebung ihrer Lehre. Und sie ersteht wieder mit großer Lebenskraft. Blicken wir auf die Zeit der Aufklärung, in der Voltaire sagte: Endlich ist diese alte Kirche am Ende, und es lebt die Menschheit! Und was geschieht stattdessen? Die Kirche erneuert sich. Das 19. Jahrhundert wird zum Jahrhundert der großen Heiligen, einer neuen Lebenskraft für viele Ordensgemeinschaften, und der Glaube ist stärker als alle anderen Strömungen, die kommen und gehen.

So war es auch im vergangenen Jahrhundert. Hitler hat einmal gesagt: „Die Vorsehung hat mich, einen Katholiken dazu berufen, dem Katholizismus den Garaus zu machen. Nur ein Katholik kann den Katholizismus zerstören." Er war sich sicher, über alle Mittel zu verfügen, um den Katholizismus endgültig zu zerstören. In gleicher Weise war sich die große marxistische Strömung sicher, eine neue wissenschaftliche Weltanschauung durchzusetzen und der Zukunft die Tore zu öffnen: Die Kirche ist am Ende! Aber nach den Worten Christi ist die Kirche stärker. Es ist das Leben Christi, das in seiner Kirche siegt … Und so sehen wir in der ganzen Vielseitigkeit des historischen Panoramas von heute – ja, wir sehen es nicht nur, sondern glauben es –, dass die Worte des Herrn Geist und Leben sind, Worte des ewigen Lebens.

Begegnung mit Priestern der Diözese Albano in Castelgandolfo, 31.8.2006

# SIE WÄCHST

In Brasilien kam ich [im Mai 2007] mit dem Wissen an, dass die Sekten sich ausbreiten und dass die katholische Kirche etwas sklerotisch wirkt; aber als ich dann da war, habe ich gesehen, dass in Brasilien beinahe jeden Tag eine neue Ordensgemeinschaft, eine neue Bewegung entsteht und dass nicht nur die Sekten anwachsen. Die Kirche wächst mit neuen Wirklichkeiten voller Lebenskraft. Sie füllen nicht die Statistiken – das ist eine falsche Hoffnung, die Statistik ist nicht unsere Gottheit –, aber sie wachsen in den Herzen und bringen Glaubensfreude hervor, machen das Evangelium gegenwärtig, bringen der Welt und der Gesellschaft wahre Entwicklung. Mir scheint also, dass wir die große Demut des Gekreuzigten lernen müssen, einer Kirche, die stets demütig ist und die immer im Kontrast steht zu den großen wirtschaftlichen, militärischen und sonstigen Mächten. Gleichzeitig und damit verbunden müssen wir jedoch auch den wahren Triumphalismus der Katholizität lernen, die in allen Jahrhunderten anwächst. Auch heute wächst die Gegenwart des Gekreuzigten und Auferstandenen, der seine Wunden hat und sie behält. Er ist verwundet, aber gerade so erneuert er die Welt, schenkt er seinen Lebensatem, der auch die Kirche erneuert, trotz all unserer Armut.

Begegnung mit dem Klerus in Auronzo di Cadore, 24.7.2007

## 28. Juni

# DER ERSTE GROSSE THEOLOGE DER KIRCHE

Der heilige Irenäus von Lyon, auf den wir heute unser Augenmerk richten, stammt aus Kleinasien, wo er um 140 wahrscheinlich in Smyrna, dem heutigen Izmir in der Türkei, geboren wurde. Einige Jahrzehnte später finden wir ihn unter den Klerikern der jungen Gemeinde in Lyon wieder. Von dort wird Irenäus im Jahre 177 wegen einer Glaubensfrage zu Papst Eleutherus nach Rom geschickt. Er entgeht so einer harten Christenverfolgung in Gallien, der auch der betagte Bischof Pothinus zum Opfer fällt. Irenäus wird zu seinem Nachfolger gewählt und versieht dieses Amt mit großem Glaubenseifer, bis ihn wohl um das Jahr 202 selbst das Martyrium ereilt.

Als Schüler des heiligen Bischofs Polykarp, der seinerseits ein Jünger des Apostels Johannes gewesen ist, wird Irenäus durch die „apostolische Tradition" tief geprägt. Als Hirte der Gemeinde in Lyon hat er mit einer Reihe von Irrlehren zu tun, die ihn zu einem wortreichen Verteidiger der Wahrheit des Glaubens werden lassen. Dabei arbeitet Irenäus eine „Glaubensregel" aus: Die Lehre der Apostel ist die Quelle dieser Regel. Diesen „Kanon der Wahrheit" vertrauen die Apostel ihren Nachfolgern, den Bischöfen, an. Die bischöfliche Nachfolge garantiert die getreue Überlieferung. Bei dieser Weitergabe kommt dem Bischof von Rom, der die beiden Säulen des Apostelkollegiums, Petrus und Paulus, repräsentiert, eine besondere Rolle zu. Schließlich ist die „apostolische Tradition" vom Heiligen Geist erfüllt und damit göttlichen Ursprungs.

Man kann tatsächlich sagen, dass Irenäus als der erste große Theologe der Kirche auftritt, der die systematische Theologie geschaffen hat; er spricht selbst vom System der Theologie, das heißt von der inneren Kohärenz des ganzen Glaubens.

Generalaudienz, 7.3.2007

## 29. Juni

# PETRUS UND PAULUS

Das Fest der heiligen Apostel Petrus und Paulus ist zugleich ein dankbares Gedächtnis der großen Zeugen Jesu Christi und ein feierliches Bekenntnis zur einen, heiligen, katholischen und apostolischen Kirche. Es ist vor allem ein Fest der Katholizität. Das Zeichen von Pfingsten – die neue Gemeinschaft, die in allen Sprachen spricht und alle Völker in einem einzigen Volk, in einer Familie Gottes vereint –, dieses Zeichen ist Wirklichkeit geworden ... Katholizität ist nicht nur Ausdruck einer horizontalen Dimension, also die Versammlung vieler Menschen in der Einheit; sie drückt auch eine vertikale Dimension aus: Nur dadurch, dass wir den Blick auf Gott richten, nur dadurch, dass wir uns ihm öffnen, können wir wirklich zu einer Einheit werden.

Wie Paulus kam auch Petrus nach Rom, in die Stadt, die zum Ort geworden war, wo alle Völker zusammentrafen, und die eben deshalb eher als jede andere Stadt Ausdruck der Universalität des Evangeliums werden konnte. Als er die Reise von Jerusalem nach Rom unternahm, wusste er sich mit Sicherheit von den Stimmen der Propheten, vom Glauben und vom Gebet Israels geleitet. Die Entsendung in die ganze Welt ist nämlich auch Teil der Verkündigung des Alten Bundes ...

Die Einheit der Menschen in ihrer Vielfalt ist möglich geworden, weil Gott, dieser eine Gott des Himmels und der Erde, sich uns gezeigt hat; weil die wesentliche Wahrheit über unser Leben, über unser „Woher?" und „Wohin?" sichtbar geworden ist, als er sich uns zeigte und in Jesus Christus uns sein Angesicht, sich selbst, sehen ließ. Diese Wahrheit über das Wesen unseres Seins, über unser Leben und unser Sterben, eine Wahrheit, die von Gott her sichtbar geworden ist, vereint uns und lässt uns zu Brüdern werden. Katholizität und Einheit gehören zusammen. Und die Einheit hat einen Inhalt: den Glauben, den die Apostel uns im Auftrag Christi übermittelt haben.

Predigt im Petersdom, 29.6.2005

## 30. Juni

# FREUDE AN DER KATHOLIZITÄT

Wir dürfen nicht immer auf Wolken schweben, auf den höchsten Wolken des Geheimnisses, wir müssen auch mit beiden Beinen auf der Erde stehen und gemeinsam die Freude leben, eine große Familie zu sein: die kleine große Familie der Pfarrgemeinde, die große Familie der Diözese, die große Familie der Universalkirche. In Rom kann ich all das sehen; ich kann sehen, wie Menschen, die aus allen Teilen der Erde kommen und die einander nicht kennen, einander in Wirklichkeit doch kennen, weil sie alle zur Familie Gottes gehören, einander nahe sind, weil sie alles haben: die Liebe zum Herrn, die Liebe zur Jungfrau und Gottesmutter Maria, die Liebe zu den Heiligen, die apostolische Nachfolge und den Nachfolger Petri, die Bischöfe. Ich würde sagen, dass diese Freude an der Katholizität in ihrer Vielfarbigkeit auch die Freude an der Schönheit ist. Hier haben wir die Schönheit einer schönen Orgel, die Schönheit einer wunderschönen Kirche, die Schönheit, die in der Kirche gewachsen ist. Das scheint mir ein wunderbares Zeugnis der Gegenwart und der Wahrheit Gottes zu sein. Die Wahrheit kommt in der Schönheit zum Ausdruck, und wir müssen stets dankbar sein für diese Schönheit und müssen versuchen, alles zu tun, was in unseren Kräften steht, damit sie erhalten wird, sich entfaltet und noch größer wird. Mir scheint, dass Gott so auf sehr konkrete Weise zu uns kommt.

Begegnung mit dem Klerus in Auronzo di Cadore, 24.7.2007

# Auf dieser Erde, die der Herr uns gegeben hat

Leben bewahren und pflegen

## 1. Juli
# DIE ERDE

Die Familie braucht ein Heim, eine ihr angemessene Umgebung, in der sie ihre Beziehungen knüpfen kann. Für die Menschheitsfamilie ist dieses Heim die Erde, die Umwelt, die Gott, der Schöpfer, uns gegeben hat, damit wir sie mit Kreativität und Verantwortung bewohnen. Wir müssen für die Umwelt Sorge tragen: Sie ist dem Menschen anvertraut, damit er sie in verantwortlicher Freiheit bewahrt und kultiviert, wobei sein Orientierungsmaßstab immer das Wohl aller sein muss. Natürlich besitzt der Mensch einen Wertvorrang gegenüber der gesamten Schöpfung. Die Umwelt zu schonen heißt nicht, die Natur oder die Tierwelt wichtiger einzustufen als den Menschen. Es bedeutet vielmehr, sie nicht in egoistischer Weise als völlig verfügbar für die eigenen Interessen anzusehen, denn auch die kommenden Generationen haben das Recht, aus der Schöpfung Nutzen zu ziehen, indem sie ihr gegenüber dieselbe verantwortliche Freiheit zum Ausdruck bringen, die wir für uns beanspruchen. Ebenso dürfen die Armen nicht vergessen werden, die in vielen Fällen von der allgemeinen Bestimmung der Güter der Schöpfung ausgeschlossen sind.

Botschaft zum Weltfriedenstag, 1.1.2008

## 2. Juli

# MARIÄ HEIMSUCHUNG

Am Fest „Mariä Heimsuchung", ebenso wie in jedem Abschnitt des Evangeliums, sehen wir Maria fügsam gegenüber dem göttlichen Plan und in einer Haltung fürsorglicher Liebe gegenüber den Brüdern. Noch voll Staunen über das, was der Erzengel Gabriel ihr verkündet hat – dass sie die Mutter des verheißenen Messias werden soll –, erfährt das demütige Mädchen aus Nazareth, dass auch ihre betagte Verwandte Elisabeth noch in ihrem Alter ein Kind erwartet. Sofort machte sie sich auf den Weg (vgl. Lukas 1,39) … und „eilte" zum Haus der Kusine, um sich ihr in einem Augenblick, in dem es besonders notwendig war, zur Verfügung zu stellen.

Wie sollte man nicht bemerken, dass es bei der Begegnung zwischen der jungen Maria und der schon reifen Elisabeth vor allem Jesus ist, der im Verborgenen handelt? Maria trägt ihn in ihrem Leib wie in einem Tabernakel und bietet ihn Zacharias, seiner Frau Elisabeth und auch dem Kind, das in deren Schoß heranwächst, als das größte Geschenk an. „In dem Augenblick, als ich deinen Gruß hörte, hüpfte das Kind vor Freude in meinem Leib", sagt die Mutter Johannes' des Täufers (vgl. Lukas 1,44). Wo immer Maria ist, da ist auch Jesus. Wer sein Herz der Mutter öffnet, begegnet dem Sohn und nimmt ihn auf und wird erfüllt von seiner Freude. Nie trübt oder mindert die wahre Marienverehrung den Glauben an unseren Erlöser Jesus Christus und die Liebe zu ihm, dem einzigen Mittler zwischen Gott und den Menschen … Im Gegenteil, die vertrauensvolle Hingabe an die Muttergottes ist der beste, von zahlreichen Heiligen erprobte Weg einer treueren Nachfolge des Herrn. Vertrauen wir uns ihr also in kindlicher Ergebenheit an!

Ansprache vor der Lourdes-Grotte in den Vatikanischen Gärten, 31.5.2006

## 3. Juli

# DER APOSTEL THOMAS

Geradezu sprichwörtlich ist … die Szene des ungläubigen Thomas, die sich acht Tage nach Ostern abspielte. Im ersten Moment hatte er nicht geglaubt, dass in seiner Abwesenheit Jesus erschienen war, und hatte gesagt: „Wenn ich nicht die Male der Nägel an seinen Händen sehe und wenn ich meinen Finger nicht in die Male der Nägel und meine Hand nicht in seine Seite lege, glaube ich nicht" (vgl. Johannes 20,25). Im Grunde geht aus diesen Worten die Überzeugung hervor, dass Jesus nun nicht mehr so sehr an seinem Antlitz als vielmehr an den Wundmalen zu erkennen sei. Thomas meint, dass die für die Identität Jesu ausschlaggebenden Zeichen jetzt vor allem die Wundmale seien, an denen offenbar wird, wie sehr er uns geliebt hat. Darin irrt der Apostel nicht. Wie wir wissen, erscheint Jesus acht Tage später wieder unter seinen Jüngern. Auch Thomas ist diesmal dabei. Jesus fordert ihn auf: „Streck deinen Finger aus – hier sind meine Hände! Streck deine Hand aus und leg sie in meine Seite, und sei nicht ungläubig, sondern gläubig" (vgl. Johannes 20,27).

Thomas reagiert mit dem schönsten Glaubensbekenntnis des ganzen Neuen Testaments: „Mein Herr und mein Gott!" (vgl. Johannes 20,28). Dazu merkt der heilige Augustinus an: Thomas „sah und berührte den Menschen, bekannte aber seinen Glauben an Gott, den er weder sah noch berührte. Was er aber sah und berührte, veranlasste ihn, an das zu glauben, woran er bis dahin gezweifelt hatte" (In Ioann. 121,5). Der Evangelist fährt mit einem letzten Wort Jesu an Thomas fort: „Weil du mich gesehen hast, glaubst du. Selig sind, die nicht gesehen haben und doch glauben werden." Diesen Satz kann man auch ins Präsens setzen: „Selig sind, die nicht sehen und doch glauben" (vgl. Johannes 20,29). Auf jeden Fall spricht Jesus ein grundlegendes Prinzip für die Christen aus, die nach Thomas kommen werden, also für uns alle …

Generalaudienz, 27.9.2006

## 4. Juli

# HERR ODER BEWAHRER

Die moderne Kultur hat zu Recht der Autonomie des Menschen und den irdischen Gegebenheiten großes Gewicht beigemessen und so eine Perspektive weiterentwickelt, die dem Christentum am Herzen liegt, die der Menschwerdung Gottes. Wenn aber, wie das Zweite Vatikanische Konzil deutlich gesagt hat, diese Autonomie dazu führt zu glauben, „dass die geschaffenen Dinge nicht von Gott abhängen und der Mensch sie ohne Bezug auf den Schöpfer gebrauchen könne", dann ruft man dadurch ein starkes Ungleichgewicht hervor, „denn das Geschöpf sinkt ohne den Schöpfer ins Nichts" (Gaudium et spes, 36) ... Das Konzilsdokument [sagt] an [dieser] Stelle auch, dass diese Fähigkeit, die Stimme und die Offenbarung Gottes in der Schönheit der Schöpfung zu erkennen, allen Gläubigen zu eigen ist, unabhängig von ihrer Religionszugehörigkeit. Wir können daraus schließen, dass der volle Respekt gegenüber dem Leben an den „religiösen Sinn" gebunden ist, an die innere Haltung, die der Mensch gegenüber der Realität einnimmt, die des Herrn oder die des Bewahrers. Übrigens leitet sich das Wort „Respekt" vom lateinischen Verb „respicere" – betrachten – ab und bezeichnet eine Betrachtungsweise von Dingen und Personen, bei der man ihre Beschaffenheit wahrnimmt, ohne sich zum Herrn über sie zu machen, sondern sie rücksichtsvoll behandelt und für sie Sorge trägt.

Predigt in der Pfarrkirche Sankt Anna im Vatikan, 5.2.2006

## 5. Juli

# ZWEI MITEINANDER UNVEREINBARE MENTALITÄTEN

Der Mensch ist nicht Herr über das Leben; er ist vielmehr sein Bewahrer und Verwalter. Und unter dem Primat Gottes entsteht automatisch die Priorität, das menschliche Leben, das von Gott geschaffen wurde, zu verwalten und zu bewahren. Diese Wahrheit, dass der Mensch Bewahrer und Verwalter des Lebens ist, ist ein wesentlicher Punkt des Naturrechts, den die biblische Offenbarung ganz erhellt. Er ist heute ein „Zeichen, dem widersprochen wird" in Bezug auf die herrschende Mentalität. Einerseits lässt sich allgemein ein umfassender Konsens über den Wert des Lebens beobachten, andererseits treffen jedoch, wenn man an diesen Punkt kommt, also zu der Frage nach der „Verfügbarkeit" oder der Unveräußerlichkeit des Lebens, zwei miteinander unvereinbare Mentalitäten aufeinander. Um es vereinfacht auszudrücken, könnten wir sagen: Der einen der beiden Mentalitäten gemäß liegt das menschliche Leben in der Hand des Menschen, während die andere erkennt, dass es in der Hand Gottes liegt.

Predigt in der Pfarrkirche Sankt Anna im Vatikan, 5.2.2006

# WENN WIR ÜBERLEBEN WOLLEN

Wir alle sehen heute, dass der Mensch die Grundlage seiner Existenz, die Erde, zerstören könnte und dass wir daher mit dieser Erde, mit der uns anvertrauten Wirklichkeit, nicht mehr einfach das machen können, was wir wollen und was uns im Augenblick nützlich und vielversprechend zu sein scheint. Wir müssen, wenn wir überleben wollen, die inneren Gesetze der Schöpfung, dieser Erde, respektieren, müssen diese Gesetze kennenlernen und diesen Gesetzen auch gehorchen. Dieser Gehorsam gegenüber der Stimme der Erde, der Stimme des Seins ist also für unser zukünftiges Glück wichtiger als die Stimmen des Augenblicks, die Wünsche des Augenblicks. Das ist ein erstes Kriterium, das es zu lernen gilt: Dass das Sein selbst, unsere Erde, zu uns spricht und dass wir zuhören müssen, wenn wir überleben und die Botschaft der Erde entschlüsseln wollen. Und wenn wir der Stimme der Erde gehorchen müssen, dann gilt das noch mehr für die Stimme des menschlichen Lebens.

*Begegnung mit dem Klerus in Auronzo di Cadore, 24.7.2007*

## 7. Juli

# ÖKOLOGISCHES GLEICHGEWICHT

Heute bangt die Menschheit um das künftige ökologische Gleichgewicht. Es ist gut, diesbezügliche Einschätzungen mit Bedachtsamkeit, im Dialog zwischen Experten und Gelehrten, ohne ideologische Beschleunigungen auf übereilte Schlussfolgerungen hin vorzunehmen; vor allem sollte dabei ein annehmbares Entwicklungsmodell gemeinsam vereinbart werden, das unter Beachtung des ökologischen Gleichgewichts das Wohlergehen aller gewährleistet. Wenn der Umweltschutz mit Kosten verbunden ist, müssen diese gerecht verteilt werden, indem man die Unterschiede in der Entwicklung der verschiedenen Länder und die Solidarität mit den kommenden Generationen berücksichtigt. Bedachtsamkeit bedeutet nicht, keine eigene Verantwortung zu übernehmen und Entscheidungen aufzuschieben; es bedeutet vielmehr, es sich zur Pflicht zu machen, nach verantwortungsbewusster Abwägung gemeinsam zu entscheiden, welcher Weg einzuschlagen ist, mit dem Ziel, jenen Bund zwischen Mensch und Umwelt zu stärken, der ein Spiegel der Schöpferliebe Gottes sein soll – des Gottes, in dem wir unseren Ursprung haben und zu dem wir unterwegs sind.

Botschaft zum Weltfriedenstag, 1.1.2008

## 8. Juli

# DIESES RIESIGE GEBIET DES AMAZONAS

Am VI. Symposion „Religion, Wissenschaft und Umwelt", das dem Amazonas gewidmet ist, nehmen Persönlichkeiten und Fachleute aller großen monotheistischen Religionen teil. Ihre Anwesenheit ist wichtig. Es geht um praktische und das Überleben des Menschen betreffende Zielsetzungen, die alle Personen guten Willens miteinander verbinden können und müssen … Die Themen, die man in Angriff nehmen wird, sind für alle von Interesse. Es ist notwendig, gemeinsame Punkte zu finden, in denen die Bemühungen der Einzelnen zum Schutz des Lebensraumes zusammenlaufen – des Lebensraumes, der vom Schöpfer dem Menschen gegeben ist, dem er sein Bild eingeprägt hat … [Dieses riesige Gebiet des Amazonas-Beckens, in dem die Wasserläufe eine unvergleichliche Quelle der Harmonie und des Reichtums bilden] … [und dessen ökologisches Gleichgewicht so sehr angegriffen und bedroht ist: Seine Flüsse und Wälder erzählen uns durch ihre Schönheit und Majestät von Gott und seinem großartigen Werk für die Menschen] … Wie sollte man sich, sowohl als Einzelner als auch als Gemeinschaft nicht zu einer verantwortungsvollen Bewusstwerdung aufgerufen fühlen, die zu konsequenten Entscheidungen zum Schutz einer ökologisch so reichen Umwelt führt?

Botschaft an den Ökumenischen Patriarchen Bartholomaios I., 6.7.2006

## 9. Juli

# HUMANÖKOLOGIE

Die internationale Gemeinschaft ist sich bewusst, dass die Ressourcen der Welt begrenzt sind und dass es die Pflicht aller Völker ist, politische Maßnahmen zum Schutz der Umwelt zu ergreifen, um der Zerstörung jenes natürlichen Kapitals zuvorzukommen, dessen Erträge notwendig sind für das Wohlergehen der Menschheit. Um dieser Herausforderung zu begegnen ... bedarf es der Fähigkeit, den Verlauf von Umweltveränderungen und das nachhaltige Wachstum einzuschätzen und vorauszusagen, zu überwachen und Lösungen auf internationaler Ebene zu entwerfen und zur Anwendung zu bringen. Besondere Aufmerksamkeit muss die Tatsache erhalten, dass die ärmsten Länder wahrscheinlich den höchsten Preis für die Schädigung der Umwelt zahlen.

In meiner Botschaft zur Feier des Weltfriedenstages 2007 habe ich darauf hingewiesen, dass „die Zerstörung der Umwelt, ein unangemessener und egoistischer Umgang mit ihr und der gewaltsame Aufkauf ihrer Ressourcen ... die Frucht eines unmenschlichen Entwicklungskonzepts sind. Eine Entwicklung, die sich nur auf den technisch-wirtschaftlichen Aspekt beschränken würde und die ethisch-religiöse Dimension vernachlässigte, wäre nämlich keine ganzheitliche menschliche Entwicklung und würde schließlich wegen ihrer Einseitigkeit die zerstörerischen Fähigkeiten des Menschen antreiben." Indem wir uns den Herausforderungen des Umweltschutzes und der nachhaltigen Entwicklung stellen, sind wir aufgerufen zur Förderung und „Wahrung der moralischen Bedingungen einer glaubwürdigen ‚Humanökologie'" (Enzyklika „Centesimus annus", 38). Dies wiederum erfordert eine verantwortliche Beziehung nicht nur zur Schöpfung, sondern auch zu unseren – zeitlich und räumlich – näheren und entfernteren Nachbarn und zum Schöpfer.

An den Präsidenten der Päpstlichen Akademie der Sozialwissenschaften, 28.4.2007

10. Juli

# ETHISCHE VERANTWORTUNG

Unsere Welt schaut weiterhin auf [die Wissenschaftler], um die möglichen Konsequenzen vieler wichtiger Naturphänomene zu verstehen. Ich denke zum Beispiel an die beständige Bedrohung der Umwelt, die ganze Völker in Mitleidenschaft zieht, und an die dringende Notwendigkeit, alternative Energiequellen zu entdecken, die sicher und allen zugänglich sind. Die Wissenschaftler werden bei ihren Bemühungen, derartige Problematiken anzugehen, die Unterstützung der Kirche finden, denn die Kirche hat von ihrem göttlichen Stifter die Aufgabe erhalten, das Gewissen der Menschen zum Guten, zur Solidarität und zum Frieden zu führen. Gerade aus diesem Grund hält sie es für ihre Pflicht, darauf zu bestehen, dass die Fähigkeit der Wissenschaft zur Vorhersage und Kontrolle niemals gegen das menschliche Leben und seine Würde benutzt wird, sondern immer in seinen Dienst gestellt wird, in den Dienst der gegenwärtigen und zukünftigen Generationen.

[Die] Schlussfolgerungen des Wissenschaftlers müssen von der Achtung der Wahrheit und von der ehrlichen Anerkennung sowohl der Genauigkeit als auch der unvermeidlichen Grenzen der wissenschaftlichen Methode geleitet sein. Dies bedeutet gewiss, unnötig alarmierende Vorhersagen zu vermeiden, wenn diese nicht durch ausreichende Daten gestützt sind oder über die tatsächlichen Fähigkeiten der Wissenschaft zur Vorhersage hinausgehen. Dies heißt aber auch, das Gegenteil zu vermeiden, nämlich aus Angst zu schweigen angesichts der wirklichen Probleme. Der Einfluss der Wissenschaftler auf die Bildung der öffentlichen Meinung auf der Grundlage ihrer Erkenntnisse ist zu wichtig, um von einer unbotmäßigen Eile oder von der Suche nach einer oberflächlichen Publizität untergraben zu werden.

Ansprache an die Akademie der Wissenschaften, 6.11.2006

## 11. Juli

# BENEDIKT VON NURSIA

Die Wahl meines Namens knüpft auch an die herausragende Gestalt des heiligen Benedikt von Nursia an, den „Vater des abendländischen Mönchtums", der zusammen mit den heiligen Cyrill und Methodius Patron von Europa ist.

Die zunehmende Ausbreitung des von ihm gegründeten Benediktinerordens hatte großen Einfluss auf die Verbreitung des Christentums in ganz Europa. Deshalb wird der heilige Benedikt in Deutschland und besonders in Bayern, meinem Geburtsland, sehr verehrt; er ist ein grundlegender Bezugspunkt für die Einheit Europas und ein nachdrücklicher Hinweis auf die unverzichtbaren christlichen Wurzeln der europäischen Kultur und Zivilisation.

Von diesem Vater des abendländischen Mönchtums kennen wir die Empfehlung, die er den Mönchen in seiner Regel hinterlassen hat: „Der Liebe Christi nichts vorziehen" (Regel 72,11; vgl. 4,21).

Ansprache bei der ersten Generalaudienz, 27.4.2005

Zum europäischen Erbe gehört eine Denktradition, für die eine substantielle Korrespondenz von Glaube, Wahrheit und Vernunft wesentlich ist. Dabei geht es letztlich um die Frage, ob die Vernunft am Anfang aller Dinge und auf ihrem Grund steht oder nicht. Es geht um die Frage, ob das Wirkliche aufgrund von Zufall und Notwendigkeit entstanden ist, ob mithin die Vernunft ein zufälliges Nebenprodukt des Unvernünftigen und im Ozean des Unvernünftigen letztlich auch bedeutungslos ist, oder ob es wahr bleibt, was die Grundüberzeugung christlichen Glaubens bildet: In principio erat verbum – Am Anfang war das Wort: Am Beginn aller Dinge steht die schöpferische Vernunft Gottes, der beschlossen hat, sich uns Menschen mitzuteilen.

Ansprache an Vertreter des öffentlichen Lebens in der Wiener Hofburg, 7.9.2007

## 12. Juli
# DAS RECHT AUF LEBEN

Der Begriff der Menschenrechte ist zuerst in Europa formuliert worden. Das grundlegende Menschenrecht, die Voraussetzung für alle anderen Rechte, ist das Recht auf das Leben selbst. Das gilt für das Leben von der Empfängnis bis zu seinem natürlichen Ende. Abtreibung kann demgemäß kein Menschenrecht sein – sie ist das Gegenteil davon. Sie ist eine „tiefe soziale Wunde", wie … Kardinal Franz König zu betonen nicht müde wurde.

Mit alledem spreche ich nicht von einem speziell kirchlichen Interesse. Vielmehr möchte ich mich zum Anwalt eines zutiefst menschlichen Anliegens und zum Sprecher der Ungeborenen machen, die keine Stimme haben. Ich verschließe damit nicht die Augen vor den Problemen und Konflikten vieler Frauen und bin mir bewusst, dass die Glaubwürdigkeit unserer Rede auch davon abhängt, was die Kirche selbst zur Hilfe für die betroffenen Frauen tut …

Ich appelliere an die politisch Verantwortlichen, nicht zuzulassen, dass Kinder zu einem Krankheitsfall gemacht werden … Ich sage das aus Sorge um die Humanität … Es ist alles dafür zu tun, dass die europäischen Länder wieder kinderfreundlicher werden. Ermutigen Sie bitte die jungen Menschen, die mit der Heirat eine neue Familie gründen, Mütter und Väter zu werden … Ich bestärke Sie auch nachdrücklich in Ihren politischen Bemühungen, Umstände zu fördern, die es jungen Paaren ermöglichen, Kinder aufzuziehen. Das alles wird aber nichts nützen, wenn es uns nicht gelingt, in unseren Ländern wieder ein Klima der Freude und der Lebenszuversicht zu schaffen, in dem Kinder nicht als Last, sondern als Geschenk für alle erlebt werden.

Ansprache an Vertreter des öffentlichen Lebens in der Wiener Hofburg, 7.9.2007

## 13. Juli

# IN JEDEM STADIUM UNANTASTBAR

[Das Thema:] „Der menschliche Embryo in der Phase vor der Implantation", das heißt in den allerersten Tagen nach der Empfängnis, ist in der Tat heutzutage eine äußerst wichtige Frage, sowohl wegen der offenkundigen Auswirkungen auf die philosophisch-anthropologische und ethische Reflexion als auch wegen der Anwendungsmöglichkeiten im Bereich der Biomedizin und der Rechtswissenschaft … Trotz des Fehlens ausdrücklicher Lehren über die allerersten Lebenstage des Ungeborenen ist es dennoch möglich, in der Heiligen Schrift wertvolle Hinweise zu finden, die besonders bei denen, die sich … das Ziel setzen, das Geheimnis der Entstehung des Menschen zu erforschen, Gefühle der Bewunderung und Achtung gegenüber dem gerade erst empfangenen Menschen hervorrufen. Die Heilige Schrift will nämlich die Liebe Gottes zu jedem menschlichen Leben zeigen, noch ehe es im Mutterleib Gestalt annimmt. „Noch ehe ich dich im Mutterleib formte, habe ich dich ausersehen, noch ehe du aus dem Mutterschoß hervorkamst, habe ich dich geheiligt", sagt Gott zum Propheten Jeremia (vgl. 1,5). Und der Psalmist anerkennt voll Dankbarkeit: „Denn du hast mein Inneres geschaffen, mich gewoben im Schoß meiner Mutter. Ich danke dir, dass du mich so wunderbar gestaltet hast" (vgl. Psalm 139,13f) … Die Liebe Gottes macht keinen Unterschied zwischen dem neu empfangenen Kind … im Leib seiner Mutter und dem Kleinkind oder dem Jugendlichen oder dem Erwachsenen oder dem alten Menschen.

Ansprache an die Päpstliche Akademie für das Leben, 27.2.2006

# ES GIBT EINE HÖHERE EBENE

Die Etablierung der wissenschaftlichen Methode hat den Wissenschaften die Fähigkeit verliehen, Phänomene vorauszusagen, ihre Entwicklung zu studieren und so die Umwelt zu kontrollieren, in welcher der Mensch lebt. Dieses zunehmende „Fortschreiten" der Wissenschaft und vor allem ihre Fähigkeit, die Natur durch Technologie zu beherrschen, ist gelegentlich mit einem entsprechenden „Rückzug" der Philosophie, der Religion und sogar des christlichen Glaubens in Verbindung gebracht worden …

Es gibt eine höhere Ebene, die notwendig alle wissenschaftlichen Vorhersagen überschreitet, das heißt die menschliche Welt der Freiheit und der Geschichte. Während der physikalische Kosmos eine eigene raumzeitliche Entwicklung haben kann, hat streng genommen nur die Menschheit eine Geschichte, die Geschichte ihrer Freiheit. Die Freiheit ist wie die Vernunft ein wertvoller Teil des Bildes Gottes in uns und kann nie auf eine deterministische Analyse reduziert werden. Ihre Transzendenz hinsichtlich der materiellen Welt muss anerkannt und respektiert werden, da sie ein Zeichen unserer menschlichen Würde ist. Die Negation dieser Transzendenz im Namen einer vermeintlichen absoluten Fähigkeit der wissenschaftlichen Methode, die menschliche Welt vorherzusagen und zu konditionieren, brächte den Verlust des Menschlichen im Menschen mit sich, und die Nichtanerkennung seiner Einzigartigkeit und Transzendenz könnte seiner Ausbeutung auf gefährliche Weise die Tore öffnen.

Ansprache an die Akademie der Wissenschaften, 6.11.2006

## 15. Juli
# ETHISCHER RELATIVISMUS

Gerade aufgrund des Einflusses kultureller und ideologischer Faktoren befindet sich die zivile und säkulare Gesellschaft heute in einer Situation der Verlorenheit und Verwirrung: Die ursprüngliche Offenkundigkeit der Fundamente des Menschen und seines ethischen Handelns sind verlorengegangen, und die Lehre vom natürlichen Sittengesetz kollidiert mit anderen Auffassungen, die deren direkte Leugnung darstellen. Das alles hat enorme und schwerwiegende Folgen für die zivile und soziale Ordnung. Bei nicht wenigen Denkern scheint heute eine positivistische Rechtsauffassung vorzuherrschen. Nach ihnen werden die Menschheit bzw. die Gesellschaft oder de facto die Mehrheit der Bürger die letzte Quelle des Zivilrechts.

Das Problem, das sich ihnen stellt, ist also nicht die Suche nach dem Guten, sondern die Suche nach der Macht oder vielmehr nach dem Gleichgewicht der Mächte. Ihre Wurzel hat diese Strömung im ethischen Relativismus, in dem einige geradezu eine der Grundvoraussetzungen für die Demokratie sehen, weil der Relativismus die Toleranz und die gegenseitige Achtung der Menschen gewährleiste. Wenn das aber zuträfe, würde eine Augenblicksmehrheit letzte Quelle des Rechts werden. Die Geschichte zeigt mit großer Deutlichkeit, dass die Mehrheiten irren können. Die wahre Vernünftigkeit wird nicht von der Zustimmung einer großen Zahl gewährleistet, sondern nur von der Transparenz der menschlichen Vernunft für die schöpferische Vernunft und vom gemeinsamen Hören auf diese Quelle unserer Vernünftigkeit.

Ansprache an die Internationale Theologenkommission, 5.10.2007

# UNSERE LIEBE FRAU VOM BERGE KARMEL

An den Abhängen des Karmel, eines hohen Vorgebirges, das sich entlang der Ostküste des Mittelmeers genau auf der Höhe von Galiläa erstreckt, befinden sich zahlreiche natürliche Höhlen, die bevorzugte Wohnstätten von Einsiedlern waren. Der bekannteste dieser Gottesmänner war der große Prophet Elija, der im 9. Jahrhundert vor Christus die Reinheit des Glaubens an den einen und wahren Gott mutig gegen den Einfluss der Götzenkulte verteidigte. Unter Anlehnung an die Gestalt des Elija entstand der kontemplative Orden der Karmeliten, eine religiöse Familie, die bedeutende Heilige zu ihren Mitgliedern zählt, wie Teresa von Ávila, Johannes vom Kreuz, Theresia vom Kinde Jesu und Theresia Benedicta vom Kreuz (mit bürgerlichem Namen Edith Stein). Die Karmeliten haben die Verehrung Unserer Lieben Frau vom Berge Karmel unter den Christen verbreitet und sie als Vorbild des Gebets, der Kontemplation und der Hingabe an Gott herausgestellt.

Als Erste, und auf unübertreffliche Weise, hat Maria geglaubt und erfahren, dass Jesus, das fleischgewordene Wort, der Höhepunkt, der Gipfel der Begegnung des Menschen mit Gott ist. Indem sie das Wort Gottes „ganz aufnahm", gelangt sie glücklich zu dem heiligen Berg (vgl. Gebet aus der Messliturgie vom Tage) und lebt für immer, mit Leib und Seele, beim Herrn.

Vor dem Angelusgebet in Les Combes (Aosta-Tal), 16.7.2006

## 17. Juli
# WANKENDE FUNDAMENTE

Die Schöpfungsordnung der Ehe, von der uns die Bibel am Ende des Schöpfungsberichts eindrücklich spricht (vgl. Genesis 2,24), wird heute immer mehr verwischt. So wie der Mensch sich die Welt im Ganzen neu zu montieren versucht und dabei immer spürbarer seine Grundlagen gefährdet, so geht ihm auch der Blick für die Schöpfungsordnung seiner eigenen Existenz zusehends verloren. Er glaubt, sich selber in einer leeren Freiheit beliebig definieren zu können. Die Fundamente, auf denen seine eigene Existenz und die der Gesellschaft stehen, geraten damit ins Wanken.

Für die jungen Menschen wird es schwer, zu endgültigen Bindungen zu finden. Sie haben Furcht vor der Endgültigkeit, die nicht realisierbar und der Freiheit entgegengesetzt scheint. So wird es auch immer schwerer, Kinder anzunehmen und ihnen jenen dauerhaften Raum des Wachsens und des Reifens zu schenken, der nur die auf der Ehe gründende Familie sein kann. In dieser hier nur ganz kurz angedeuteten Situation ist es sehr wichtig, jungen Menschen zu helfen, das endgültige Ja zueinander zu sagen, das der Freiheit nicht entgegensteht, sondern ihre größte Möglichkeit ist. In der Geduld des lebenslangen Miteinanders kommt die Liebe zu ihrer wahren Reife. In diesem Raum lebenslanger Liebe lernen auch die Kinder leben und lieben.

Ansprache an deutsche Bischöfe bei ihrem Ad-limina-Besuch, 18.11.2006

18. Juli

# WIE ALLE ES TUN

Heute wandelt sich dieser Grundsatz, nach dem der Mensch das will, was in seiner Natur liegt – eine unwiederholbar einzige und treue Ehe –, zu einem etwas anderen Grundsatz: „Volunt contrahere matrimonium sicut ceteri homines" [Man möchte die Ehe so schließen, wie alle anderen Leute es machen.]. Es ist nicht mehr einfach die Natur, die spricht, sondern die „ceteri homines" – das, was alle tun. Und das, was heute alle tun, entspricht nicht mehr einfach nur der natürlichen Ehe gemäß dem Schöpfer, gemäß der Schöpfung. Das, was die „ceteri homines" tun, ist zu heiraten mit der Vorstellung, dass die Ehe eines Tages scheitern könnte und man so eine andere, eine dritte und eine vierte Ehe eingehen könne. Dieses Modell „wie alle es tun" wird so zu einem Modell, das im Gegensatz zu dem steht, was die Natur sagt. So wird es normal, zu heiraten, sich scheiden zu lassen, sich wiederzuverheiraten, und niemand meint, dass es etwas sei, das gegen die menschliche Natur geht, oder wenigstens findet man nur sehr schwer jemanden, der so denkt.

Daher müssen wir, um den Menschen dabei zu helfen, wirklich zur Ehe zu gelangen – zur Ehe nicht nur im Sinne der Kirche, sondern im Sinne des Schöpfers –, sie wieder fähig machen, auf die Natur zu hören … Wir müssen hinter dem, was alle tun, das wiederentdecken, was die Natur selbst uns sagt. Und sie sagt etwas anderes als das, was heute zur Gewohnheit geworden ist. Sie lädt uns nämlich ein zu einer Ehe für das ganze Leben, in lebenslanger Treue, auch mit den Leiden, die das gemeinsame Wachsen in der Liebe mit sich bringt.

Begegnung mit dem Klerus in Auronzo di Cadore, 24.7.2007

## 19. Juli

# MITEINANDER GETEILTE FREIHEITEN

**W**ir müssen nicht nur für die Erde Sorge tragen, sondern wir müssen den anderen, die anderen respektieren – den anderen in seiner Einzigartigkeit als Person, als meinen Nächsten ebenso wie die anderen als Gemeinschaft, die auf der Erde lebt und die zusammenleben muss. Wir sehen, dass es nur dann weitergehen kann, wenn wir das Geschöpf Gottes, das Abbild Gottes, das der Mensch ist, absolut respektieren, wenn wir das Zusammenleben auf der Erde respektieren. Und hier kommen wir zu dem Punkt, dass wir die großen moralischen Erfahrungen der Menschheit brauchen. Diese Erfahrungen sind aus der Begegnung mit dem anderen, mit der Gemeinschaft entstanden: die Erfahrung, dass die menschliche Freiheit stets eine miteinander geteilte Freiheit ist und dass sie nur dann funktionieren kann, wenn wir unsere Freiheiten miteinander teilen und dabei die Werte respektieren, die wir alle gemeinsam haben ... So kann man den Wert erkennen, der darin enthalten ist, eine würdige Lebensgemeinschaft unter den Menschen möglich zu machen. So gelangen wir, wie schon gesagt, zu den großen Erfahrungen der Menschheit, in denen sich die Stimme des Seins ausdrückt, und vor allem zu den Erfahrungen des großen Pilgerwegs des Gottesvolkes in der Geschichte ... In diesem Weg finden wir nicht nur die grundlegenden menschlichen Erfahrungen wieder, sondern wir können durch diese Erfahrungen die Stimme des Schöpfers selbst hören, der uns liebt und der mit uns gesprochen hat.

Begegnung mit dem Klerus in Auronzo di Cadore, 24.7.2007

## 20. Juli
# IN TREUE

Im Innersten des Herzens träumen alle, vor denen das Leben sich ausbreitet, von einer Liebe, die der eigenen Zukunft vollen Sinn verleiht. Für viele geht dieser Traum in Erfüllung durch die Entscheidung für die Ehe und die Gründung einer Familie, in der die Liebe zwischen einem Mann und einer Frau in gegenseitiger und treuer Hingabe gelebt wird, in endgültiger Hingabe, die besiegelt wird durch das „Ja", das am Tag der Hochzeit vor Gott gesprochen wird, einem „Ja" für das ganze Leben.

Ich weiß wohl, dass es heute immer schwieriger wird, diesen Traum zu verwirklichen. Wie oft sehen wir um uns herum die Liebe scheitern! Wie viele Paare beugen sich, geben auf und trennen sich! Wie viele Familien gehen zu Bruch! Wie viele Jugendliche, auch unter euch, haben die Trennung und die Scheidung ihrer Eltern erlebt! Denjenigen, die sich in so heiklen und komplexen Situationen befinden, möchte ich heute Abend sagen: Die Mutter Gottes, die Gemeinschaft der Gläubigen, der Papst sind bei euch und beten darum, dass die Krise, die die Familien unserer Zeit zeichnet, nicht zu einem Scheitern wird, das nicht wieder rückgängig zu machen ist. Mögen die christlichen Familien mit Hilfe der göttlichen Gnade jenem feierlichen Versprechen der Liebe treu bleiben, das sie mit Freude vor dem Priester und vor der christlichen Gemeinde gegeben haben am Tag der Feier der Hochzeit.

Ansprache beim Internationalen Jugendtreffen in Loreto, 1.9.2007

**21. Juli**

# ZUGLEICH FREI UND EINS

Kein Mensch „gehört" einem anderen, wie ihm ein Ding gehört. Die Kinder sind nicht „Eigentum" der Eltern; die Gatten sind nicht „Eigentum" einer des anderen. Aber sie „gehören" einander auf eine viel tiefere Weise als zum Beispiel ein Stück Holz oder ein Grundstück oder was auch immer man „Eigentum" nennt. Die Kinder „gehören" den Eltern und sind doch selbst freie Geschöpfe Gottes, jedes mit seiner eigenen Berufung, mit seiner eigenen Neuheit und Einzigkeit vor Gott. Sie gehören einander nicht als Besitz, sondern in Verantwortung. Sie gehören einander gerade dadurch, dass sie die Freiheit des anderen annehmen und in der Liebe wie im Kennen einander tragen – dadurch, dass sie in Ewigkeit in diesem Miteinander frei und eins zugleich sind … Für die Ideologen und Diktatoren sind die Menschen nur Sache, die sie besitzen. Für den wahren Hirten aber sind sie frei auf die Wahrheit und die Liebe hin.

Jesus von Nazareth, 326

## 22. Juli
# ACHTUNG FÜR DEN LEIB

Ich denke an die jungen Menschen von heute: sie sind in einem Umfeld aufgewachsen, das von Botschaften gesättigt ist, die falsche Modelle des Glücks vorbringen. Diese jungen Menschen laufen Gefahr, die Hoffnung zu verlieren, da sie oft der wahren Liebe beraubt zu sein scheinen, die das Leben mit Freude und Sinn erfüllt … Nicht wenige Erfahrungen sagen uns leider, dass die Jugendlichen, die jungen Männer und Frauen und sogar die Kinder leicht der Verdorbenheit der Liebe zum Opfer fallen können, betrogen von skrupellosen Erwachsenen, die sich selbst und die jungen Menschen belügen und sie so in die Sackgasse des Konsumismus hineinziehen: auch die heiligsten Wirklichkeiten wie der Leib des Menschen, Tempel des Gottes der Liebe und des Lebens, werden so zu Gegenständen des Konsums; und das immer früher, schon in der Zeit vor dem Jugendalter. Wie traurig ist es, wenn die Jungen und Mädchen das Staunen, den Zauber der schönsten Gefühle, den Wert der Achtung für den Leib verlieren, der Offenbarung der Person und ihres unergründlichen Geheimnisses ist!

Vor dem Angelusgebet am Spanischen Platz in Rom, 8.12.2007

## 23. Juli

# WOHER KOMMT ALLES?

Ich sehe, dass zur Zeit in Deutschland, aber auch in den Vereinigten Staaten, eine recht erbitterte Debatte geführt wird über den sogenannten Kreationismus auf der einen und den Evolutionismus auf der anderen Seite, die als einander ausschließende Alternativen dargelegt werden: Wer an den Schöpfer glaubt, müsse die Evolution ablehnen, und wer dagegen die Evolution befürwortet, müsse Gott ausschließen. Diese Gegenüberstellung ist absurd, denn einerseits gibt es viele wissenschaftliche Beweise für eine Evolution. Sie zeigt sich als Realität, die wir erkennen müssen und die unser Wissen in Bezug auf das Leben und das Sein als solches bereichert. Aber die Evolutionslehre beantwortet nicht alle Fragen, und sie beantwortet vor allem nicht die große philosophische Frage: Woher kommt alles? Und wie entwickelt sich schließlich alles zum Menschen hin? Mir scheint es sehr wichtig zu sein, … dass sich die Vernunft weiter öffnet, damit sie diese Fakten sieht. Gleichzeitig aber sollte sie auch erkennen, dass sie nicht ausreichen, um die ganze Wirklichkeit zu erklären. Es reicht nicht aus: Unsere Vernunft ist größer, und sie kann auch sehen, dass unsere Vernunft … kein Produkt der Irrationalität [ist], sondern dass die Vernunft allem vorausgeht, die schöpferische Vernunft, und dass wir wirklich der Widerschein der schöpferischen Vernunft sind. Wir sind gedacht und gewollt, und daher gibt es eine Idee, die mir vorausgeht, einen Sinn, der mir vorausgeht und den ich entdecken, dem ich folgen muss und der meinem Leben letztendlich eine Bedeutung gibt.

Begegnung mit dem Klerus in Auronzo di Cadore, 24.7.2007

## 24. Juli
# EINE GÖTTLICHE BOTSCHAFT

In Psalm 19 heißt es: „Die Himmel rühmen die Herrlichkeit Gottes, vom Werk seiner Hände kündet das Firmament. Ein Tag sagt es dem andern, eine Nacht tut es der andern Kund" (vgl. Verse 2–3). Es gibt also eine göttliche Botschaft, die der Schöpfung auf verborgene Weise eingeprägt ist als Zeichen des „hesed"; der liebevollen Treue Gottes, der seinen Geschöpfen Sein und Leben, Wasser und Nahrung, Licht und Zeit schenkt. Man muss offene Augen haben, um diese göttliche Offenbarung zu sehen, während man sich die Mahnung des Buches der Weisheit in Erinnerung ruft, das uns einlädt, „von der Größe und Schönheit der Geschöpfe auf ihren Schöpfer zu schließen" (vgl. Weisheit 13,5; Römerbrief 1,20) …

Ich finde, dass die Worte des heiligen Basilius des Großen, dieses Kirchenlehrers aus dem 4. Jahrhundert, von überraschender Aktualität sind, wenn er sagt: „Einige, von der Gottlosigkeit im Innersten getäuscht, stellten sich das Universum ohne Führung und ohne Ordnung vor, wie dem Zufall überlassen." Wie zahlreich sind heute diese „einigen" geworden. Vom Atheismus getäuscht, meinen sie und suchen sie zu beweisen, dass es weise ist zu denken, dass alles ohne Führung und ohne Ordnung ist, gleichsam dem Zufall überlassen. Der Herr weckt durch die Heilige Schrift die schlafende Vernunft, die uns sagt: Am Anfang ist das schöpferische Wort. Und das schöpferische Wort am Anfang – dieses Wort, das alles geschaffen hat, das diesen intelligenten Plan, den Kosmos geschaffen hat – ist auch Liebe … Lassen wir uns also von diesem Wort Gottes wecken. Bitten wir, dass es unseren Geist erhellt, damit wir diese Botschaft, die auch in unsere Herzen eingeschrieben ist, erfassen, das heißt, dass der Anfang von allem die schöpferische Weisheit ist und dass diese Weisheit Liebe und Güte ist.

Generalaudienz, 9.11.2005

## 25. Juli

# KEIN UNVERMEIDLICHER KONFLIKT

Das Christentum postuliert keinen unvermeidlichen Konflikt zwischen dem übernatürlichen Glauben und dem wissenschaftlichen Fortschritt. Der eigentliche Ausgangspunkt der biblischen Offenbarung ist die Aussage, dass Gott die Menschen geschaffen, sie mit Vernunft ausgestattet und über alle Geschöpfe der Erde gestellt hat. Auf diese Weise ist der Mensch zum Verwalter der Schöpfung und zum „Helfer" Gottes geworden. Wenn wir zum Beispiel daran denken, wie die moderne Wissenschaft durch die Vorhersage von Naturphänomenen zum Schutz der Umwelt, zum Fortschritt der Entwicklungsländer, zum Kampf gegen Epidemien und zur Erhöhung der Lebenserwartung beigetragen hat, scheint es offensichtlich, dass es keinen Konflikt zwischen der göttlichen Vorsehung und der Initiative des Menschen gibt. Wir könnten in der Tat sagen, dass die Tätigkeit der Vorhersage, der Kontrolle und der Beherrschung der Naturphänomene, die durch die heutige Wissenschaft realisierbarer ist als in der Vergangenheit, zum Plan des Schöpfers gehört.

Obwohl die Wissenschaft viel gibt, gibt sie nur das, wozu sie bestimmt ist. Der Mensch darf in Wissenschaft und Technologie kein derart radikales und unbedingtes Vertrauen setzen, dass er meint, der wissenschaftliche und technologische Fortschritt könne alles erklären und seine existentiellen und geistlichen Bedürfnisse vollkommen erfüllen. Die Wissenschaft kann die Philosophie und die Offenbarung nicht ersetzen und auch keine erschöpfende Antwort auf die grundlegenden Fragen des Menschen geben: Fragen über die Bedeutung des Lebens und des Sterbens, über die höchsten Werte und über die Natur des Fortschritts selbst.

Ansprache an die Akademie der Wissenschaften, 6.11.2006

# MITTELPUNKT UND HÖHEPUNKT – DER MENSCH

Eigentümlicherweise wird die Hoheit der Finger Gottes im Werk der Schöpfung (vgl. Psalm 8,4) ohne Weiteres erkannt, während die volle Anerkennung der Ehre und Herrlichkeit, mit der er speziell den Menschen gekrönt hat (vgl. Psalm 8,6), gelegentlich nicht so leicht verstanden wird. Eine Art gespaltene Moralität ist die Folge.

Die großen und vitalen Themen der Moral wie Friede, Gewaltlosigkeit, Gerechtigkeit, Achtung für die Schöpfung verleihen an sich dem Menschen keine Würde. Die primäre Dimension der Moralität gründet auf der angeborenen Würde des menschlichen Lebens – vom Augenblick der Empfängnis bis zum natürlichen Tod –, eine Würde, die Gott selbst uns verliehen hat. Gottes liebevoller Schöpfungsakt muss als Ganzes verstanden werden. Wie schmerzlich ist es, dass nicht selten gerade jene gesellschaftlichen und politischen Gruppen, die bewundernswerterweise voll Ehrfurcht vor der Schöpfung Gottes sind, dem Wunder des Lebens im Mutterleib so geringe Beachtung schenken. Lasst uns hoffen, dass vor allem unter jungen Menschen das aufkommende Interesse für die Umwelt ihre Erkenntnis der rechten Ordnung und der Herrlichkeit der Schöpfung Gottes vertiefen wird, deren Mittel- und Höhepunkt der Mensch ist.

Ansprache bei der Audienz für den neuen Botschafter Irlands, 15.9.2007

## 27. Juli

# HIER AUF DIESER SCHÖNEN ERDE

Es ist schön, Sport zu treiben. Ich bin kein großer Sportler, aber als ich noch jünger war, ging ich gern in die Berge. Jetzt mache ich nur sehr einfache Wanderungen, finde es aber nach wie vor sehr schön, zu wandern, hier auf dieser schönen Erde, die der Herr uns gegeben hat. Wir können also nicht ständig in tiefer Betrachtung leben. Vielleicht kann ein Heiliger auf der letzten Stufe seines irdischen Weges an diesen Punkt gelangen, aber normalerweise leben wir mit beiden Beinen auf der Erde und richten den Blick zum Himmel empor. Beides ist uns vom Herrn gegeben, und daher ist es nicht nur sehr menschlich, die menschlichen Dinge zu lieben, die Schönheiten von Gottes Erde zu lieben, sondern es ist auch sehr christlich und wirklich katholisch. Ich würde sagen, dass zu einer guten und wirklich katholischen Seelsorge auch dieser Aspekt gehört: im „et et" zu leben, die Menschlichkeit und das Menschliche des Menschen zu leben, alle Gaben, die der Herr uns geschenkt hat und die wir zur Entfaltung gebracht haben, und gleichzeitig Gott nicht zu vergessen. Denn am Ende kommt das große Licht von Gott, und nur von ihm kommt das Licht, das Freude hineinträgt in alle Aspekte der Dinge, die es gibt.

Ich möchte daher einfach für die große katholische Synthese eintreten, für dieses „et et": wirklich Mensch zu sein und ... die Erde zu lieben und die schönen Dinge, die der Herr uns geschenkt hat, aber auch dankbar zu sein, weil auf der Erde das Licht Gottes erstrahlt, das allen übrigen Dingen Glanz und Schönheit verleiht.

Begegnung mit dem Klerus in Auronzo di Cadore, 24.7.2007

## 28. Juli
# DIESER GARTEN

Die Schönheit der Natur erinnert uns daran, dass wir von Gott dazu bestellt worden sind, diesen „Garten", der die Erde ist, zu „bebauen und zu hüten" (vgl. Genesis 2,8–17): Und ich sehe, dass ihr wirklich diesen schönen Garten Gottes [von Lorenzago di Cadore/Belluno], ein wahres Paradies, bebaut und hütet. Denn wenn die Menschen in Frieden mit Gott und untereinander leben, gleicht die Erde wirklich einem „Paradies". Die Sünde verdirbt leider immer von Neuem diesen göttlichen Plan, indem sie Spaltungen hervorbringt und den Tod in die Welt eintreten lässt. So kommt es, dass die Menschen den Versuchungen des Bösen nachgeben und einander bekriegen. Die Folge ist, dass in diesem wunderbaren „Garten", der die Welt ist, sich auch Räume der „Hölle" öffnen. Inmitten dieser Schönheit dürfen wir nicht die Situationen vergessen, in denen sich manchmal unsere Brüder und unsere Schwestern befinden … Ich kann in diesem Moment nicht umhin, an ein wichtiges Datum zu denken: Am 1. August 1917 – vor genau 90 Jahren – richtete mein verehrter Vorgänger Benedikt XV. sein bekanntes Apostolisches Schreiben „Dès le début" an die kriegführenden Parteien und forderte dazu auf, dem Ersten Weltkrieg ein Ende zu setzen. Während dieser schreckliche Konflikt wütete, hatte der Papst den Mut zu sagen, dass es sich um ein „unnötiges Blutbad" handelte. Dieses Wort hat sich in die Geschichte eingeprägt. Es zeigte sich als gerechtfertigt in der konkreten Situation jenes Sommers 1917 …, [es besitzt aber] auch einen weiteren, prophetischen Wert und [kann] auf viele andere Konflikte angewandt werden, die zahllose Menschenleben fortgerissen haben.

Vor dem Angelusgebet in Lorenzago di Cadore/Belluno, 22.7.2007

# ERFAHRUNG DER RUHE

In dieser Sommerzeit haben viele die Städte verlassen und befinden sich an Ferienorten oder in ihren Herkunftsländern auf Urlaub. Ich wünsche ihnen, dass diese ersehnte Ruhepause dazu dienen möge, Geist und Körper zu stärken, die Tag für Tag aufgrund der Hektik des modernen Lebens ständiger Anstrengung und Belastung ausgesetzt sind. Die Ferien bieten zudem eine wertvolle Gelegenheit, mehr Zeit mit den Familienangehörigen zu verbringen, Verwandte und Freunde aufzusuchen und, kurz gesagt, den menschlichen Kontakten mehr Raum zu geben, die wir wegen der vielen täglichen Verpflichtungen nicht so pflegen können, wie wir es wünschen. Sicher können nicht alle von der Ferienzeit Gebrauch machen, und nicht wenige sind aus verschiedenen Gründen gezwungen, darauf zu verzichten. Ich denke besonders an die, die allein sind, an die Alten und Kranken, die oft in dieser Zeit noch mehr unter der Einsamkeit leiden … Die Ferienzeit wird für viele auch zu einer gewinnbringenden Gelegenheit für kulturelle Begegnungen, für längere Zeiten des Gebets oder der Betrachtung, im Kontakt mit der Natur … Wenn man über mehr freie Zeit verfügt, kann man sich eingehender der Begegnung mit Gott, der Meditation der Heiligen Schrift und der Lektüre eines nützlichen, die Bildung erweiternden Buches widmen. Wer die Erfahrung dieser Ruhe des Geistes macht, weiß, wie wichtig sie ist, um die Ferien nicht auf reine Zerstreuung und Unterhaltung zu reduzieren. Die treue Teilnahme an der sonntäglichen Eucharistiefeier hilft zudem, dass man sich als lebendiger Teil der kirchlichen Gemeinschaft fühlt, auch dann, wenn man sich außerhalb der eigenen Pfarrei aufhält. Wo immer wir uns befinden, stets brauchen wir die Nahrung der Eucharistie.

Vor dem Angelusgebet in Castelgandolfo, 13.8.2006

# TAG DES HERRN

„Sine dominico non possumus!" Ohne die Gabe des Herrn, ohne den Tag des Herrn können wir nicht leben: So antworteten im Jahr 304 Christen aus Abitene im heutigen Tunesien, die bei der verbotenen sonntäglichen Eucharistiefeier ertappt und vor den Richter geführt wurden. Sie wurden gefragt, wieso sie den christlichen Sonntagsgottedienst hielten, obgleich sie wussten, dass darauf die Todesstrafe stand.

„Sine dominico non possumus": In dem Wort „dominicum/dominico" sind zwei Bedeutungen unlöslich miteinander verflochten, deren Einheit wir wieder wahrzunehmen lernen müssen. Da ist zunächst die Gabe des Herrn – diese Gabe ist er selbst: der Auferstandene, dessen Berührung und Nähe die Christen einfach brauchen, um sie selbst zu sein. Aber dies ist eben nicht nur eine seelische, inwendige, subjektive Berührung: die Begegnung mit dem Herrn schreibt sich in die Zeit ein mit einem bestimmten Tag. Und so schreibt sie sich ein in unser konkretes, leibhaftiges und gemeinschaftliches Dasein, das Zeitlichkeit ist. Sie gibt unserer Zeit und so unserem Leben als Ganzem eine Mitte, eine innere Ordnung … Ohne den, der unser Leben trägt, ist das Leben selbst leer. Diese Mitte auszulassen oder zu verraten, würde dem Leben selbst seinen Grund nehmen, seine innere Würde und seine Schönheit.

Auch für uns gilt, dass wir eine Beziehung brauchen, die uns trägt, unserem Leben Richtung und Inhalt gibt. Auch wir brauchen die Berührung mit dem Auferstandenen, die durch den Tod hindurch uns trägt. Wir brauchen diese Begegnung, die uns zusammenführt, die uns einen Raum der Freiheit schenkt, uns über das Getriebe des Alltags hinausschauen lässt auf die schöpferische Liebe Gottes, aus der wir kommen und zu der wir gehen.

Predigt im Stephansdom, Wien, 9.9.2007

## 31. Juli

# FEST DER DANKBARKEIT UND FREUDE

Der Sonntag hat sich in unseren westlichen Gesellschaften gewandelt: zum Wochenende, zur freien Zeit. Die freie Zeit ist gerade in der Hetze der modernen Welt etwas Schönes und Notwendiges; jeder von uns weiß das. Aber wenn die freie Zeit nicht eine innere Mitte hat, von der Orientierung fürs Ganze ausgeht, dann wird sie schließlich zur leeren Zeit, die uns nicht stärkt und nicht aufhilft. Die freie Zeit braucht eine Mitte – die Begegnung mit dem, der unser Ursprung und unser Ziel ist. Mein großer Vorgänger auf dem Bischofsstuhl von München und Freising, Kardinal Faulhaber, hat das einmal so ausgedrückt: „Gib der Seele ihren Sonntag, gib dem Sonntag seine Seele."

Gerade weil es am Sonntag zutiefst um die Begegnung mit dem auferstandenen Christus in Wort und Sakrament geht, umspannt sein Radius die ganze Wirklichkeit. Die frühen Christen haben den ersten Tag der Woche als Herrentag begangen, weil er der Tag der Auferstehung war. Aber sehr bald ist der Kirche auch bewusst geworden, dass der erste Tag der Woche der Tag des Schöpfungsmorgens ist, der Tag, an dem Gott sprach: „Es werde Licht" (vgl. Genesis 1,3). Deshalb ist der Sonntag auch das wöchentliche Schöpfungsfest der Kirche – das Fest der Dankbarkeit für Gottes Schöpfung und der Freude über sie. In einer Zeit, in der die Schöpfung durch unser Menschenwerk vielfältig gefährdet scheint, sollten wir gerade auch diese Dimension des Sonntags bewusst aufnehmen. Für die frühe Kirche ist dann auch immer mehr in den ersten Tag das Erbe des siebten Tages, des Sabbats, eingegangen. Wir nehmen teil an der Ruhe Gottes, die alle Menschen umfasst. So spüren wir an diesem Tag etwas von der Freiheit und Gleichheit aller Geschöpfte Gottes.

Predigt im Stephansdom, Wien, 9.9.2007

# Wenn der Mensch sein Herz Gott öffnet

## Das Geschenk des Glaubens

## 1. August

# DEIN GLAUBE HAT DIR GEHOLFEN

Das [Lukas-]Evangelium zeigt uns Jesus, wie er zehn Aussätzige heilt, von denen nur einer, ein Samariter und somit ein Fremder, umkehrt, um ihm zu danken (vgl. Lukas 17,11–19). Zu ihm sagt der Herr: „Steh auf und geh! Dein Glaube hat dir geholfen" (vgl. Lukas 17,19) … Es ist der Glaube, der den Menschen rettet, indem er ihn in seiner tiefen Beziehung zu Gott, zu sich selbst und zu den anderen wiederherstellt; und der Glaube kommt in der Dankbarkeit zum Ausdruck. Wer es wie der geheilte Samariter versteht zu danken, beweist, dass er nicht alles so ansieht, als hätte er einen Anspruch darauf, sondern als ein Geschenk, das auch, wenn es von den Menschen oder der Natur kommt, letztlich von Gott stammt. Der Glaube bringt also die Offenheit des Menschen für die Gnade Gottes mit sich; die Erkenntnis, dass alles Geschenk, dass alles Gnade ist. Welch großer Schatz birgt sich in einem kleinen Wort: „Danke!"

Jesus heilt zehn Menschen, die an Aussatz leiden, einer Krankheit, die damals als eine „ansteckende Unreinheit" galt und eine rituelle Reinigung erforderte (vgl. Levitikus 14,1–37). Der Aussatz, der wirklich den Menschen und die Gesellschaft entstellt, ist in Wahrheit die Sünde; es sind der Stolz und der Egoismus, die im Herzen des Menschen Gleichgültigkeit, Hass und Gewalt erzeugen. Diesen Aussatz des Geistes, der das Antlitz der Menschheit verunstaltet, kann niemand heilen, es sei denn Gott, der die Liebe ist. Wenn der Mensch, der umkehrt, sein Herz Gott öffnet, dann wird er in seinem Innern vom Übel geheilt.

Vor dem Angelusgebet, 14.10.2007

# DIE VISION DES GLAUBENS

Was ist das überhaupt, Glaube? Kann es das eigentlich noch geben in der modernen Welt? Wenn man die großen Summen der Theologie ansieht, die im Mittelalter geschrieben wurden, oder an die Menge der Bücher denkt, die jeden Tag für und gegen den Glauben verfasst werden, möchte man wohl verzagen und denken, das sei alles zu kompliziert. Vor lauter Bäumen sieht man am Ende den Wald nicht mehr.

Es ist wahr: Die Vision des Glaubens umfasst Himmel und Erde; Vergangenheit, Gegenwart, Zukunft, die Ewigkeit und ist darum nie ganz auszuschöpfen. Und doch ist sie in ihrem Kern ganz einfach. Der Herr selber hat ja zum Vater darüber gesagt: „Den Einfachen hast du es offenbaren wollen – denen, die mit dem Herzen sehen können" (vgl. Matthäus 11,25).

Die Kirche bietet uns ihrerseits eine ganz kleine Summe an, in der alles Wesentliche gesagt ist: das sogenannte Apostolische Glaubensbekenntnis. Es wird gewöhnlich in zwölf Artikel eingeteilt – nach der Zahl der Apostel – und handelt von Gott, dem Schöpfer und Anfang aller Dinge, von Christus und seinem Heilswerk bis hin zur Auferstehung der Toten und zum ewigen Leben. Das Glaubensbekenntnis ist nicht eine Summe von Sätzen, nicht eine Theorie. Es ist verankert im Geschehen der Taufe – in einem Ereignis der Begegnung von Gott und Mensch. Gott beugt sich über uns Menschen im Geheimnis der Taufe; er geht uns entgegen und führt uns so auch zueinander, macht er uns zu einer großen Familie in der weltweiten Familie der Kirche. Ja, wer glaubt, ist nie allein.

Predigt auf dem Islinger Feld bei Regensburg, 12.9.2006

## 3. August
# MIT DIESEM GLAUBEN

**W**ir glauben an Gott. Das ist unser Grundentscheid. Aber noch einmal die Frage: Kann man das heute noch? Ist das vernünftig? Seit der Aufklärung arbeitet wenigstens ein Teil der Wissenschaft emsig daran, eine Welterklärung zu finden, in der Gott überflüssig wird … Aber sooft man auch meinen konnte, man sei nahe daran, es geschafft zu haben – immer wieder zeigt sich: Das geht nicht auf. Die Sache mit dem Menschen geht nicht auf ohne Gott, und die Sache mit der Welt, dem ganzen weiten Universum, geht nicht auf ohne ihn. Letztlich läuft es auf die Alternative hinaus: Was steht am Anfang: die schöpferische Vernunft, der Schöpfergeist, der alles wirkt und sich entfalten lässt, oder das Unvernünftige, das vernunftlos sonderbarerweise einen mathematisch geordneten Kosmos hervorbringt und auch den Menschen, seine Vernunft. Aber die wären dann nur ein Zufall der Evolution und im Letzten also doch auch etwas Unvernünftiges.

Wir Christen sagen: Ich glaube an Gott, den Schöpfer des Himmels und der Erde – an den Schöpfergeist. Wir glauben, dass das ewige Wort, die Vernunft, am Anfang steht und nicht die Unvernunft. Mit diesem Glauben brauchen wir … nicht zu fürchten, uns auf einem Holzweg zu befinden.

Predigt auf dem Islinger Feld bei Regensburg, 12.9.2006

# GOTT HAT SICH GEZEIGT ALS MENSCH

Wir glauben an Gott. Das stellen die Hauptteile des Glaubensbekenntnisses heraus, und das betont besonders der erste Teil [des Credo] … An welchen Gott? Nun, eben an den Gott, der Schöpfergeist ist, schöpferische Vernunft, von der alles kommt und von der wir kommen.

Der zweite Teil des Glaubensbekenntnisses sagt uns mehr. Diese schöpferische Vernunft ist Güte. Sie ist Liebe. Sie hat ein Gesicht. Gott lässt uns nicht im Dunklen tappen. Er hat sich gezeigt als Mensch. So groß ist er, dass er es sich leisten kann, ganz klein zu werden. „Wer mich sieht, sieht den Vater", sagt Jesus (vgl. Johannes 14,9). Gott hat ein menschliches Gesicht angenommen. Er liebt uns bis dahin, dass er sich für uns ans Kreuz nageln lässt, um die Leiden der Menschheit bis an Gottes Herz hinaufzutragen.

Heute, wo wir die … lebensgefährlichen Erkrankungen der Religion und der Vernunft sehen, die Zerstörungen des Gottesbildes durch Hass und Fanatismus, ist es wichtig, klar zu sagen, welchem Gott wir glauben und zu diesem menschlichen Antlitz Gottes zu stehen … Erst dieser Gott erlöst uns von der Weltangst und von der Furcht vor der Leere des eigenen Daseins. Erst durch das Hinschauen auf Jesus Christus wird die Freude an Gott voll, wird zur erlösten Freude.

Predigt auf dem Islinger Feld bei Regensburg, 12.9.2006

## 5. August

# VERANTWORTUNG UND SORGE UM UNSER HEIL

Der zweite Teil des Glaubensbekenntnisses schließt mit dem Ausblick auf das Letzte Gericht und der dritte mit dem der Auferstehung der Toten. Gericht – wird uns da nicht doch wieder Angst gemacht? Aber wollen wir nicht alle, … dass am Ende das Übermaß an Unrecht und Leid, das wir in der Geschichte sehen, sich auflöst; dass alle am Ende froh werden können, dass das Ganze Sinn erhält? Diese Herstellung des Rechts, diese Zusammenfügung der scheinbar sinnlosen Fragmentstücke der Geschichte in ein Ganzes hinein, in dem die Wahrheit und die Liebe regieren: das ist mit dem Weltgericht gemeint.

Der Glaube will uns nicht Angst machen, aber er will uns zur Verantwortung rufen. Wir dürfen unser Leben nicht verschleudern, nicht missbrauchen, es nicht einfach für uns selber nehmen; Unrecht darf uns nicht gleichgültig lassen … Wir müssen unsere Sendung in der Geschichte wahrnehmen und versuchen, dieser unserer Sendung zu entsprechen … Verantwortung und Sorge um unser Heil, um das Heil der ganzen Welt ist notwendig. Jeder muss seinen Teil dazu beitragen. Wenn aber Verantwortung und Sorge zu Angst werden möchten, dann erinnern wir uns an das Wort des heiligen Johannes: „Meine Kinder, ich schreibe euch dies, damit ihr nicht sündigt. Wenn aber einer sündigt, haben wir einen Anwalt beim Vater: Jesus Christus, den Gerechten" (vgl. 1 Johannes 2,1). „Wenn unser Herz uns auch verurteilt – Gott ist größer als unser Herz, und er weiß alles" (vgl. 1 Johannes 3,20).

Predigt auf dem Islinger Feld bei Regensburg, 12.9.2006

# VERKLÄRUNG

Wenn einem die Gnade einer starken Gotteserfahrung geschenkt wird, dann ist es so, als würde man etwas Ähnliches wie die Jünger bei der Verklärung Jesu erleben [vgl. u. a. Markus 9,2–10]: Einen Augenblick hat man einen Vorgeschmack auf das, was die Seligkeit des Paradieses sein wird. Normalerweise handelt es sich um kurze Erfahrungen, die Gott manchmal gewährt, vor allem im Hinblick auf harte Prüfungen. Niemandem ist es jedoch gegeben, „auf dem Tabor" zu leben, solange man auf Erden weilt, denn das menschliche Dasein ist ein Weg des Glaubens und verläuft als solcher eher im Halbschatten als im vollen Licht, nicht ohne Zeiten der Dunkelheit und sogar vollkommener Finsternis. Solange wir auf Erden sind, wird unsere Beziehung zu Gott eher im Hören als im Schauen gelebt; und selbst die Betrachtung erfolgt sozusagen mit geschlossenen Augen durch das innere Licht, das das Wort Gottes in uns entzündet …

Die Verklärung lädt uns ein, die Augen unseres Herzens zu öffnen für das Geheimnis des göttlichen Lichts … Wie die anderen geschaffenen Dinge ist auch das Licht ein Zeichen, das etwas von Gott offenbart: Es ist gleichsam der Widerschein seiner Herrlichkeit, die seine Erscheinungen offenbart. Im Neuen Testament ist Christus die volle Offenbarung des Lichtes Gottes … Das Licht, so heißt es in den Psalmen, ist das Kleid, in das Gott sich hüllt (vgl. Psalm 104,2).

Vor dem Angelusgebet, 12.3.2006 und 6.8.2006

# GESCHENK, DAS UNS LEBEN LÄSST

Der Mensch … hegt den Verdacht, dass Gott letzten Endes ihm etwas von seinem Leben wegnehme, dass Gott ein Konkurrent sei, der unsere Freiheit einschränke, und dass wir erst dann im Vollsinn Menschen sein würden, wenn wir Gott zurückgesetzt haben; kurz, dass wir nur auf diese Weise unsere Freiheit voll verwirklichen können … Der Mensch will seine Existenz und die Fülle seines Lebens nicht von Gott empfangen. Er will selber vom Baum der Erkenntnis die Macht dazu erlangen, die Welt zu formen, Gott zu werden, indem er sich auf eine Stufe mit Ihm erhebt, und den Tod und die Finsternis mit eigener Kraft zu besiegen … Anstatt auf die Liebe setzt er auf die Macht, mit der er sein Leben ständig in die Hand nehmen möchte. Und indem er das tut, vertraut er der Lüge statt der Wahrheit und stürzt so mit seinem Leben ins Leere, in den Tod. Liebe ist nicht Abhängigkeit, sondern Geschenk, das uns leben lässt.

Die Freiheit eines Menschen ist die Freiheit eines begrenzten Wesens und ist daher selbst begrenzt. Wir können sie nur als geteilte Freiheit, in der Gemeinschaft der Freiheiten, besitzen: Nur wenn wir in rechter Weise miteinander und füreinander leben, kann sich die Freiheit entfalten. Aber wir leben in rechter Weise, wenn wir gemäß der Wahrheit unseres Seins, das heißt nach dem Willen Gottes leben. Denn der Wille Gottes ist für den Menschen nicht ein ihm von außen auferlegtes Gesetz, das ihn einengt, sondern das seiner Natur wesenseigene Maß, ein Maß, das in ihn eingeschrieben ist und ihn zum Abbild Gottes und somit zum freien Geschöpf macht. Wenn wir gegen die Liebe und gegen die Wahrheit – also gegen Gott – leben, zerstören wir uns gegenseitig und zerstören die Welt.

Predigt am Hochfest der Unbefleckten Empfängnis, 8.12.2005

## 8. August
# EHRFURCHT VOR GOTT WIEDER LERNEN

[D]ie Völker Afrikas und Asiens] sehen nicht im christlichen Glauben die eigentliche Bedrohung ihrer Identität, sondern in der Verachtung Gottes und in dem Zynismus, der die Verspottung des Heiligen als Freiheitsrecht ansieht und Nutzen für zukünftige Erfolge der Forschung zum letzten Maßstab erhebt. Dieser Zynismus ist nicht die Art von Toleranz und kultureller Offenheit, auf die die Völker warten und die wir alle wünschen. Die Toleranz, die wir dringend brauchen, schließt die Ehrfurcht vor Gott ein – die Ehrfurcht vor dem, was dem anderen heilig ist. Diese Ehrfurcht vor dem Heiligen der anderen setzt aber wiederum voraus, dass wir selbst die Ehrfurcht vor Gott wieder lernen. Diese Ehrfurcht kann in der westlichen Welt nur dann regeneriert werden, wenn der Glaube an Gott wieder wächst, wenn Gott für uns und in uns wieder gegenwärtig ist.

Wir drängen unseren Glauben niemandem auf … Der Glaube kann nur in Freiheit geschehen. Aber die Freiheit der Menschen, die rufen wir an, sich für Gott aufzutun; ihn zu suchen; ihm Gehör zu schenken. Wir, die wir hier sind, bitten den Herrn von ganzem Herzen, dass er wieder sein Ephata zu uns sagt; dass er unsere Schwerhörigkeit für Gott, für sein Wirken und sein Wort, heilt und uns sehend und hörend macht …

Die Welt braucht Gott. Wir brauchen Gott. Welchen Gott brauchen wir? … Der Prophet Jesaja sagt zu einem unterdrückten Volk: „Die Rache Gottes wird kommen" (vgl. 35,4). Wir können uns gut ausdenken, wie die Menschen sich das vorgestellt haben. Aber der Prophet selber sagt dann, worin diese Rache besteht, nämlich in der heilenden Güte Gottes. Und die endgültige Auslegung des Prophetenwortes finden wir in dem, der für uns am Kreuz gestorben ist – in Jesus, dem menschgewordenen Sohn Gottes … Seine „Rache" ist das Kreuz: das Nein zur Gewalt, die „Liebe bis zum Ende". Diesen Gott brauchen wir.

*Predigt auf dem Freigelände der Neuen Messe in München, 10.9.2006*

## 9. August

# WIR KÖNNEN IHN NICHT MEHR HÖREN

Es gibt eine Schwerhörigkeit Gott gegenüber, an der wir gerade in dieser Zeit leiden. Wir können ihn einfach nicht mehr hören … Mit der Schwerhörigkeit oder gar Taubheit Gott gegenüber verliert sich natürlich auch unsere Fähigkeit, mit ihm und zu ihm zu sprechen. Auf diese Weise aber fehlt uns eine entscheidende Wahrnehmung. Unsere inneren Sinne drohen abzusterben. Mit diesem Verlust an Wahrnehmung wird der Radius unserer Beziehung zur Wirklichkeit überhaupt drastisch und gefährlich eingeschränkt. Der Raum unseres Lebens wird in bedrohlicher Weise reduziert.

Das Evangelium erzählt uns, dass Jesus seine Finger in die Ohren des Tauben legte, etwas von seinem Speichel auf seine Zunge gab und sagte: „Ephata – tu dich auf" [vgl. Markus 7,37] … Jesus tut dasselbe auf neue Weise auch heute und immer wieder. In unserer Taufe hat Jesus an uns diese Geste des Berührens vollzogen und uns gesagt: „Ephata – tu dich auf!", um uns hörfähig zu machen für Gott und so auch wieder das Sprechenkönnen zu Gott zu schenken. Aber dieser Vorgang, das Sakrament der Taufe, hat nichts Magisches an sich. Die Taufe eröffnet einen Weg. Sie führt uns ein in die Gemeinschaft der Hörenden und Redenden – in die Gemeinschaft mit Jesus selber, der als einziger Gott gesehen hat und deshalb von ihm erzählen konnte (vgl. Johannes 1,18): Durch den Glauben will er uns an seinem Sehen Gottes, an seinem Hören und Reden mit dem Vater beteiligen.

Predigt auf dem Gelände der Neuen Messe in München, 10.9.2006

## 10. August

# UNSER INNERES HÖRVERMÖGEN

„Gewissen" bedeutet in der christlichen Überlieferung „Mit-Wissen": Wir sind offen, unser Sein ist offen, es kann die Stimme des Seins selbst, die Stimme Gottes, hören. Die Stimme der großen Werte ist also in unser Sein eingeschrieben, und die Größe des Menschen besteht eben darin, dass er nicht in sich selbst verschlossen ist, dass er nicht auf die materiellen, die quantifizierbaren Dinge verkürzt werden kann, sondern dass er in seinem Innersten offen ist für die wesentlichen Dinge, dass er fähig ist zu hören. In der Tiefe unseres Seins können wir nicht nur die Bedürfnisse des jeweiligen Augenblicks, nicht nur die materiellen Dinge wahrnehmen, sondern wir können die Stimme des Schöpfers selbst hören, und so erkennt man, was gut ist und was schlecht ist. Aber natürlich muss dieses Hörvermögen ausgebildet und entfaltet werden. Und eben darum geht es bei unserer Verkündigung in der Kirche: um die Entfaltung dieser dem Menschen von Gott geschenkten erhabenen Fähigkeit, die Stimme der Wahrheit und so die Stimme der Werte zu hören. Ich würde daher sagen, dass ein erster Schritt darin besteht, den Menschen bewusst zu machen, dass unser Wesen selbst eine moralische Botschaft in sich trägt, eine göttliche Botschaft, die entschlüsselt werden muss und die wir immer besser kennenlernen, immer besser hören können, wenn unser inneres Hörvermögen geöffnet und entfaltet wird.

Begegnung mit dem Klerus in Auronzo di Cadore, 24.7.2007

## 11. August

# SUCHT IMMER SEIN ANGESICHT

Viele Menschen heute sind Suchende. Wir selber sind es auch. Im Grunde muss in unterschiedlicher Dialektik immer beides da sein. Wir müssen Ehrfurcht haben vor dem Suchen der Menschen, dieses Suchen unterstützen, sie fühlen lassen, dass der Glaube nicht einfach ein fertiger Dogmatismus ist, der das Suchen, den großen Durst des Menschen auslöscht, sondern dass er erst die große Pilgerschaft ins Unendliche bringt, dass wir gerade als Glaubende immer Suchende und Findende zugleich sind. Der heilige Augustinus hat in seinem Psalmenkommentar dieses Wort: „Quaerite faciem eius semper – Sucht immer sein Angesicht" so schön ausgelegt, dass es mir schon damals als Student zu Herzen gegangen ist, wo er sagt: Das gilt nicht nur in diesem Leben, es gilt in Ewigkeit, immer wird dieses Angesicht neu zu entdecken sein, je weiter wir hineinschreiten in den Glanz der göttlichen Liebe, desto größer werden die Entdeckungen sein, desto schöner ist es, voranzugehen und zu wissen, dass das Suchen ohne Ende ist und darum das Finden ohne Ende und daher Ewigkeit Freude des Suchens und Findens zugleich ist.

Begegnung mit den deutschen Bischöfen in Köln, 21.8.2005

## 12. August

# DER MENSCH, DER SICH ZU GOTT HINWENDET

In uns taucht der Verdacht auf, dass eine Person, die gar nicht sündigt, im Grunde genommen langweilig sei; dass etwas in ihrem Leben fehle, nämlich die dramatische Dimension, autonom zu sein; dass die Freiheit, Nein zu sagen, hinabzusteigen in die Dunkelheiten der Sünde und des Selber-machen-Wollens zum wahren Menschsein gehöre; dass man nur dann die ganze Weite und Tiefe unseres Menschseins, des wahren Wir-selbst-Seins bis zum Letzten ausnützen könne; dass wir diese Freiheit auch gegen Gott auf die Probe stellen müssen, um wirklich voll und ganz wir selbst zu werden. Mit einem Wort, wir meinen, dass das Böse im Grunde genommen gut sei, dass wir es, zumindest ein wenig brauchen, um die Fülle des Seins zu erleben ... Wir meinen, ein wenig, mit dem Bösen zu paktieren, sich ein wenig Freiheit gegen Gott vorzubehalten, sei im Grunde genommen gut, vielleicht sogar notwendig.

Wenn wir uns allerdings die Welt um uns herum anschauen, können wir sehen, dass es sich eben nicht so verhält; dass vielmehr das Böse den Menschen immer vergiftet, ihn nicht erhöht, sondern ihn erniedrigt und demütigt, ihn nicht größer, reiner und reicher macht, sondern ihm schadet und ihn kleiner werden lässt ... Der Mensch, der sich vollkommen in die Hände Gottes übergibt, wird keine Marionette Gottes, keine langweilige, angepasste Person; er verliert seine Freiheit nicht. Nur der Mensch, der sich ganz Gott anvertraut, findet die wahre Freiheit, die große und schöpferische Weite der Freiheit des Guten. Der Mensch, der sich zu Gott hinwendet, wird nicht kleiner, sondern größer, denn durch Gott und zusammen mit Ihm wird er groß, wird er göttlich, wird er wirklich er selbst.

Predigt am Hochfest der Unbefleckten Empfängnis, 8.12.2005

## 13. August

# MIT EINEM FREIEN UND OFFENEN HERZEN

Jesus hatte seinen Jüngern gesagt, dass sie wie die Kinder werden müssten, um in das Reich Gottes einzutreten. Er selbst, der die ganze Welt umfasst, hat sich klein gemacht, um uns entgegenzukommen, um uns auf den Weg zu Gott zu führen. Um Gott zu erkennen, müssen wir den Stolz aufgeben, der uns blendet, der uns in die Ferne von Gott stoßen will, als wäre Gott unser Gegenspieler. Um Gott zu begegnen, muss man fähig werden, mit dem Herzen zu sehen. Wir müssen lernen, mit einem Kinderherzen, einem jungen Herzen zu sehen, das nicht von Vorurteilen gehemmt und von Interessen geblendet ist. So hat die Kirche in den Kleinen, die mit einem derart freien und offenen Herzen Ihn erkennen, das Bild der Gläubigen aller Zeiten gesehen, ihr eigenes Bild …

Zusammen mit den jungen Menschen der ganzen Welt gehen wir Jesus entgegen. Lassen wir uns von ihm hin zu Gott führen, um von Gott selbst zu lernen, auf rechte Weise Mensch zu sein. Mit ihm danken wir Gott, weil er uns mit Jesus, dem Sohn Davids, einen Raum des Friedens und der Versöhnung geschenkt hat, der mit der heiligen Eucharistie die Welt umfasst. Beten wir zu ihm, dass auch wir mit ihm und von ihm ausgehend Sendboten seines Friedens werden, Anbeter im Geist und in der Wahrheit, damit in uns und um uns sein Reich wachse.

Predigt auf dem Petersplatz am Palmsonntag, 16.3.2008

## 14. August

# DEIN GLAUBE IST GROSS

„Frau, dein Glaube ist groß. Was du willst, soll geschehen" (vgl. Mattäus 15,21–28), sagt Jesus einer kanaanäischen Frau, [die ihn beharrlich] darum bittet, ihre Tochter gesund zu machen, die „von einem Dämon schwer gequält wird" … Diese einfache Frau wird von Jesus als Beispiel eines tiefen Glaubens vorgestellt. Ihre Ausdauer, das Eingreifen Christi zu erbitten, ist für uns eine Ermutigung, nie den Mut zu verlieren, ja inmitten schwerster Prüfungen des Lebens nicht zu verzweifeln. Der Herr verschließt nicht die Augen vor den Bedürfnissen seiner Kinder, und wenn er manchmal für ihre Bitten unempfänglich zu sein scheint, dann geschieht es nur, um ihren Glauben zu prüfen und zu stärken.

Das ist das Zeugnis der Heiligen, das ist vor allem das Zeugnis der Märtyrer, die mit dem Erlösungsopfer Christi noch enger verbunden sind. In den vergangenen Tagen haben wir einiger von ihnen gedacht: die Päpste Pontianus und Sixtus II., den Priester Hippolyt, den Diakon Laurentius mit seinen Gefährten, die in Rom am Anfang des Christentums getötet wurden. Außerdem haben wir an eine Märtyrerin unserer Zeit erinnert, an die heilige Teresia Benedicta vom Kreuz, Edith Stein, die Mitpatronin Europas, die im Konzentrationslager gestorben ist; und heute stellt uns die Liturgie einen Märtyrer der Nächstenliebe vor, der sein Zeugnis der Liebe zu Christus im Hungerbunker von Auschwitz besiegelte: den heiligen Maximilian Kolbe, der sich freiwillig anstelle eines Familienvaters geopfert hat.

Vor dem Angelusgebet in Castelgandolfo, 14.8.2005

## 15. August

# MARIA, IN DEN HIMMEL AUFGENOMMEN

Maria wurde mit Leib und Seele in den Himmel aufgenommen: Auch für den Leib ist in Gott Raum. Der Himmel ist für uns nicht mehr eine entfernte und unbekannte Sphäre. Wir haben eine Mutter im Himmel. Es ist die Mutter Gottes, die Mutter des Sohnes Gottes, sie ist unsere Mutter. [Jesus] selbst hat es gesagt. Er hat sie zu unserer Mutter gemacht, als er seinem Jünger und uns allen gesagt hat: „Siehe, deine Mutter!" (Johannesevangelium 19,27). Der Himmel steht offen, der Himmel hat ein Herz.

Im Evangelium [vom Hochfest der Aufnahme Mariens in den Himmel] gibt Lukas mit verschiedenen Hinweisen zu verstehen (vgl. Lukasevangelium 1,39–56), dass Maria die wahre Bundeslade ist, dass das Geheimnis des Tempels – die Einwohnung Gottes hier auf Erden – sich in Maria erfüllt. Gott wohnt wahrhaft in Maria, wird hier auf Erden gegenwärtig. Maria wird das „Zelt Gottes" … Der heilige Augustinus sagt: „Noch bevor sie den Herrn in ihrem Leib empfing, hatte sie ihn bereits in ihrer Seele empfangen." Sie hatte dem Herrn ihre Seele geöffnet und wurde so wirklich der wahre Tempel, in dem Gott Mensch und auf dieser Erde gegenwärtig geworden ist. Und somit ist in Maria, der Wohnung Gottes auf Erden, bereits seine ewige Wohnstatt vorbereitet, für immer vorbereitet.

Das ist der gesamte Inhalt des Dogmas von der Aufnahme Maria mit Leib und Seele in die himmlische Herrlichkeit, der hier in diesen Worten zum Ausdruck kommt. Maria ist „selig", weil sie – vollkommen, mit Leib und Seele und für immer – die Wohnung des Herrn geworden ist … [Maria] führt uns, weist uns den Weg des Lebens, zeigt uns, wie wir selig werden und den Weg der Glückseligkeit finden können.

Predigt in der Pfarrkirche von Castelgandolfo, 15.8.2005 / 15.8.2006

## 16. August
# NICHT WEG VON DEN MENSCHEN

Zum Leben der Heiligen gehört nicht bloß ihre irdische Biographie, sondern ihr Leben und Wirken von Gott her nach ihrem Tod. In den Heiligen wird sichtbar: Wer zu Gott geht, geht nicht weg von den Menschen, sondern wird ihnen erst wirklich nahe. Nirgends sehen wir das mehr als an Maria. Das Wort des Gekreuzigten an den Jünger, an Johannes und durch ihn hindurch an alle Jünger Jesu: „Siehe da, deine Mutter" (vgl. Johannes 19,27), wird durch alle Generationen hindurch immer neu wahr, Maria ist in der Tat zur Mutter aller Glaubenden geworden. Zu ihrer mütterlichen Güte wie zu ihrer jungfräulichen Reinheit und Schönheit kommen die Menschen aller Zeiten und aller Erdteile in ihren Nöten und in ihren Hoffnungen, in ihren Freuden und Leiden, in ihren Einsamkeiten wie in der Gemeinschaft.

Enzyklika „Deus caritas est", 42

Maria steht vor uns als Zeichen des Trostes, der Ermutigung und der Hoffnung. Sie wendet sich an uns und sagt: „Hab Mut, es mit Gott zu wagen! Hab keine Angst vor ihm! Hab Mut, das Wagnis des Glaubens einzugehen!"

Predigt im Petersdom, 8.12.2005

## 17. August
# WEITER HINAUSGEHEN

Die Liebe Gottes macht keinen Unterschied zwischen dem neu empfangenen Kind, das sich noch im Leib seiner Mutter befindet, und dem Kleinkind oder dem Jugendlichen oder dem Erwachsenen oder dem alten Menschen …, weil sie in jedem von ihnen die Spur seines Bildes und der Ähnlichkeit mit ihm sieht (vgl. Genesis 1,26) … „In jedem Menschen, und zwar in jeder Phase und auch in jedem Zustand seines Lebens, leuchtet ein Widerschein der Wirklichkeit Gottes selbst auf … Das menschliche Leben ist in jedem Augenblick seiner Existenz, auch in jenem Anfangsstadium, das der Geburt vorausgeht, heilig und unantastbar" (vgl. Johannes Paul II., Enzyklika „Evangelium vitae", 61) … Für den menschlichen Verstand scheint es zu schwierig geworden zu sein, sich klarzumachen, dass man beim Anblick der Schöpfung auf die Spur des Schöpfers trifft. Eigentlich müsste, wer … die Wahrheit liebt, merken, dass uns die Forschung über so tiefgründige Themen in die Lage versetzt, die Hand Gottes zu sehen, ja beinahe zu berühren. Jenseits der Grenzen der experimentellen Methode, an der Grenze des Bereichs, den manche „Meta-Analyse" nennen …, beginnt das Abenteuer der Transzendenz, die verpflichtende Aufgabe, „weiter hinaus zu gehen".

Ansprache an die Päpstliche Akademie für das Leben, 27.2.2006

## 18. August

# DER MENSCH UND DIE WELT BRAUCHEN GOTT

Die Entwicklung der modernen Wissenschaft hat immer mehr den Glauben und die Hoffnung in die Sphäre des Privaten und Individuellen ausgegrenzt, so dass es heute sehr deutlich und mitunter auf dramatische Weise sichtbar wird, dass der Mensch und die Welt Gott brauchen – den wahren Gott! –, denn andernfalls bleiben sie ohne Hoffnung. Die Wissenschaft hat großen Anteil am Wohl der Menschheit, es liegt jedoch nicht in ihrer Macht, sie zu erlösen. Der Mensch wird durch die Liebe erlöst, die das persönliche und soziale Leben gut und schön macht. Daher wird die große Hoffnung, jene vollkommene und endgültige Hoffnung, von Gott gewährleistet, von dem Gott, der die Liebe ist, der uns in Jesus aufgesucht und uns das Leben geschenkt hat, und in ihm wird er am Ende der Zeiten zurückkehren. Auf Christus hoffen wir, ihn erwarten wir! Mit Maria, seiner Mutter, geht die Kirche dem Bräutigam entgegen: Sie tut dies mit Werken der Nächstenliebe, da sich die Hoffnung wie der Glaube in der Liebe zeigt.

*Vor dem Angelusgebet, 2.12.2007*

Erst wenn unser Leben bis zum Herzen Gottes hinaufreicht, hat es die Weite gefunden, für die wir geschaffen sind. Ein Leben ohne Gott wird nicht freier und weiter. Der Mensch ist für das Unendliche bestimmt. Nichts anderes reicht für ihn. Wer aber Gott weglässt, beschränkt Leben und Welt auf das Endliche, auf das, was wir selber machen und erdenken können, und das ist immer zu wenig.

*Botschaft zum 97. Deutschen Katholikentag, 11.5.2008*

## 19. August

# AUF SEINE LIEBE KÖNNEN WIR BAUEN

„**W**er sein Leben retten will, der wird es verlieren; wer aber sein Leben um meinetwillen verliert, wird es retten. Was nützt es einem Menschen, wenn er die ganze Welt gewinnt, dabei aber sich selber verliert und Schaden nimmt?" (vgl. Lukas 9,24f). Wer sein Leben nur haben, es nur für sich selber nehmen will, der verliert es. Nur wer sich gibt, empfängt sein Leben …

Anders gesagt: Nur der Liebende findet das Leben. Und Liebe verlangt immer das Weggehen aus sich selbst, verlangt immer, sich selber zu lassen. Wer umschaut nach sich selbst, verliert sich und den anderen. Ohne dieses tiefste Sich-Verlieren gibt es kein Leben. Die rastlose Gier nach Leben, die die Menschen heute umtreibt, endet in der Öde des verlorenen Lebens. „Wer sein Leben um meinetwillen verliert …", sagt der Herr: Ein letztes Loslassen unserer Selbst ist nur möglich, wenn wir dabei am Ende nicht ins Leere fallen, sondern in die Hände der ewigen Liebe hinein. Erst die Liebe Gottes, der sich selbst für uns und an uns verloren hat, ermöglicht auch uns, frei zu werden, loszulassen und so das Leben wirklich zu finden.

Predigt beim Gottesdienst im Wiener Stephansdom, 9.9.2007

**D**as Herz, das für Gott offen geworden ist, ist durch die Weite Gottes selbst großzügig und weit geworden. So ein Mensch braucht nicht mehr ängstlich sich umzusehen nach dem eigenen Glück, nach dem eigenen Erfolg und nach der Meinung der anderen. Er ist frei und großmütig geworden, offen für Gottes Ruf. Er kann sich getrost ganz geben, weil er sich – wohin er auch geht – in Gottes guten Händen geborgen weiß.

Botschaft zum 97. Deutschen Katholikentag, 11.5.2008

## 20. August

# FESTHALTEN AN DER LIEBE

Unter den Tagesheiligen [nennt] der Kalender heute den heiligen Bernhard von Clairvaux, den großen Kirchenlehrer, der zwischen dem 11. und dem 12. Jahrhundert lebte (1091–1153) …

Der Reichtum und der große Wert seiner Theologie liegen nicht so sehr im Beschreiten neuer Wege, sondern darin, die Glaubenswahrheiten in einem Stil darzulegen, der so klar und eindringlich ist, dass er die Hörer in seinen Bann zieht und deren Geist zur Sammlung und zum Gebet bereitet … Für Bernhard von Clairvaux ist die stärkste Kraft des geistlichen Lebens die Liebe. Gott, der die Liebe ist, schafft den Menschen aus Liebe, und aus Liebe erlöst er ihn … In seiner Liebe heilt Gott unseren erkrankten Willen und unsere erkrankte Intelligenz und erhebt sie zum höchsten Grad der Vereinigung mit ihm: zur Heiligkeit und zur mystischen Vereinigung …

Vor dem Angelusgebet in Castelgandolfo, 20.8.2006

In einer berühmten Predigt vergleicht der heilige Bernhard Maria mit dem Stern, auf den die Seefahrer schauen, um nicht vom Kurs abzukommen. Mit seinen Worten lade ich einen jeden ein, vor Maria so vertrauensvoll „Kind" zu werden, wie Gottes Sohn selbst es getan hat: „Blicke auf zum Stern des Meeres, rufe Maria an … Mitten in Gefahren, Nöten und Ungewissheiten denke an Maria, rufe Maria an … Folge ihr, dann verirrst du dich nicht, rufe sie an, kannst du nicht verzweifeln, denk an sie, dann irrst du nicht. Hält sie dich fest, kannst du nicht fallen; schützt sie dich, dann fürchte nichts; führt sie dich, wirst du nicht müde; ist sie dir gnädig, dann kommst du sicher ans Ziel."

Ansprache im Zisterzienserstift Heiligenkreuz, 9.9.2007

## 21. August

# DAS TUT GOTT

Der russische Schriftsteller Tolstoi erzählt in einer kleinen Geschichte von einem strengen Herrscher, der von seinen Priestern und Weisen verlangte, dass sie ihm Gott zeigten, so dass er ihn sehen könne. Die Weisen vermochten ihm diesen Wunsch nicht zu erfüllen. Aber da bot sich ein gerade vom Feld kommender Hirte an, die Aufgabe der Priester und Weisen zu übernehmen. Der König lernte, dass seine Augen nicht ausreichten, Gott zu sehen. Aber nun wollte er wenigstens wissen: was Gott denn tut. Damit ich dir darauf antworten kann – so sagte der Hirte zum Herrscher – müssen wir die Kleider tauschen. Zögernd, aber doch neugierig auf die erwartete Auskunft, willigte der Herrscher ein, übergab dem Bauern seine königlichen Kleider und ließ sich selber in den einfachen Rock des armen Mannes kleiden. Darauf kam die Antwort: Das tut Gott.

In der Tat – Gottes Sohn, wahrer Gott vom wahren Gott, hat seinen göttlichen Glanz verlassen: „Er entäußerte sich und wurde wie ein Sklave, den Menschen gleich. Sein Leben war das eines Menschen – bis zum Tod am Kreuz" (vgl. Philipper 2,6f). Gott hat – wie die Väter sagen – das sacrum commercium, den heiligen Tausch vollzogen: das Unsere angenommen, damit wir das Seinige empfangen können, gottgleich werden ... Das geschieht in der Taufe: Wir ziehen Christus an, er schenkt uns seine Gewänder, die keine Äußerlichkeit sind. Sie bedeuten, dass ... seine und unsere Existenz ineinander übergehen, sich gegenseitig durchdringen. „Ich lebe, aber nicht mehr ich, sondern Christus lebt in mir", so beschreibt Paulus selber im Brief an die Galater das Geschehnis seiner Taufe (vgl. 2,20).

Predigt während der Chrisam-Messe am Gründonnerstag, 5.4.2007

## 22. August

# FREUDE, DIE VON GOTT KOMMT

Führen das Streben nach Erfolg, das Verlangen nach Prestige und die Suche nach Bequemlichkeit, wenn sie das Leben völlig in Anspruch nehmen, bis hin zum Ausschließen Gottes aus dem eigenen Horizont, wirklich zum Glück? Kann es echtes Glück geben, wenn man von Gott absieht? Die Erfahrung zeigt, dass man nicht deshalb glücklich ist, weil die Erwartungen und die materiellen Bedürfnisse befriedigt werden. In Wirklichkeit ist die einzige Freude, die das menschliche Herz erfüllt, jene Freude, die von Gott kommt: Wir bedürfen nämlich der grenzenlosen Freude. Weder die Alltagssorgen noch die Schwierigkeiten vermögen jene Freude auszulöschen, die aus der Freundschaft mit Gott entsteht.

Die Aufforderung Jesu, sein Kreuz auf sich zu nehmen und ihm nachzufolgen, mag in einem ersten Augenblick hart und dem, was wir wollen, entgegengesetzt erscheinen, demütigend für unseren Wunsch nach Selbstverwirklichung. Wenn wir aber näher hinschauen, können wir entdecken, dass dem nicht so ist: Das Zeugnis der Heiligen beweist, dass im Kreuz Christi, in der Liebe, die man schenkt, wenn man auf den Besitz seiner selbst verzichtet, sich jene tiefe Gelassenheit findet, die Quelle der hochherzigen Hingabe an die Brüder … ist. Und dies schenkt auch uns selbst Freude.

Generalaudienz, 6.2.2008

## 23. August
# AUF CHRISTUS SCHAUEN

„Auf Christus schauen!" Wenn wir das tun, dann sehen wir, dass das Christentum mehr und etwas anderes ist als ein Moralsystem, als eine Serie von Forderungen und von Gesetzen. Es ist das Geschenk einer Freundschaft, die im Leben und im Sterben trägt: „Nicht mehr Knechte nenne ich euch, sondern Freunde" (vgl. Johannes 15,15), sagt der Herr zu den Seinen. Dieser Freundschaft vertrauen wir uns an. Aber gerade weil das Christentum mehr ist als Moral, eben das Geschenk einer Freundschaft, darum trägt es in sich auch eine große moralische Kraft, derer wir angesichts der Herausforderungen unserer Zeit so sehr bedürfen. Wenn wir mit Jesus Christus und mit seiner Kirche den Dekalog vom Sinai immer neu lesen und in seine Tiefe eindringen, dann zeigt sich eine große, gültige, bleibende Weisung.

Der Dekalog ist zunächst ein Ja zu Gott, zu einem Gott, der uns liebt und uns führt, der uns trägt und doch unsere Freiheit lässt, ja, sie erst zur Freiheit macht (die ersten drei Gebote). Er ist ein Ja zur Familie (4. Gebot), ein Ja zum Leben (5. Gebot), ein Ja zu verantwortungsbewusster Liebe (6. Gebot), ein Ja zur Solidarität, sozialen Verantwortung und Gerechtigkeit (7. Gebot), ein Ja zur Wahrheit (8. Gebot) und ein Ja zur Achtung anderer Menschen und dessen, was ihnen gehört (9. und 10. Gebot). Aus der Kraft unserer Freundschaft mit dem lebendigen Gott heraus leben wir dieses vielfältige Ja und tragen es zugleich als Wegweisung in diese unsere Weltstunde hinein.

Predigt in Mariazell, 8.9.2007

## 24. August
# CHRISTUS KENNENLERNEN

Jünger Christi sein – was heißt das? Das bedeutet zuerst: Ihn kennenlernen … Es ist eine Einladung, ihm zuzuhören, wie er im Wort der Heiligen Schrift zu uns spricht, wie er im gemeinsamen Beten der Kirche und in den Sakramenten sowie im Zeugnis der Heiligen uns anredet und auf uns zugeht. Christus kennenlernen kann man nie nur theoretisch. Man kann in großer Gelehrsamkeit alles wissen über die Heiligen Schriften, ohne ihm begegnet zu sein. Zum Kennenlernen gehört das Mitgehen mit ihm, das Eintreten in seine Gesinnungen, wie der Philipperbrief sagt (2,5). Diese Gesinnungen beschreibt der heilige Paulus kurz so: Die Liebe haben, miteinander eine Seele sein (sýmpsychoi), einträchtig sein, nichts aus Ehrgeiz und Prahlerei tun, nicht nur auf das eigene Wohl, sondern auf das des anderen bedacht sein (2,2–4). Katechetische Unterweisung kann nie nur intellektuelle Belehrung sein, sie muss auch Einübung in die Lebensgemeinschaft mit Christus, Einübung in die Demut, in die Gerechtigkeit und in die Liebe werden. Nur so gehen wir mit Jesus Christus auf seinem Weg, nur so öffnet sich das Auge unseres Herzens; nur so lernen wir die Schrift zu verstehen und begegnen wir Ihm. Begegnung mit Jesus Christus verlangt das Zuhören, verlangt das Antworten im Gebet und im Tun dessen, was er uns sagt. Indem wir Christus kennenlernen, lernen wir Gott kennen, und nur von Gott her verstehen wir den Menschen und die Welt, die sonst ein sinnloses Fragen bleibt.

Ansprache beim Weihnachtsempfang für die Römische Kurie, 21.12.2007

## 25. August

# ES IST MÖGLICH

Es ist schwierig, in unserem kulturellen Umfeld die Begegnung mit Christus, das christliche Leben, das Leben des Glaubens zu finden. Die Jugendlichen brauchen viel Begleitung, um wirklich diesen Weg zu entdecken ... Sie müssen sehen, dass man den Glauben in der heutigen Zeit leben kann, dass es sich nicht um etwas Vergangenes handelt, sondern dass es möglich ist, heute als Christen zu leben und so wirklich das Gute zu finden.

Ich erinnere mich an eine autobiographische Einzelheit in den Schriften des heiligen Cyprian: Ich habe in dieser unserer Welt, sagt er, vollkommen fern von Gott gelebt, weil die Gottheiten tot waren und Gott nicht sichtbar war. Und wenn ich die Christen sah, dachte ich: Das ist ein unmögliches Leben, das lässt sich in unserer Welt nicht verwirklichen! Aber als ich dann einigen von ihnen begegnete, in ihre Gemeinschaft eintrat, mich im Katechumenat leiten ließ auf diesem Weg der Bekehrung zu Gott, da habe ich allmählich begriffen: Es ist möglich! Und nun bin ich glücklich, das Leben gefunden zu haben. Ich habe verstanden, dass jenes andere Leben nicht Leben war, und in Wahrheit – so bekennt er – wusste ich auch vorher, dass jenes Leben nicht das wahre Leben war.

Es scheint mir sehr wichtig zu sein, dass die Jugendlichen Menschen finden – sowohl ihres Alters wie auch reifere –, an denen sie sehen können, dass christliches Leben heute möglich und auch vernünftig und realisierbar ist.

Begegnung mit den Priestern der Diözese Rom, 22.2.2007

## 26. August
# GLÄUBIGES GEBET

Nichts kann die Wirklichkeit in unserem Leben besser ausdrücken als das gläubige Gebet. Auch in der Einsamkeit der härtesten Prüfung kann nichts und niemand mich daran hindern, dass ich mich an den Vater wende „im Verborgenen" meines Herzens, das nur er „sieht", wie Jesus im Evangelium sagt (vgl. Matthäus 6,4.6.18) … Ohne die Dimension des Gebets verschließt sich das menschliche Ich letztlich in sich selbst, und das Gewissen, das Echo der Stimme Gottes sein sollte, läuft Gefahr, zum Spiegel des Ichs zu werden, so dass das innere Gespräch ein Monolog wird und tausend Selbstrechtfertigungen vorbringt. Das Gebet ist deshalb Garantie für die Öffnung zu den anderen: Wer sich für Gott und seine Ansprüche frei macht, öffnet sich zugleich dem andern, dem Bruder, der an die Tür unseres Herzens klopft und um Gehör, Aufmerksamkeit, Vergebung bittet, manchmal auch um Zurechtweisung, aber immer in brüderlicher Nächstenliebe. Das wahre Gebet ist nie egozentrisch, sondern immer auf den andern ausgerichtet. Als solches treibt es den Beter zur „Ekstase" der Nächstenliebe, zur Fähigkeit, aus sich herauszugehen, um dem andern als Nächster demütig und selbstlos zu dienen. Das wahre Gebet ist der Motor, die Triebkraft der Welt, denn es hält sie für Gott offen. Deshalb gibt es ohne Gebet keine Hoffnung, sondern nur Illusion. Nicht Gottes Gegenwart, sondern seine Abwesenheit entfremdet den Menschen: Ohne den wahren Gott, den Vater des Herrn Jesus Christus, werden die Hoffnungen zu Illusionen, die dazu führen, der Wirklichkeit zu entfliehen. Mit Gott sprechen, in seiner Gegenwart bleiben, sich von seinem Wort erleuchten und reinigen lassen, das führt uns hingegen in die Mitte der Wirklichkeit, in den innersten „Motor" des kosmischen Werdens; es führt uns sozusagen in das pulsierende Herz des Universums.

Predigt in der römischen Kirche Santa Sabina, 6.2.2008

## 27. August

# EINE IM GLAUBEN GEFESTIGTE FRAU

Heute, am 27. August, gedenken wir der heiligen Monika, und morgen werden wir ihres Sohnes, des heiligen Augustinus, gedenken: Ihr Zeugnis kann vielen Familien auch in unserer Zeit großen Trost und große Hilfe schenken. Monika, die in Tagaste, dem heutigen Souk-Ahras in Algerien, in einer christlichen Familie geboren wurde [um 332], lebte ihre Sendung als Ehefrau und Mutter auf vorbildliche Weise und half so ihrem Mann Patrizius, die Schönheit des Glaubens an Christus und die Kraft der dem Evangelium entsprechenden Liebe zu entdecken, die zur Überwindung des Bösen durch das Gute in der Lage ist. Nach dem frühen Tod [ihres Mannes] widmete sich Monika entschlossen der Erziehung ihrer drei Kinder, unter ihnen Augustinus, der ihr anfänglich mit seinem eher rebellischen Temperament große Sorgen bereitete. Wie Augustinus selbst später sagen wird, brachte seine Mutter ihn zweimal zur Welt; das zweite Mal erforderte lange geistliche Geburtswehen – Gebete und Tränen –, die jedoch am Ende von der Freude gekrönt waren zu sehen, dass er nicht nur den Glauben annahm und die Taufe empfing, sondern sich sogar ganz dem Dienst Christi widmete. Wie viele Schwierigkeiten gibt es auch heute in den familiären Beziehungen, und wie viele Mütter sind besorgt, weil ihre Kinder falsche Wege einschlagen! Monika, eine weise und im Glauben gefestigte Frau, lädt sie ein, den Mut nicht zu verlieren, sondern ihre Sendung als Ehefrauen und Mütter unbeirrt fortzuführen, indem sie stets festes Vertrauen zu Gott haben und beharrlich am Gebet festhalten.

Vor dem Angelusgebet in Castelgandolfo, 27.8.2006

# SUCHT IMMER SEIN ANGESICHT

Eine für die Evangelisierung wesentliche Tatsache [müssen wir uns] immer mehr bewusst machen: Wo Gott nicht den ersten Platz einnimmt, wo er nicht als das höchste Gut anerkannt und angebetet wird, wird die Menschenwürde aufs Spiel gesetzt. Daher ist es dringend geboten, den heutigen Menschen dazu zu führen, das wahre Antlitz Gottes, der sich uns in Jesus Christus offenbart hat, zu „entdecken" … Christus suchen muss die beständige Sehnsucht der Christen sein … Zu dieser Suche muss ermutigt, sie muss unterstützt und geleitet werden. Der Glaube besteht nicht einfach in der Übernahme eines in sich vollständigen Dogmengefüges, das den in jeder Menschenseele vorhandenen Durst nach Gott auslöschen würde. Im Gegenteil: Er führt den durch die Zeit pilgernden Menschen zu einem Gott, der in seiner Unendlichkeit immer neu ist. Daher ist der Christ zugleich Suchender und Findender, und gerade dies macht die Kirche jung, offen für die Zukunft und reich an Hoffnung für die ganze Menschheit.

Der heilige Augustinus, dessen wir [am 28. August] gedenken, hat wunderbare Betrachtungen zur Aufforderung des Psalms 105 „Sucht immer sein Angesicht" angestellt. Er gibt zu bedenken, dass diese Aufforderung nicht nur für dieses Leben, sondern auch für die Ewigkeit gilt. Die Entdeckung von „Gottes Angesicht" erschöpft sich nie. Je tiefer wir in den Glanz der göttlichen Liebe eindringen, desto schöner wird die Fortsetzung unserer Suche, so dass „amore crescente inquisitio crescat inventi – in dem Maß, in dem die Liebe wächst, wächst auch die Suche nach Dem, den sie gefunden hat" (Enarr. in Psalm. 104,3).

Das ist die Erfahrung, nach der auch wir aus tiefstem Herzen streben. Es erwirke sie für uns die Fürsprache des großen Bischofs von Hippo und die mütterliche Hilfe Marias.

*Vor dem Angelusgebet in Castelgandolfo, 28.8.2005*

# EINKLANG ZWISCHEN GLAUBE UND VERNUNFT

Eine Frage, die Augustinus zeit seines Lebens sehr beschäftigt hat, war die des Verhältnisses zwischen Glaube und Vernunft. Er betonte, dass der Glaube der Vernunft niemals entbehren dürfe, aber auch umgekehrt die Vernunft den Glauben braucht. Der Einklang zwischen Glaube und Vernunft ist nötig, um in der Erkenntnis Gottes voranzuschreiten und das Ziel des ewigen Heils zu erreichen. Die innere Wechselbeziehung von Glaube und Vernunft lässt uns bewusst werden, dass Gott im Innersten unseres Ichs erkannt und gefunden werden kann.

Das ist die andere große Frage, die Augustinus unaufhörlich bewegt hat: die Beziehung zwischen Gott und Mensch. In den „Bekenntnissen" stellt er sich die zweifache Frage: „Was bist du mir, Gott? ... Was bin ich dir?" In seinem Innersten, dort, wo die Wahrheit und die Liebe Raum finden, erfährt der Mensch die Gegenwart Gottes. „Du aber warst noch innerer als mein Innerstes und höher als mein Höchstes" (Confessiones III,6,11). In einer ähnlich intensiven Weise ist Christus, der einzige Mittler des Heils, in der Kirche gegenwärtig. Deshalb liebt Augustinus das Bild der Kirche als Leib Christi. Sie ist der Ort einer inneren Gemeinschaft mit Christus: „Er betet für uns als unser Priester, er betet in uns als unser Haupt, wir beten zu ihm als unseren Gott. In ihm wollen wir unsere Stimme hören und seine Stimme in uns" (En. Ps. 85,1). Der ganze Christus, Christus und die Kirche, sind eine einzige mystische Person, die den Menschen das Heil bringt.

Generalaudienz, 30.1.2008

# AUCH WENN UNS SEIN SCHWEIGEN UNVERSTÄNDLICH BLEIBT

Natürlich kann Ijob sich bei Gott beklagen über das unbegreifliche und augenscheinlich nicht zu rechtfertigende Leiden, das in der Welt existiert. So sagt er in seinem Schmerz: „Wüsste ich doch, wie ich ihn finden könnte, gelangen könnte zu seiner Stätte! … Wissen möchte ich die Worte, die er mir entgegnet, erfahren, was er zu mir sagt. Würde er in der Fülle der Macht mit mir streiten? … Darum erschrecke ich vor seinem Angesicht; denk' ich daran, gerate ich in Angst vor ihm. Gott macht mein Herz verzagt, der Allmächtige versetzt mich in Schrecken" (23,3.5–6.15–16). Oft ist es uns nicht gegeben, den Grund zu kennen, warum Gott seinen Arm zurückhält, anstatt einzugreifen. Im Übrigen verbietet er uns nicht einmal, wie Jesus am Kreuz zu schreien: „Mein Gott, mein Gott, warum hast du mich verlassen?" (vgl. Matthäus 27,46). In betendem Dialog sollten wir mit dieser Frage vor seinem Angesicht ausharren: „Wie lange zögerst du noch, Herr, du Heiliger und Wahrhaftiger?" (vgl. Offenbarung 6,10). Augustinus gibt auf dieses unser Leiden die Antwort aus dem Glauben: „Wenn du ihn verstehst, dann ist er nicht Gott" [vgl. Sermo 35]. Unser Protest will Gott nicht herausfordern, noch ihm Irrtum, Schwäche oder Gleichgültigkeit unterstellen. Den Glaubenden ist es unmöglich zu denken, Gott sei machtlos oder aber er „schlafe" (vgl. 1 Könige 18,27). Vielmehr trifft zu, dass sogar unser Schreien, wie der Schrei Jesu am Kreuz, die äußerste und tiefste Bestätigung unseres Glaubens an seine Souveränität ist. Christen glauben nämlich trotz aller Unbegreiflichkeiten und Wirrnisse ihrer Umwelt weiterhin an die „Güte und Menschenliebe Gottes" (vgl. Titus 3,4). Obwohl sie wie alle anderen Menschen eingetaucht sind in die dramatische Komplexität der Ereignisse der Geschichte, bleiben sie gefestigt in der Hoffnung, dass Gott ein Vater ist und uns liebt, auch wenn uns sein Schweigen unverständlich bleibt.

*Enzyklika „Deus caritas est", 38*

## 31. August

# DARIN VOR ALLEM BESTEHT DER GLAUBE

Der Glaube besteht vor allem darin, sich Gott, der uns persönlich kennt und liebt, hinzugeben und die in Christus offenbarte Wahrheit anzunehmen in jener Haltung der Zuversicht, die uns dazu bewegt, dem Offenbarer des Vaters Zutrauen zu schenken. Er liebt uns trotz unserer Schwächen und Sünden, und diese Liebe verleiht unserem Leben und dem Leben der Welt Sinn.

Die Antwort an Gott setzt jenen inneren Weg voraus, der den Glaubenden zur Begegnung mit dem Herrn führt. Eine solche Begegnung ist nur möglich, wenn der Mensch sein Herz für Gott zu öffnen vermag, denn Gott spricht in der Tiefe des Gewissens. Dies wiederum erfordert Innerlichkeit, Stille, Wachsamkeit.

Der Glaube ist keine Theorie, die man sich zu eigen machen oder zurückweisen kann. Er ist etwas sehr Konkretes: Er ist das Kriterium, das über unser Leben entscheidet.

Der Glaube ist letztlich ein Geschenk. Die erste Bedingung ist demnach nicht, selbstgenügsam zu sein, sondern sich zu öffnen in dem Bewusstsein, dass der Herr wirklich schenkt. Mir scheint, dass diese Haltung des Offenseins auch die Haltung ist, mit der das Gebet beginnt.

Ansprache an die Teilnehmer der Studientagung
der im Jahr 2004 ernannten Bischöfe, 19.9.2005;

an die Teilnehmer eines vom Päpstlichen Rat
„Cor unum" ausgerichteten Kongresses, 23.1.2006;

an die Priester der Diözese Rom, 2.3.2006

# Friede – kein bloßes Wort

Verpflichtung und Lebensweise

## 1. September

# FRIEDE – KEIN BLOSSES WORT

Der Friede darf nicht ein bloßes Wort oder eine illusorische Erwartung sein. Der Friede ist eine Verpflichtung und eine Lebensweise, die verlangen, dass man die berechtigten Erwartungen aller zufriedenstellt, wie den Zugang zu Nahrung, Wasser, Energie, Medizin und Technologie oder auch die Überwachung des Klimawandels. Nur so kann man die Zukunft der Menschheit aufbauen; nur so begünstigt man die ganzheitliche Entwicklung für heute und morgen ...

Mit einer besonders gelungenen Formulierung unterstrich Papst Paul II. vor 40 Jahren, dass die Entwicklung der neue Name für Friede ist. Um den Frieden zu sichern, müssen daher die von zahlreichen Entwicklungsländern im Jahr 2007 erzielten positiven makroökonomischen Ergebnisse von wirksamen sozialpolitischen Maßnahmen und von der Durchführung der Hilfsverpflichtung der reichen Länder unterstützt werden.

Ansprache an das Diplomatische Korps, 7.1.2008

## 2. September
# DEN FRIEDEN WIRKEN

Ich bin zutiefst davon überzeugt, „dass durch die Achtung der Person der Friede gefördert wird und dass mit der Herstellung des Friedens die Voraussetzungen geschaffen werden für einen ‚authentischen ganzheitlichen Humanismus'" (Botschaft zum 40. Weltfriedenstag, 1). Das ist eine Aufgabe, die in besonderer Weise dem Christen zukommt, der berufen ist, „unermüdlicher Friedensstifter und mutiger Verteidiger der Würde des Menschen und seiner unveräußerlichen Rechte zu sein" (ebd., 16). Nach dem Bild und als Abbild Gottes (vgl. Genesis 1,27) geschaffen, ist jeder Mensch, ohne Unterschied von Rasse, Kultur und Religion, mit der gleichen Würde der Person ausgestattet. Deshalb ist er zu achten, und aus keinem Grund ist je zu rechtfertigen, dass man über ihn nach Belieben verfügt, gleichsam als sei er ein Objekt. Angesichts der leider immer vorhandenen Bedrohungen des Friedens, angesichts der Situationen von Ungerechtigkeit und Gewalt, die weiterhin in vielen Teilen der Welt bestehen, und im Hinblick auf die anhaltenden bewaffneten Konflikte, die oft von der breiten öffentlichen Meinung vergessen sind, und die Gefahr des Terrorismus, der den Frieden der Völker stört, wird es mehr denn je notwendig, gemeinsam für den Frieden zu wirken. Das ist, wie ich in der Botschaft betont habe, „Gabe und Aufgabe zugleich" (Nr. 3): eine Gabe, um die im Gebet zu bitten ist; eine Aufgabe, die mutig zu bewältigen ist, ohne ihrer je müde zu werden.

Predigt im Petersdom am 40. Weltfriedenstag, 1.1.2007

## 3. September

# EINFACHE WAHRHEITEN, DIE DEN FRIEDEN ERMÖGLICHEN

Mit der Lüge ist das Drama der Sünde mit ihren perversen Folgen verbunden, die verheerende Auswirkungen im Leben der Einzelnen sowie der Nationen verursacht haben und weiter verursachen ... Die echte Suche nach Frieden muss von dem Bewusstsein ausgehen, dass das Problem der Wahrheit und der Lüge jeden Menschen betrifft und sich als entscheidend erweist für eine friedliche Zukunft unseres Planeten. Der Friede ist eine nicht zu unterdrückende Sehnsucht im Herzen eines jeden Menschen, jenseits aller spezifischen kulturellen Eigenheiten. Gerade deshalb muss jeder sich dem Dienst an einem so kostbaren Gut verpflichtet fühlen und sich dafür einsetzen, dass sich keine Form der Unwahrheit einschleicht, um die Beziehungen zu vergiften. Alle Menschen gehören ein und derselben Familie an ... Man muss das Bewusstsein, durch ein und dasselbe, letztlich transzendente Schicksal vereint zu sein, wiedererlangen, um die eigenen historischen und kulturellen Verschiedenheiten am besten zur Geltung bringen zu können, indem man sich den Angehörigen der anderen Kulturen nicht entgegenstellt, sondern sich mit ihnen abstimmt. Diese einfachen Wahrheiten sind es, die den Frieden ermöglichen; sie werden leicht verständlich, wenn man mit lauteren Absichten auf das eigene Herz hört. Dann erscheint der Friede in neuer Weise: nicht als bloßes Nichtvorhandensein von Krieg, sondern als Zusammenleben der einzelnen Menschen in einer von der Gerechtigkeit geregelten Gesellschaft, in der so weit wie möglich auch das Wohl eines jeden von ihnen verwirklicht wird. Die Wahrheit des Friedens ruft alle dazu auf, fruchtbare und aufrichtige Beziehungen zu pflegen, und regt dazu an, die Wege des Verzeihens und der Versöhnung zu suchen und zu gehen sowie ehrlich zu sein in den Verhandlungen und treu zum einmal gegebenen Wort zu stehen.

Botschaft zum Weltfriedenstag 2006

## 4. September

# DAUERHAFT

Eine Friedensvereinbarung muss, um dauerhaft zu sein, auf der Achtung der Würde und der Rechte eines jeden Menschen gründen. Der Wunsch, den ich vor den hier anwesenden Vertretern der Nationen ausspreche, ist, dass die internationale Gemeinschaft ihre Kräfte vereine, damit im Namen Gottes eine Welt erbaut wird, in der die wesentlichen Rechte des Menschen von allen geachtet werden. Damit das geschieht, ist es jedoch notwendig, dass das Fundament dieser Rechte nicht in einfachen menschlichen Vereinbarungen, sondern „in der Natur des Menschen selbst und in seiner unveräußerlichen Würde als einer von Gott erschaffenen Person" erkannt wird. Denn wenn die wesentlichen Bestandteile der Menschenwürde den wandelbaren menschlichen Meinungen anvertraut werden, dann werden am Ende auch ihre Rechte trotz ihrer feierlichen Verkündigung schwach und unterschiedlich interpretierbar sein. „Darum ist es wichtig, dass die internationalen Organe das natürliche Fundament der Menschenrechte nicht aus den Augen verlieren. Das bewahrt sie vor der leider immer latent vorhandenen Gefahr, in eine nur positivistische Interpretation dieser Rechte abzugleiten" (vgl. Botschaft zum Weltfriedenstag 2007).

Predigt im Petersdom am 40. Weltfriedenstag, 1.1.2007

271

## 5. September

# INSTABILE GRENZE ZWISCHEN FRIEDEN UND KRIEG

Die Menschheit ist in Wissenschaft und Technik zu einem außerordentlichen Fortschritt gelangt. Der menschliche Geist hat Früchte hervorgebracht, die vor nur wenigen Jahrzehnten noch undenkbar gewesen wären. Gleichzeitig gibt es in der Welt noch Gebiete, in denen sich die menschliche und materielle Entwicklung nicht auf einem angemessenen Niveau befindet; nicht wenige Völker und Personen entbehren der elementarsten Rechte und Freiheiten. Auch in den Teilen der Welt, in denen erhöhter Wohlstand zu verzeichnen ist, scheinen sich die Gebiete, in denen Ausgrenzung und Elend herrschen, auszuweiten. Der weltweite Globalisierungsprozess hat zwar neue Horizonte eröffnet, gleichzeitig aber vielleicht noch nicht zu den erhofften Resultaten geführt. Und wenn die Menschheitsfamilie nach den Schrecken des Zweiten Weltkriegs mit der Gründung der „Organisation der Vereinten Nationen" eine große zivilisatorische Leistung erbracht hat, so macht die internationale Gemeinschaft heute gleichsam einen verunsicherten Eindruck. In verschiedenen Teilen der Welt halten Spannungen und Kriege an, und auch dort, wo man nicht die Tragödie des Krieges erlebt, sind dennoch Gefühle der Angst und der Unsicherheit weit verbreitet. Darüber hinaus machen Phänomene wie der Terrorismus auf weltweiter Ebene die Grenze zwischen Frieden und Krieg instabil und beeinträchtigen die Zukunftshoffnung der Menschen erheblich.

Wie kann man diesen Herausforderungen begegnen? ... Gewiss ist gemeinsames Handelns auf politischer, wirtschaftlicher und juristischer Ebene notwendig, aber zuvor bedarf es der gemeinsamen Reflexion auf moralischer und geistlicher Ebene; es erscheint immer dringlicher, einen „neuen Humanismus" zu fördern, der den Menschen erleuchtet, damit er sich selbst und den Sinn seines Weges in der Geschichte versteht.

Schreiben an den Präsidenten des Päpstlichen Rates für Gerechtigkeit und Frieden, Kardinal Martino, 10.4.2008

# DER FRIEDE IST IMMER MÖGLICH

Wenn man den Blick auf die konkreten Situationen richtet, in denen die Menschheit heute lebt, könnte man zu Recht von Mutlosigkeit und Resignation ergriffen werden: In den internationalen Beziehungen scheinen manchmal Misstrauen und Einsamkeit die Oberhand zu haben; die Völker fühlen sich in gegnerische Lager gespalten. Ein totaler Krieg droht aus einer schrecklichen Prophezeiung zur tragischen Realität zu werden. Der Krieg ist jedoch niemals unvermeidlich, und der Friede ist immer möglich. Ja, er ist sogar geboten! Der Augenblick ist gekommen, den Lauf der Geschichte zu ändern, das Vertrauen wiederzuerlangen, den Dialog zu pflegen, die Solidarität zu nähren. Das sind die edlen Ziele, die die Gründer der Organisation der Vereinten Nationen, einer wahren Erfahrung der Freundschaft unter den Völkern, vor Augen hatten. Vom Einsatz aller hängt die Zukunft der Menschheit ab. Nur wenn sie einen ganzheitlichen und solidarischen Humanismus anstrebt, in dessen Kontext auch die Frage der Abrüstung eine ethische und geistliche Natur annimmt, kann die Menschheit auf den erhofften wahren und dauerhaften Frieden zugehen. Dies ist gewiss kein einfacher Weg …

Die Gläubigen finden Halt im Wort Gottes, das uns zum Glauben und zur Hoffnung ermutigt, im Hinblick auf den endgültigen Frieden im Reich Gottes: Dort „begegnen einander Huld und Treue; Gerechtigkeit und Friede küssen sich" (vgl. Psalm 85,11).

Schreiben an den Präsidenten des Päpstlichen Rates<br>für Gerechtigkeit und Frieden, Kardinal Martino, 10.4.2008

## 7. September

# DAS EIGENE HERZ ENTWAFFNEN

Wie meine Vorgänger mehrmals bekräftigt haben, ist der Friede ein Geschenk Gottes, ein kostbares Geschenk, das auch mit menschlichen Mitteln gesucht und bewahrt werden muss. Dazu müssen alle beitragen, und eine gemeinschaftliche Verbreitung der Kultur des Friedens sowie eine gemeinsame Erziehung zum Frieden – vor allem der jungen Generationen, gegenüber denen die Erwachsenen eine schwerwiegende Verantwortung tragen – werden immer notwendiger. Die Pflicht eines jeden Menschen zum Aufbau des Friedens hervorzuheben bedeutet im Übrigen nicht, die Existenz eines echten Menschenrechts auf den Frieden außer Acht zu lassen. Dieses ist ein unveräußerliches Grundrecht, von dem die Wahrnehmung aller anderen Rechte abhängt. Der heilige Augustinus schrieb: „Denn solch großes Gut ist der Frieden, dass man auch im Bereich der irdischen und vergänglichen Dinge nichts Lieberes hören, nichts Erwünschteres begehren, endlich auch nichts Besseres finden kann" (Vom Gottesstaat, 19,11) ...

Ohne die Entwicklung einer jeden Person und eines jeden Volkes ist ein echter und dauerhafter Friede in der Tat nicht vorstellbar ... Auch ein Rüstungsabbau ist nicht denkbar, wenn man vorher nicht die Gewalt an der Wurzel ausrottet, wenn sich also der Mensch nicht entschieden an der Suche nach dem Frieden, nach dem Guten und dem Gerechten ausrichtet. Der Krieg hat wie jede Form des Übels seinen Ursprung im Herzen des Menschen (vgl. Matthäus 15,19; Markus 7,20–23). In diesem Sinn betrifft die Abrüstung nicht nur die Bewaffnung der Staaten, sondern jeden Menschen. Jeder ist aufgerufen, das eigene Herz zu entwaffnen und überall Friedensstifter zu sein.

Schreiben an den Präsidenten des Päpstlichen Rates
für Gerechtigkeit und Frieden, Kardinal Martino, 10.4.2008

## 8. September
# DIE WIRKUNGSVOLLSTE STRATEGIE

Die Förderung der Menschenrechte bleibt die wirkungsvollste Strategie, um Ungleichheiten zwischen Ländern und sozialen Gruppen zu beseitigen, wie auch um die Sicherheit zu erhöhen. Tatsächlich können die Opfer von Not und Verzweiflung, deren Menschenwürde ungestraft verletzt wird, leicht Beute des Aufrufs zur Gewalt werden, und sie können dann zu Friedensbrechern werden ... Menschenrechte müssen als Ausdruck der Gerechtigkeit respektiert werden und nicht lediglich deshalb, weil sie aufgrund des Willens der Gesetzgeber durchsetzbar sind.

Natürlich müssen die Menschenrechte das Recht der Religionsfreiheit einschließen, verstanden als Ausdruck einer zugleich individuellen und gemeinschaftlichen Dimension – eine Vision, die die Einheit der Person ausdrückt, auch wenn sie klar zwischen der Dimension des Bürgers und der des Gläubigen unterscheidet. Die Tätigkeit der Vereinten Nationen in den vergangenen Jahren hat sichergestellt, dass die öffentliche Debatte Sichtweisen Platz bietet, die von einer religiösen Vision in allen ihren Dimensionen inspiriert sind, einschließlich Ritus, Gottesdienst, Erziehung, Verbreitung von Informationen, wie auch die Freiheit, sich zu einer Religion zu bekennen oder sie zu wählen ... Es sollte niemals erforderlich sein, Gott zu verleugnen, um in den Genuss der eigenen Rechte zu kommen. Die mit der Religion verbundenen Rechte sind umso schutzbedürftiger, wenn sie als im Gegensatz stehend zu einer säkularen Ideologie oder zu religiösen Mehrheitspositionen exklusiver Art angesehen werden. Die volle Gewährleistung der Religionsfreiheit kann nicht auf die freie Ausübung des Kultes beschränkt werden, sondern muss in richtiger Weise die öffentliche Dimension der Religion berücksichtigen, also die Möglichkeit der Gläubigen, ihre Rolle im Aufbau der sozialen Ordnung zu spielen.

Ansprache an die Vollversammlung der Vereinten Nationen, 18.4.2008

## 9. September

# GEMEINSAM HANDELN

Tatsächlich erfordern die Sicherheitsfragen, die Entwicklungsziele, die Verringerung der lokalen und globalen Ungleichheiten, der Schutz der Umwelt, der Ressourcen und des Klimas, dass alle für das internationale Leben Verantwortlichen gemeinsam handeln und bereit sind, in gutem Glauben zu arbeiten, in Achtung vor dem Gesetz, um die Solidarität mit den schwächsten Regionen des Planeten zu fördern. Ich denke in besonderer Weise an bestimmte Länder Afrikas und anderer Erdteile, die noch immer am Rande einer echten, vollständigen Entwicklung bleiben und daher Gefahr laufen, nur die negativen Effekte der Globalisierung zu erfahren. Im Rahmen der internationalen Beziehungen ist es nötig, die übergeordnete Rolle der Regeln und Strukturen zu erkennen, die ihrer Natur nach auf die Förderung des Gemeinwohls und damit auf die Verteidigung der menschlichen Freiheit hingeordnet sind. Diese Regeln schränken die Freiheit nicht ein. Im Gegenteil, sie fördern sie, wenn sie Verhaltensweisen und Handlungen verbieten, die dem Gemeinwohl zuwiderlaufen, die seine tatsächliche Ausübung behindern und daher die Würde einer jeden menschlichen Person kompromittieren.

Im Namen der Freiheit muss es eine Wechselbeziehung zwischen Rechten und Pflichten geben, durch die jeder Mensch aufgerufen ist, seine Verantwortung für die Entscheidungen zu übernehmen, die er trifft, unter Berücksichtigung der mit den anderen geknüpften Beziehungen.

Ansprache an die Vollversammlung der Vereinten Nationen, 18.4.2008

## 10. September

# DIE WELLE DES GRAUSAMEN FANATISMUS AUFHALTEN

In verschiedenen Teilen der Welt wiederholen sich fortlaufend terroristische Aktionen, die Menschen in Kummer und Verzweiflung stürzen. Die Ersinner und Planer dieser Attentate zeigen, dass sie unsere Beziehungen vergiften, das Vertrauen zerstören wollen. Sie bedienen sich aller Mittel, sogar der Religion, um jedem Bemühen um ein friedliches, entspanntes Zusammenleben entgegenzuwirken. Wir sind uns gottlob darüber einig, dass Terrorismus, welcher Herkunft er auch sei, eine perverse und grausame Entscheidung ist, die das unantastbare Recht auf Leben mit Füßen tritt und die Fundamente jedes geordneten Zusammenlebens untergräbt. Wenn es uns gemeinsam gelingt, das Hassgefühl aus den Herzen auszurotten, uns gegen jede Form von Intoleranz zu verwahren und uns jeder Manifestation von Gewalt zu widersetzen, dann werden wir gemeinsam die Welle des grausamen Fanatismus aufhalten, die das Leben so vieler Menschen aufs Spiel setzt und den Fortschritt des Friedens in der Welt behindert. Die Aufgabe ist schwer, aber nicht unmöglich. Der gläubige Mensch – und wir alle als Christen und als Muslime sind gläubige Menschen – weiß, dass er sich trotz der eigenen Schwäche auf die geistige Kraft des Gebetes verlassen kann. Liebe Freunde, ich bin zutiefst davon überzeugt, dass wir, ohne dem negativen Druck der Umgebung zu weichen, die Werte der gegenseitigen Achtung, der Solidarität und des Friedens bekräftigen müssen. Das Leben jedes Menschen ist heilig, für die Christen wie für die Muslime. Der interreligiöse und interkulturelle Dialog zwischen Christen und Muslimen ... ist eine vitale Notwendigkeit, von der zum großen Teil unsere Zukunft abhängt.

An die Vertreter muslimischer Gemeinschaften in Köln, 20.8.2005

# AM GROUND ZERO

O Gott der Liebe, des Mit-Leidens und der Heilung, schau auf uns, Menschen unterschiedlichen Glaubens und unterschiedlicher Traditionen, die wir heute an diesem Ort versammelt sind, dem Schauplatz unbegreiflicher Gewalt und unfassbaren Leids.

Wir bitten dich: Gib in deiner Güte all denen ewiges Licht und ewigen Frieden, die hier starben – den heldenhaften Helfern: den Feuerwehrleuten, Polizisten, Notärzten und Sanitätern, den Mitarbeitern der Hafenbehörde zusammen mit all den unschuldigen Männern und Frauen, die Opfer dieser Tragödie wurden, nur weil ihre Arbeit oder ihr Dienst sie am 11. September 2001 hierherführte.

Wir bitten dich in deinem Mit-Leiden, denen Heilung zu bringen, die Verletzungen erlitten haben und leiden, weil sie an jenem Tag hier waren. Heile auch den Schmerz der noch immer trauernden Familien und aller, die bei dieser Tragödie geliebte Menschen verloren. Gib ihnen Kraft, mit Mut und Hoffnung weiterzuleben.

Wir denken auch an jene, die Tod, Verletzungen und Schaden am selben Tag im Pentagon und in Shanksville in Pennsylvania erlitten haben. Unsere Herzen sind mit ihnen vereint, indem wir ihren Schmerz und ihr Leid in unser Gebet aufnehmen.

Gott des Friedens, bring deinen Frieden in unsere gewalttätige Welt: Frieden in die Herzen aller Männer und Frauen und Frieden unter den Nationen der Welt. Führe diejenigen auf deinen Weg der Liebe, deren Herzen und Gedanken sich in Hass verzehren …

Ermutige und tröste uns, stärke unsere Hoffnung und gib uns die Weisheit und den Mut, unermüdlich für eine Welt zu wirken, in der wahrer Friede und wahre Liebe unter den Nationen und in den Herzen aller herrschen.

Gebet beim Besuch in Manhattan am Ground Zero, 20.4.2008
Übersetzung aus dem Englischen vom Herausgeber

## 12. September
# MARIÄ NAMEN

Wir feiern heute das Fest Mariä Namen. So möchte ich allen Frauen, die diesen Namen tragen, meine herzlichen Segenswünsche zu diesem ihrem Festtag aussprechen; meine Mutter und meine Schwester gehören dazu. Maria, die Mutter des Herrn, hat vom gläubigen Volk den Titel Advocata erhalten; sie ist unsere Anwältin bei Gott. So kennen wir sie seit der Hochzeit von Kana: als die gütige, mütterlich sorgende und liebende Frau, die die Not der anderen wahrnimmt und sie zum Herrn hinträgt, um zu helfen. Im Evangelium haben wir gehört, wie der Herr sie dem Lieblingsjünger und in ihm uns allen zur Mutter gibt [vgl. Johannes 19,27]. Die Christen haben zu allen Zeiten dankbar dieses Vermächtnis Jesu aufgenommen und bei der Mutter immer wieder die Geborgenheit und die Zuversicht gefunden, die uns Gottes und unseres Glaubens an Ihn froh werden lässt. Nehmen auch wir Maria als den Stern unseres Lebens an, der uns in die große Familie Gottes hineinführt. Ja, wer glaubt, ist nie allein.

*Predigt auf dem Islinger Feld bei Regensburg, 12.9.2006*

## 13. September

# SCHLUSS MIT DER GEWALT

Am Ende der feierlichen Liturgie, in der wir die Passion Christi betrachtet haben, möchte ich des ... auf tragische Weise ums Leben gekommenen Erzbischofs von Mossul der Chaldäer, Paulos Faraj Rahho, gedenken, um den wir trauern. Sein schönes Zeugnis der Treue zu Christus, zur Kirche und zu seinem Volk, das er trotz zahlreicher Drohungen nicht im Stich lassen wollte, drängt mich zu einem lauten und eindringlichen Aufruf: Macht dem Blutvergießen ein Ende, Schluss mit der Gewalt, Schluss mit dem Hass im Irak!

Und zugleich appelliere ich an das irakische Volk, das seit fünf Jahren unter den Folgen eines Krieges zu leiden hat, der die Auflösung seines zivilen und sozialen Lebens verursacht hat: Geliebtes Volk des Irak, erhebe dein Haupt und baue du selbst an erster Stelle das Leben deiner Nation wieder auf! Versöhnung, Vergebung, Gerechtigkeit und die Achtung des zivilen Zusammenlebens zwischen Stämmen, Ethnien und religiösen Gruppen sollen der solidarische Weg zum Frieden im Namen Gottes sein!

Vor dem Schlusssegen bei der Eucharistiefeier<br>auf dem Petersplatz am Palmsonntag, 16.3.2008

## 14. September
# DAS KREUZ

Das Fest der Kreuzerhöhung, das am 14. September gefeiert wird, und das Gedächtnis der Schmerzen Mariens am folgenden Tag, diese beiden liturgischen Feiern lassen sich bildlich in der traditionellen Darstellung der Kreuzigung zusammenfassen, welche die Jungfrau Maria am Fuß des Kreuzes zeigt – nach der Beschreibung des Evangelisten Johannes, des einzigen Apostels, der beim sterbenden Jesus blieb. Aber welchen Sinn hat es, das „Kreuz" zu „erhöhen"? Ist es nicht vielleicht anstößig, ein entehrendes Instrument der Hinrichtung zu verehren? Der Apostel Paulus sagt: „Wir dagegen verkündigen Christus als den Gekreuzigten: für Juden ein empörendes Ärgernis, für Heiden eine Torheit" (1 Korinther 1,23). Die Christen verehren jedoch nicht irgendein Kreuz, sondern *das* Kreuz, das Jesus geheiligt hat durch sein Opfer, Frucht und Zeugnis unermesslicher Liebe. Am Kreuz hat Christus sein Blut ganz vergossen, um die Menschheit aus der Knechtschaft der Sünde und des Todes zu befreien. Deshalb wurde das Kreuz aus einem Zeichen des Verderbens zu einem Zeichen des Segens, aus einem Symbol des Todes zum Symbol der Liebe schlechthin, einer Liebe, die Hass und Gewalt besiegt und unsterbliches Leben hervorbringt. „Heiliges Kreuz, unsere einzige Hoffnung!" So singt die Liturgie.

Der Evangelist berichtet: Bei dem Kreuz stand Maria (vgl. Johannes 19,25–27). Ihr Schmerz ist ganz eins mit dem Schmerz ihres Sohnes. Es ist ein Schmerz voller Glauben und Liebe. Auf Golgota hat Maria Anteil an der heilbringenden Kraft des Leidens Christi, indem sie ihr „Fiat", ihr „Ja", mit dem des Sohnes vereint ... Erneuern auch wir, geistlich mit der Schmerzhaften Gottesmutter vereint, unser „Ja" zu Gott, der den Weg des Kreuzes gewählt hat, um uns zu erlösen.

Vor dem Angelusgebet in Castelgandolfo, 17.9.2006

## 15. September

# ERSTE ERZIEHERIN ZUM FRIEDEN

**W**ir alle wollen im Frieden leben, aber der wahre Friede, der von den Engeln in der Weihnachtsnacht verkündet wurde, ist keine einfache Errungenschaft des Menschen oder Ergebnis politischer Vereinbarungen; er ist vor allem ein Geschenk Gottes, das es ständig zu erbitten gilt, und zugleich eine Verpflichtung, die geduldig zu erfüllen ist in stetem Gehorsam gegenüber den Geboten des Herrn. In der Botschaft zum Weltfriedenstag [2008] wollte ich die enge Verbindung hervorheben, die zwischen der Familie und dem Aufbau des Friedens in der Welt besteht. Die auf die Ehe zwischen einem Mann und einer Frau gegründete natürliche Familie ist „die Wiege des Lebens und der Liebe" und „die erste und unersetzliche Erzieherin zum Frieden". Eben deshalb ist die Familie „die wichtigste ‚Agentur' des Friedens", und „die Verneinung oder sogar die Beschränkung der Rechte der Familie bedroht die Grundlagen des Friedens, weil die Wahrheit des Menschen verdunkelt wird" (vgl. Nr. 1–5). Die Menschheit ist eine „große Familie", und deshalb kann sie nicht umhin – so sie in Frieden leben will –, sich an den Werten zu inspirieren, auf denen die Familiengemeinschaft gründet und auf die sie sich stützt.

Predigt im Petersdom am 40. Weltfriedenstag, 1.1.2008

## 16. September
# AGENTUR DES FRIEDENS

Wer die Einrichtung der Familie behindert – und sei es auch unbewusst –, macht den Frieden in der gesamten nationalen und internationalen Gemeinschaft brüchig, denn er schwächt das, was tatsächlich die wichtigste „Agentur" des Friedens ist. Dies ist ein Punkt, der einer besonderen Überlegung wert ist: Alles, was dazu beiträgt, die auf die Ehe eines Mannes und einer Frau gegründete Familie zu schwächen, was direkt oder indirekt die Bereitschaft der Familie zur verantwortungsbewussten Annahme eines neuen Lebens lähmt, was ihr Recht, die erste Verantwortliche für die Erziehung der Kinder zu sein, hintertreibt, stellt ein objektives Hindernis auf dem Weg des Friedens dar. Die Familie braucht ein Heim, sie braucht die Arbeit bzw. die gerechte Anerkennung der häuslichen Tätigkeit der Eltern, eine Schule für die Kinder und eine medizinische Grundversorgung für alle. Wenn Gesellschaft und Politik sich nicht dafür einsetzen, der Familie auf diesen Gebieten zu helfen, bringen sie sich um eine wesentliche Quelle im Dienst des Friedens.

Botschaft zum Weltfriedenstag, 1.1.2008

## 17. September

# AUCH DIE MENSCHHEITSFAMILIE

Eine wesentliche Voraussetzung für den Frieden in den einzelnen Familien ist, dass sie sich auf ein solides Fundament gemeinsam anerkannter geistiger und ethischer Werte stützen … Auch die Menschheitsfamilie, die heute durch das Phänomen der Globalisierung noch enger vereint ist, braucht außer einem Fundament an gemeinsam anerkannten Werten eine Wirtschaft, die wirklich den Erfordernissen eines Allgemeinwohls in weltweiten Dimensionen gerecht wird … Eine Familie lebt in Frieden, wenn alle Glieder sich einer gemeinsamen Richtlinie unterwerfen: Diese muss dem egoistischen Individualismus wehren und die Einzelnen zusammenhalten, indem sie ihre harmonische Koexistenz und ihren zielgerichteten Fleiß fördert. Das in sich schlüssige Prinzip gilt auch für die größeren Gemeinschaften, von den lokalen über die nationalen bis hin zur internationalen Gemeinschaft. Um Frieden zu haben, bedarf es eines gemeinsamen Gesetzes, das der Freiheit hilft, wirklich sie selbst zu sein und nicht blinde Willkür, und das den Schwachen vor Übergriffen des Stärkeren schützt … Die Rechtsnorm, welche die Beziehungen der Menschen untereinander regelt, indem sie das äußere Verhalten diszipliniert und auch Strafen für die Übertreter vorsieht, hat als Kriterium das auf der Natur der Dinge beruhende Sittengesetz.

Botschaft zum Weltfriedenstag, 1.1.2008

**18. September**

# ÜBEREINSTIMMUNG IM HANDELN

Grundlegend ist …, die Erde als „unser gemeinsames Haus" zu „empfinden" und für ihre Nutzung im Dienste aller eher den Weg des Dialogs zu wählen als den der einseitigen Entscheidungen … Es kommt darauf an, im allgemeinen Bewusstsein die Überzeugung reifen zu lassen, dass eine verantwortliche Zusammenarbeit notwendig ist. Die Probleme, die sich am Horizont abzeichnen, sind komplex, und die Zeit drängt. Um der Situation wirksam entgegenzutreten, bedarf es der Übereinstimmung im Handeln. Ein Bereich, in dem es besonders notwendig wäre, den Dialog zwischen den Nationen zu intensivieren, ist jener der Verwaltung der Energiequellen des Planeten. Eine zweifache Dringlichkeit stellt sich diesbezüglich den technisch fortgeschrittenen Ländern: Einerseits müssen die durch das aktuelle Entwicklungsmodell bedingten hohen Konsum-Standards überdacht werden, und andererseits ist für geeignete Investitionen zur Differenzierung der Energiequellen und für die Verbesserung der Energiebenutzung zu sorgen.

Botschaft zum Weltfriedenstag, 1.1.2008

## 19. September
# STÄNDIG VONEINANDER LERNEN

Die Globalisierung hat die wechselseitigen Abhängigkeiten der Völker mit ihren unterschiedlichen Traditionen, Religionen und Erziehungssystemen verstärkt. Das bedeutet, dass die Völker der Welt aufgrund all ihrer Unterschiede ständig voneinander lernen und viel mehr miteinander in Berührung kommen. Umso größer ist daher der Bedarf nach einem Dialog, der den Menschen helfen kann, gegenüber den Traditionen anderer die eigenen Traditionen zu verstehen, größere Selbsterkenntnis zu entwickeln angesichts der Herausforderungen an die eigene Identität, und so das Verstehen und die Anerkennung wahrer menschlicher Werte innerhalb einer interkulturellen Sichtweise zu fördern. Um diesen Herausforderungen zu begegnen, ist eine gerechte Chancengleichheit, besonders im Bereich der Erziehung und der Wissensvermittlung, dringend notwendig. Bedauerlicherweise sind Erziehung und Bildung, besonders in der Primärstufe, in vielen Teilen der Welt immer noch in dramatischem Ausmaß ungenügend.

Um diesen Herausforderungen begegnen zu können, kann nur die Nächstenliebe in uns die Gerechtigkeit erwecken, die im Dienst des Lebens und der Förderung der Würde des Menschen steht. Nur die Liebe innerhalb der Familie, gegründet auf einem Mann und einer Frau, die nach dem Abbild Gottes geschaffen sind, kann jene Solidarität zwischen den Generationen gewährleisten, die Liebe und Gerechtigkeit an zukünftige Generationen weitergibt. Nur die Nächstenliebe kann uns ermutigen, den Menschen noch einmal in den Mittelpunkt des gesellschaftlichen Lebens zu stellen und in den Mittelpunkt einer globalisierten Welt, in der Gerechtigkeit herrscht.

An die Präsidentin der Päpstlichen Akademie der Sozialwissenschaften, 28.4.2008

## 20. September
# DAS MITTEL DES DIALOGS

Wenn den einzelnen Staaten, mit ihren Gesetzen und Institutionen, in ausschließlicher Weise die Verantwortung überlassen wird, den Bestrebungen der Personen, Gruppen und ganzer Völker zu entsprechen, kann dies manchmal zur Folge haben, dass die Möglichkeit einer die Menschenwürde respektierenden sozialen Ordnung ausgeschlossen wird. Andererseits kann eine fest in der religiösen Dimension verankerte Lebenssicht helfen, dies zu erreichen, da das Erkennen des transzendenten Wertes jedes Mannes und jeder Frau die Umkehr des Herzens begünstigt, die dann zu einem Verhältnis führt, Gewalt, Terrorismus und Krieg zu widerstehen und Gerechtigkeit und Frieden zu fördern. Dies liefert auch genau das Umfeld für jenen interreligiösen Dialog, den die Vereinten Nationen zu unterstützen aufgerufen sind, wie sie auch den Dialog in anderen Bereichen menschlichen Handelns unterstützen. Der Dialog sollte als das Mittel erkannt werden, durch das die verschiedenen Teile der Gesellschaft ihre Sichtweise artikulieren können und durch das sie einen Konsens um die die einzelnen Werte und Ziele betreffende Wahrheit herum aufbauen können. Es gehört zur Natur der frei praktizierten Religionen, dass sie selbständig einen Dialog der Gedanken und des Lebens führen können. Wenn die religiöse Sphäre auch auf dieser Ebene vom politischen Handeln getrennt gehalten wird, dann entstehen große Vorteile für die Einzelnen und die Gemeinschaften.

Ansprache an die Vollversammlung der Vereinten Nationen, 18.4.2008

## 21. September

# CHRISTEN UND JUDEN

Obwohl die christliche Osterfeier sich in vielem von Ihrer Pesach-Feier unterscheidet, verstehen und erfahren wir sie in der Kontinuität mit den biblischen Erzählungen von den machtvollen Taten, die der Herr an seinem Volk vollbracht hat.

In dieser Zeit Ihres höchsten Festes fühle ich mich Ihnen besonders nahe, gerade aufgrund dessen, was die Konzilserklärung „Nostra aetate" die Christen nie zu vergessen mahnt: Dass die Kirche „durch jenes Volk, mit dem Gott aus unsagbarem Erbarmen den Alten Bund geschlossen hat, die Offenbarung des Alten Testaments empfing und genährt wird von der Wurzel des guten Ölbaums, in den die Heiden als wilde Schösslinge eingepfropft sind" („Nostra aetate", 4) ...

Aufgrund dieser Zunahme an Vertrauen und Freundschaft können Christen und Juden sich gemeinsam des tiefen geistlichen Gehaltes des Pascha, eines Gedenkens (zikkarôn) der Freiheit und der Erlösung, erfreuen. Jedes Jahr, wenn wir die Pascha-Geschichte hören, kehren wir zu der gesegneten Nacht der Befreiung zurück. Diese heilige Zeit im Jahr sollte unsere beiden Gemeinschaften dazu aufrufen, nach Gerechtigkeit, Erbarmen und Solidarität gegenüber den Fremden im Land, gegenüber den Witwen und den Waisen zu streben, wie Mose geboten hat (vgl. Deuteronomium 24,18) ...

Unser Ostern und Ihr Pesach, obgleich klar voneinander unterschieden, vereinen uns in unserer gemeinsamen auf Gott und seine Gnade ausgerichteten Hoffnung. Diese Feiern drängen uns, untereinander und mit allen Menschen guten Willens zusammenzuarbeiten, um diese Welt für alle zu verbessern, während wir auf die Erfüllung der Verheißungen Gottes warten.

Botschaft an die jüdische Gemeinde zum Pesach-Fest, 14.4.2008

## 22. September
# JUDEN, CHRISTEN UND MUSLIME

In unserer heutigen Welt stehen die Verantwortlichen der Religionen, der Politik, der akademischen Welt und der Wirtschaft vor der ernsthaften Herausforderung, den Stand des Dialogs zwischen Völkern und Kulturen zu verbessern. Dies auf wirksame Weise zu tun, erfordert eine Vertiefung unseres gegenseitigen Verstehens und einen gemeinsamen Einsatz für den Aufbau einer Gesellschaft, in der immer mehr Gerechtigkeit und Frieden herrschen. Wir müssen einander besser kennenlernen und müssen kraft dieses gegenseitigen Entdeckens Beziehungen nicht nur der Toleranz, sondern der wahren Achtung aufbauen. Juden, Christen und Muslime besitzen nämlich zahlreiche gemeinsame Überzeugungen, und es gibt viele Bereiche der humanitären und sozialen Arbeit, in denen wir zusammenarbeiten können und müssen.

Die Erklärung des Zweiten Vatikanischen Konzils „Nostra aetate" erinnert uns daran, dass die jüdischen Wurzeln des Christentums uns verpflichten, die Konflikte der Vergangenheit zu überwinden und neue Bande der Freundschaft und Zusammenarbeit zu schaffen. Vor allem erklärt sie, dass die Kirche alle Hassausbrüche, Verfolgungen und Manifestationen des Antisemitismus, die sich zu irgendeiner Zeit und von irgendjemandem gegen die Juden gerichtet haben, beklagt (vgl. Nr. 4). In den vier Jahrzehnten, die seit der Erklärung vergangen sind, wurden zahlreiche positive Fortschritte gemacht und auch einige erste, vielleicht noch zu zaghafte Schritte zu einem offeneren Gespräch über religiöse Themen. Genau auf dieser Ebene des aufrichtigen und freimütigen Austauschs und Dialogs werden wir die Grundlage und die Motivation für eine festgefügte und fruchtbare Beziehung finden.

Ansprache an eine Delegation der „Anti-Defamation League", 12.10.2006

## 23. September

# IM VERSTÄNDNIS FÜREINANDER WACHSEN

In städtischen Gebieten ist es ein gewohntes Bild, dass Menschen von unterschiedlichem kulturellen Hintergrund und verschiedener Religionszugehörigkeit im Geschäftsleben, in der Gesellschaft und in den Bildungseinrichtungen täglich Umgang miteinander haben. Heute sitzen im ganzen Land junge Christen, Juden, Muslime, Hindus, Buddhisten, ja Kinder aller Religionen nebeneinander in den Klassenzimmern und lernen miteinander und voneinander. Diese Vielfalt führt zu neuen Herausforderungen und diese wiederum zu einer tieferen Reflexion über die Grundprinzipien einer demokratischen Gesellschaft. Möge eure Erfahrung anderen Menschen Mut machen, indem sie sehen, dass aus einer Völkervielfalt wirklich eine geeinte Gesellschaft entstehen kann: „Aus vielen Eins" –, vorausgesetzt, dass alle die Religionsfreiheit als ein bürgerliches Grundrecht anerkennen (vgl. Dignitatis humanae, 2) ... Die Aufgabe, die Religionsfreiheit zu verteidigen, ist niemals ganz erfüllt ... Es ist ein ständiges Bemühen von Seiten aller Mitglieder der Gesellschaft erforderlich, um sicherzustellen, dass alle Bürger die Möglichkeit haben, friedlich den Gottesdienst zu feiern und ihr religiöses Erbe an ihre Kinder weiterzugeben.

Die Weitergabe religiöser Traditionen an nachfolgende Generationen hilft nicht nur, ein Erbe zu bewahren, sondern stützt und nährt auch die jetzige Kultur in ihrem Umfeld. Dasselbe gilt für den Dialog zwischen den Religionen; er bereichert sowohl seine Teilnehmer als auch die Gesellschaft. Wenn wir im Verständnis füreinander wachsen, sehen wir, dass wir gemeinsame ethische Werte besitzen, die die menschliche Vernunft erkennen kann und die von allen Menschen guten Willens hochgehalten werden.

Begegnung mit den Vertretern anderer Religionen in Washington, D.C., 17.4.2008

# ÖKUMENISCHER DIALOG

Deutschland kommt ganz ohne Zweifel im ökumenischen Dialog eine besondere Bedeutung zu. Wir sind das Ursprungsland der Reformation; Deutschland ist aber auch eines der Länder, von denen die ökumenische Bewegung des 20. Jahrhunderts ausging. Infolge der Wanderungsbewegungen des vergangenen Jahrhunderts haben auch orthodoxe und altorientalische Christen in diesem Land eine neue Heimat gefunden. Das hat zweifellos die Gegenüberstellung und den Austausch gefördert, dass wir gleichsam nun im „Trialog" miteinander stehen. Gemeinsam freuen wir uns festzustellen, dass der Dialog im Laufe der Zeit zu einer Wiederentdeckung unserer Geschwisterlichkeit geführt und unter den Christen der verschiedenen Kirchen und kirchlichen Gemeinschaften ein offeneres und vertrauensvolleres Klima geschaffen hat. Mein verehrter Vorgänger hat in seiner Enzyklika „Ut unum sint" (1995) gerade das als ein besonders bedeutendes Ergebnis des Dialogs bezeichnet. Und ich finde, es ist gar nicht so selbstverständlich, dass wir uns wirklich als Geschwister sehen, dass wir sozusagen einander mögen, in dem Wissen, dass wir gemeinsam Zeugen Jesu Christi sind. Diese Geschwisterlichkeit ist, wie ich glaube, in sich ein ganz wichtiges Ergebnis des Dialogs, dessen wir froh sein und den wir immer weiter pflegen und praktizieren sollten.

*Ansprache beim ökumenischen Treffen in Köln, 19.8.2005*

## 25. September

# EINHEIT MIT GOTT UND MIT UNSEREN BRÜDERN

Am Ende der Gebetswoche für die Einheit der Christen sind wir uns noch mehr dessen bewusst, wie sehr das Werk der Wiederherstellung der Einheit, das alle unsere Kraft und Anstrengung erfordert, unsere Möglichkeiten indessen unendlich übersteigt. Die Einheit mit Gott und mit unseren Brüdern und Schwestern ist ein Geschenk, das von oben kommt, das aus der Liebesgemeinschaft zwischen Vater, Sohn und Heiligem Geist entspringt und in ihr wächst und sich vervollkommnet. Die Entscheidung, wann und wie sich diese Einheit voll verwirklichen wird, liegt nicht in unserer Macht. Gott allein wird es vollbringen können! Wie der heilige Paulus setzen auch wir unsere Hoffnung und unser Vertrauen „in die Gnade Gottes zusammen mit uns" [vgl. 1 Korinther 15,10]. Liebe Brüder und Schwester, dies will das Gebet erflehen, das wir gemeinsam zum Herrn erheben, damit er uns bei unserer ständigen Suche nach Einheit erleuchte und beistehe.

Predigt zum Abschluss der Gebetswoche für die Einheit der Christen, 25.1.2008

## 26. September

# WAS EUROPA BETRIFFT

Im September 2007 habe ich einen Besuch in Österreich absolviert, der auch den wesentlichen Beitrag unterstreichen sollte, den die katholische Kirche zur Vereinigung Europas leisten kann und will. Und was Europa betrifft, möchte ich Ihnen versichern, dass ich aufmerksam die Etappe verfolge, die sich mit der Unterzeichnung des „Vertrags von Lissabon" eröffnet. Diese Etappe bringt den Aufbauprozess des „Hauses Europa" wieder in Schwung, das nur „dann ein für alle gut bewohnbarer Ort sein wird, wenn es auf einem soliden kulturellen und moralischen Fundament von gemeinsamen Werten aufbaut, die wir aus unserer Geschichte und unseren Traditionen gewinnen", und wenn es seine christlichen Wurzeln nicht verleugnet.

Ansprache für das Diplomatische Korps, 7.1.2008

Nach den Schrecknissen des Krieges und den traumatischen Erfahrungen von Totalitarismus und Diktatur hat Europa den Weg zu einer Einheit des Kontinents eingeschlagen, die eine dauerhafte Friedensordnung und eine gerechte Entwicklung gewährleisten soll. Die Trennung, die den Kontinent jahrzehntelang schmerzlich gespalten hat, ist zwar politisch überwunden, aber in den Köpfen und Herzen der Menschen steht die Verwirklichung der Einheit großenteils noch aus. Auch wenn seit dem Fall des Eisernen Vorhangs im Jahre 1989 manche übertriebene Hoffnung enttäuscht worden sein mag und auch wenn es unter einigen Aspekten berechtigte Kritik an europäischen Institutionen geben kann, ist der Prozess der Europäischen Einigung doch ein Werk von großer Tragweite, das diesem früher von fortgesetzten Konflikten und unseligen Bruderkriegen zerfressenen Kontinent eine lange nicht gekannte Friedenszeit gebracht hat.

Ansprache an Vertreter des öffentlichen Lebens in der Wiener Hofburg, 7.9.2007

## 27. September
# EUROPÄISCHE IDENTITÄT

**W**enn die Regierungen der [Europäischen] Union ... sich ihren Bürgern „annähern" wollen – wie könnten sie ein so wesentliches Element der europäischen Identität wie das Christentum ausschließen, mit dem sich eine große Mehrheit der Bürger weiterhin identifiziert? Ist es nicht Grund zur Überraschung, dass das heutige Europa einerseits danach strebt, sich als eine Wertegemeinschaft darzustellen, andererseits aber immer öfter zu bestreiten scheint, dass es universale und absolute Werte gibt? Führt diese einzigartige Form der „Apostasie" von sich selbst, noch bevor sie Apostasie von Gott ist, Europa vielleicht nicht dazu, an der eigenen Identität zu zweifeln? ... Eine Gemeinschaft, die aufgebaut wird, ohne die echte Würde des Menschen zu achten, insofern sie vergisst, dass jede Person als Abbild Gottes geschaffen ist, gereicht am Ende niemandem zum Wohl. Deshalb scheint es immer unerlässlicher, dass sich Europa vor dieser heute so weit verbreiteten pragmatischen Haltung hüte, die den Kompromiss über die wesentlichen menschlichen Werte systematisch rechtfertigt, als handle es sich um die unvermeidliche Annahme eines vermeintlich kleineren Übels.

Audienz für die Teilnehmer der Bischofskonferenzen der EU, 24.3.2007

**28. September**

# GERECHTIGKEIT

Wir alle warten auf Gerechtigkeit. Wir sehen so viel Ungerechtigkeit in der Welt, in unserer kleinen Welt, zu Hause, in unserem Stadtviertel, aber auch in der großen Welt der Staaten, der Gesellschaften. Und wir warten darauf, dass Gerechtigkeit geschaffen wird. Die Gerechtigkeit ist ein abstrakter Begriff: Gerechtigkeit wird hergestellt. Wir warten darauf, dass derjenige, der Gerechtigkeit herstellen kann, wirklich kommen möge. Und in diesem Sinne beten wir: Komm, Herr Jesus Christus, als Richter, komm auf deine Weise. Der Herr weiß, wie er in die Welt eintreten und Gerechtigkeit schaffen soll. Wir beten darum, dass der Herr, der Richter, uns antworten möge, dass er wirklich Gerechtigkeit in der Welt schaffen möge.

Wir warten auf Gerechtigkeit, aber das kann nicht nur Ausdruck eines Anspruchs sein, den wir an die anderen stellen. Auf Gerechtigkeit zu warten bedeutet im christlichen Sinne vor allem, dass wir selbst beginnen, vor dem Angesicht des Richters und nach den Maßstäben des Richters zu leben. Es bedeutet, dass wir beginnen, in seiner Gegenwart zu leben, indem wir die Gerechtigkeit in unserem Leben verwirklichen. So nämlich – wenn wir die Gerechtigkeit verwirklichen und uns in die Gegenwart des Richters stellen – warten wir in der Wirklichkeit auf die Gerechtigkeit.

Generalaudienz, 19.12.2007

# MACHT

Der auferstandene Herr sagt: „Mir ist alle Macht gegeben im Himmel und auf Erden" (vgl. Matthäus 28,18) … Der Herr hat Macht im Himmel und auf Erden. Und nur wer diese ganze Macht hat, hat die wirkliche, die rettende Macht. Ohne den Himmel bleibt die irdische Macht immer zweideutig und brüchig. Nur Macht, die sich unter das Maß und das Gericht des Himmels, das heißt Gottes stellt, kann Macht zum Guten werden. Und nur Macht, die unter dem Segen Gottes steht, kann verlässlich sein … Jesus hat diese Macht als Auferstandener. Das heißt: Diese Macht setzt das Kreuz voraus, setzt seinen Tod voraus … Das Reich Christi ist anders als die Königreiche der Erde und ihr Glanz. Dieser Glanz … ist Schein, der sich auflöst. Solchen Glanz hat das Reich Christi nicht. Es wächst durch die Demut der Verkündigung in denen, die sich zu seinen Jüngern machen lassen, die getauft werden auf den dreifaltigen Gott und die seine Gebote halten (vgl. Matthäus 28,19f).

Das christliche Kaisertum versuchte alsbald, den Glauben zum politischen Faktor der Reichseinheit zu machen … Der Ohnmacht des Glaubens, der irdischen Ohnmacht Jesu Christi soll durch politische und militärische Macht aufgeholfen werden.

In allen Jahrhunderten ist in vielfältigen Formen diese Versuchung immer neu aufgestanden, den Glauben durch Macht sicherzustellen, und immer drohte er gerade in den Umarmungen der Macht erstickt zu werden. Der Kampf um die Freiheit der Kirche, der Kampf darum, dass Jesu Reich mit keinem politischen Gebilde identisch sein kann, muss alle Jahrhunderte geführt werden. Denn der Preis für die Verschmelzung von Glauben und politischer Macht besteht zuletzt immer darin, dass der Glaube in den Dienst der Macht und sich ihren Maßstäben beugen muss.

Jesus von Nazareth, 67ff

## 30. September

# GEMEINSAMES ERBE UND GEMEINSAME VER-PFLICHTUNG

In diesem Jahr 2005 gedenken wir des 60. Jahrestags der Befreiung aus den nationalsozialistischen Konzentrationslagern, in deren Gaskammern Millionen von Juden – Männer, Frauen und Kinder – umgebracht und in den Krematorien verbrannt worden sind. Ich mache mir zu eigen, was mein verehrter Vorgänger zum 60. Jahrestag der Befreiung von Auschwitz geschrieben hat und sage ebenfalls: „Ich neige mein Haupt vor all denen, die diese Manifestation des ‚mysterium iniquitatis' erfahren haben." Die fürchterlichen Geschehnisse von damals müssen „unablässig die Gewissen wecken, Konflikte beenden und zum Frieden ermahnen" (Botschaft zur Befreiung von Auschwitz, 15.01.2005). Gemeinsam müssen wir uns auf Gott und seinen weisen Plan für die von ihm erschaffene Welt besinnen: Er ist – wie das Buch der Weisheit mahnt – „ein Freund des Lebens" (11,26).

Der Dekalog (vgl. Exodus 20; Deuteronomium 5) ist für uns gemeinsames Erbe und gemeinsame Verpflichtung. Die „Zehn Gebote" sind nicht Last, sondern Wegweiser zu einem geglückten Leben. Sie sind es besonders für die jungen Menschen, die ich in diesen Tagen treffe und die mir so sehr am Herzen liegen. Ich wünsche mir, dass sie den Dekalog, diese unsere gemeinsame Grundlage, als die Leuchte für ihre Schritte und als Licht für ihre Pfade erkennen, wie es der Psalm 119 sagt (vgl. Psalm 119,105). Die Erwachsenen tragen die Verantwortung, den jungen Menschen die Fackel der Hoffnung weiterzureichen, die Juden wie Christen von Gott geschenkt worden ist, damit die Mächte des Bösen „nie wieder" die Herrschaft erlangen und die künftigen Generationen mit Gottes Hilfe eine gerechtere und friedvollere Welt errichten können, in der alle Menschen das gleiche Bürgerrecht besitzen.

*Grußwort beim Besuch in der Kölner Synagoge*
*anlässlich des XX. Weltjugendtages, 19.8.2005*

OKTOBER
# Das Wort zu Gehör bringen
Sendung und Zeugnis

## 1. Oktober

# ROSENKRANZ UND MISSION

Der Oktober ist auch der Missionsmonat ... Die Kirche ist ihrem Wesen nach missionarisch. „Wie mich der Vater gesandt hat, so sende ich euch" (vgl. Johannes 20,21), sagte der auferstandene Jesus zu den Aposteln im Abendmahlssaal. Die Sendung der Kirche setzt die Sendung Christi fort: allen Menschen die Liebe Gottes zu bringen und sie mit Worten und dem konkreten Zeugnis der Nächstenliebe zu verkünden. In der Botschaft zum Weltmissionssonntag [2006] habe ich die Nächstenliebe als „Seele der Mission" dargelegt. Der Völkerapostel Paulus schrieb: „Die Liebe Christi drängt uns" (vgl. 2 Korinther 5,14). Möge sich jeder Christ diese Worte zu eigen machen in der freudigen Erfahrung, ein Missionar der Liebe zu sein an dem Ort, an den die Vorsehung ihn gestellt hat, mutig und mit Demut, indem er dem Nächsten ohne Hintergedanken dient und die Kraft zur frohen und tätigen Nächstenliebe aus dem Gebet schöpft (vgl. Enzyklika „Deus caritas est", 32–39).

Maria, Unsere Liebe Frau vom Rosenkranz und Königin der Missionen, führe uns alle zu Christus, dem Erlöser.

Ansprache in der Wallfahrtsbasilika Aparecida (Brasilien), 12.5.2007

## 2. Oktober
# ENGEL

Was ist ein Engel? Die Heilige Schrift und die Tradition der Kirche lassen uns zwei Aspekte erkennen. Der Engel ist einerseits ein Geschöpf, das vor Gott steht und mit seinem ganzen Sein auf Gott ausgerichtet ist … [Sein] wahres Wesen ist das Dasein vor Ihm und für Ihn. Daraus erklärt sich auch der zweite Aspekt, der die Engel kennzeichnet: Sie sind Boten Gottes. Sie bringen Gott zu den Menschen, sie öffnen den Himmel und öffnen so die Erde. Gerade weil sie bei Gott sind, können sie auch dem Menschen sehr nahe sein. Gott ist in der Tat jedem von uns näher als wir es uns selbst sind.

Die Engel sprechen zum Menschen von dem, was sein wahres Sein ausmacht, von dem, was in seinem Leben so oft zugedeckt und begraben ist. Sie rufen ihn auf, wieder zu sich zu kommen, indem sie ihn von Gott her berühren. In diesem Sinn sollten auch wir Menschen immer wieder füreinander Engel werden – Engel, die uns von den falschen Wegen abbringen und uns immer von Neuem auf Gott ausrichten.

Predigt im Petersdom am Fest der drei Erzengel, 29.9.2007

## 3. Oktober
# ERZENGEL

Die Namen der drei Erzengel – Michael, Gabriel und Rafael – enden alle mit dem Wort „El", was „Gott" bedeutet. Gott ist in ihre Namen, in ihr Wesen eingeschrieben …

Zwei Aufgaben des Erzengels Michael werden in der Heiligen Schrift, vor allem im Buch Daniel, im Brief des Apostels Judas Thaddäus und in der Offenbarung, offenkundig. Er verteidigt die Sache der Einzigkeit Gottes gegen die Vermessenheit des Drachen, der „alten Schlange", wie die Offenbarung des Johannes sagt. Es ist der unablässige Versuch der Schlange, die Menschen glauben zu machen, dass Gott verschwinden müsse, damit sie groß werden könne; dass Gott uns in unserer Freiheit behindere und dass wir uns darum seiner entledigen müssen. Aber der Drache klagt nicht nur Gott an. Die Offenbarung nennt ihn auch den „Ankläger unserer Brüder, der sie bei Tag und bei Nacht vor unserem Gott verklagte" (12,10) … Die andere Aufgabe Michaels besteht nach der Schrift darin, Beschützer des Gottesvolkes zu sein (vgl. Daniel 10,21; 12,1) …

Dem Erzengel Gabriel begegnen wir vor allem in der kostbaren Erzählung von der Ankündigung der Menschwerdung Gottes an Maria (vgl. Lukas 1,26–38). Gabriel ist der Bote der Menschwerdung Gottes. Durch ihn bittet Gott selbst um ihr „Ja", Mutter des Erlösers zu werden …

Der heilige Rafael wird uns vor allem im Buch Tobit als der Engel vorgestellt, dem die Aufgabe des Heilens übertragen ist … Er heilt die gestörte Gemeinschaft zwischen Mann und Frau. Er heilt ihre Liebe. Er treibt die Dämonen aus, die immer wieder ihre Liebe angreifen und sie zerstören. Er reinigt die Atmosphäre zwischen beiden und schenkt ihnen die Fähigkeit, sich für immer gegenseitig anzunehmen.

Predigt im Petersdom am Fest der drei Erzengel, 29.9.2007

## 4. Oktober
# BRUDER FRANZ

Franziskus von Assisi betrachtet in seinem „Testament", das er in den letzten Monaten seines Lebens geschrieben hat, seine ersten 25 Lebensjahre als eine Zeit, in der er „in Sünden war" (vgl. 2 Test 1). Jenseits einzelner Taten war Sünde eine Art, sein Leben ganz auf sich selbst konzentriert zu verstehen und zu gestalten, indem er vergängliche Träume von irdischem Ruhm verfolgt. Es fehlte ihm nicht an einer natürlichen Großherzigkeit, als er noch „König der Feste" unter den Jugendlichen von Assisi war (vgl. 2 Celano I,3,7). Aber diese Großherzigkeit war noch weit entfernt von der christlichen Liebe, die sich dem anderen ohne Vorbehalte hingibt. Wie er selbst erinnert, war es für ihn bitter, die Aussätzigen zu sehen. Die Sünde hinderte ihn daran, die körperliche Abscheu zu überwinden, um in ihnen ebenso liebenswerte Brüder zu erkennen. Die Bekehrung brachte ihn dazu, Barmherzigkeit zu üben, und er sollte selbst Barmherzigkeit empfangen. Den Aussätzigen zu dienen, sie sogar zu küssen, war nicht nur eine Geste der Menschenliebe, sozusagen eine „soziale" Bekehrung, sondern eine wahrhaft religiöse Erfahrung, geboten von der Initiative der Gnade und Liebe Gottes: „Der Herr", sagt er, „hat mich zu ihnen geführt" (2 Test 2). Die Bitterkeit verwandelte sich also in „Süßigkeit der Seele und des Leibes" (2 Test 3). Ja, sich zur Liebe bekehren heißt, von der Bitterkeit zur „Süßigkeit" zu gehen, von der Traurigkeit zur wahren Freude.

Predigt in Assisi, 17.6.2007

## 5. Oktober

# EIN WAHRER LEHRER

Was war das Leben des bekehrten Franziskus anderes als ein großer Akt der Liebe? Das enthüllen seine glühenden Gebete, die so reich an Betrachtung und Lobpreis sind, seine zärtliche Umarmung des göttlichen Kindes in Greccio, seine Betrachtung der Passion auf La Verna, sein „Leben nach der Vorschrift des Heiligen Evangeliums" (2 Test 14), seine Entscheidung für die Armut und sein Suchen nach Christus im Antlitz der Armen.

Seine Bekehrung zu Christus, bis zur Sehnsucht, sich in ihn „zu verwandeln", indem er sein vollkommenes Abbild wurde, erklärt jenes Charakteristische seines Lebens, kraft dessen er uns auch angesichts der großen Themen unserer Zeit – Suche nach Frieden, Schutz der Natur, Förderung des Dialogs zwischen allen Menschen – so aktuell erscheint. Franziskus ist ein wahrer Lehrer in diesen Dingen. Aber er ist es von Christus her. Christus ist „unser Friede" (vgl. Epheser 2,14). Christus selbst steht am Beginn des Kosmos, weil in ihm alles geschaffen worden ist (vgl. Johannes 1,3). Christus ist die göttliche Wahrheit, der ewige „Logos", in dem jeder „Dialog" (diálogos) in der Zeit sein Fundament findet. Franziskus verkörpert zutiefst diese „christologische" Wahrheit, die an den Wurzeln der menschlichen Existenz, des Kosmos, der Geschichte steht.

Predigt in Assisi, 17.6.2007

## 6. Oktober
# FRIEDENSSTIFTER

Wie in konzentrischen Kreisen breitet sich Franziskus' Liebe zu Jesus … auf alle Dinge aus, die er in Christus und durch Christus sieht. Von dort her entsteht der Lobpreis auf die Geschöpfe, in welchem das Auge auf dem Glanz der Schöpfung ruht: von Schwester Sonne und Bruder Mond hin zu Schwester Wasser und Bruder Feuer. Sein innerer Blick ist so rein und durchdringend geworden, dass er die Schönheit des Schöpfers in der Schönheit der Geschöpfe wahrnimmt. Noch bevor der Sonnengesang ein hohes Beispiel der Dichtkunst und eine implizite Einladung zum Respekt der Natur ist, ist er ein Gebet, ein an den Herrn, den Schöpfer aller Dinge, gerichtetes Lob.

Im Zeichen des Gebetes ist auch der Einsatz des heiligen Franziskus für den Frieden zu sehen. Dieser Aspekt seines Lebens ist von großer Aktualität in einer Welt, die den Frieden so nötig hat und den Weg dazu nicht findet. Franziskus war ein Mann des Friedens und ein Friedensstifter. Das zeigte sich auch in der Sanftmut, mit der er – ohne jedoch jemals seinen Glauben zu verschweigen – Menschen anderen Glaubens gegenübertrat, wie es seine Begegnung mit dem Sultan zeigt (1 Celano I,20,57). Wenn heute der interreligiöse Dialog … zu einem gemeinsamen und unverzichtbaren Erbe der christlichen Sensibilität geworden ist, kann uns Franziskus helfen, einen echten Dialog zu führen, ohne in eine Haltung der Gleichgültigkeit gegenüber der Wahrheit zu verfallen und ohne eine Abschwächung unserer christlichen Verkündigung.

Ansprache beim Treffen mit Jugendlichen in Assisi, 17.6.2007

## 7. Oktober
# DER ROSENKRANZ

**W**ir feiern am 7. Oktober den Gedenktag Unserer Lieben Frau vom Rosenkranz, und es ist, als würde die Muttergottes uns jedes Jahr einladen, die Schönheit dieses so einfachen und tiefen Gebets aufs Neue zu entdecken. Der geliebte Papst Johannes Paul II. war ein großer Apostel des Rosenkranzes: Wir haben ihn noch vor Augen, wie er mit dem Rosenkranz in den Händen niederkniete, ganz in die Betrachtung Christi vertieft, wozu er in seinem Apostolischen Schreiben „Der Rosenkranz der Jungfrau Maria" (Rosarium Virginis Mariae) aufgerufen hat.

Der Rosenkranz ist ein kontemplatives, christozentrisches Gebet und nicht von der Meditation über die Heilige Schrift zu trennen. Es ist das Gebet des Christen, der in der Nachfolge Jesu auf der Pilgerfahrt des Glaubens ist, auf der ihm Maria vorausgeht ... Durch [die] Meditationszyklen [des Rosenkranzes] will uns der göttliche Tröster in die Erkenntnis Christi einführen, die aus der klaren Quelle des Evangeliums strömt. Die Kirche des dritten Jahrtausends nimmt sich ihrerseits vor, den Christen die Fähigkeit zu bieten, „das göttliche Geheimnis zu erkennen, das Christus ist, in dem alle Schätze der Weisheit und Erkenntnis verborgen sind" (vgl. Kolosser 2,2f), wie der Apostel Paulus sagt.

Ich möchte euch einladen, liebe Brüder und Schwestern, während dieses Monats den Rosenkranz zu beten: in der Familie, in den Gemeinschaften und Pfarreien für die Anliegen des Papstes, für die Mission der Kirche und für den Frieden in der Welt.

Vor dem Angelusgebet in Castelgandolfo, 1.10.2006; Ansprache nach dem Rosenkranzgebet in der Wallfahrtsbasilika Aparecida (Brasilien), 12.5.2007

**8. Oktober**

# GESCHENKTES MITTEL

Das traditionelle Bild der „Gottesmutter vom Rosenkranz" stellt Maria dar, wie sie in einem Arm das Jesuskind hält und mit dem anderen dem heiligen Dominikus den Rosenkranz reicht. Diese bedeutsame Ikonographie führt vor Augen, dass der Rosenkranz ein von der Jungfrau geschenktes Mittel ist, um auf Jesus zu schauen und ihn durch die Betrachtung seines Lebens zu lieben und ihm immer treu nachzufolgen. Das ist der Auftrag, den die Gottesmutter auch bei verschiedenen Erscheinungen hinterlassen hat. Ich denke besonders an die Erscheinung von Fatima, die sich vor 90 Jahren ereignet hat. Sie stellte sich den drei Hirtenkindern … als die „Muttergottes vom Rosenkranz" vor und empfahl eindringlich, den Rosenkranz jeden Tag zu beten, um das Ende des Krieges zu erlangen … Nehmen auch wir die mütterliche Bitte der Jungfrau auf … Beten wir den Rosenkranz in gläubiger Gesinnung für den Frieden in den Familien, in den Nationen und in der ganzen Welt.

*Vor dem Angelusgebet, 7.10.2007*

Das Rosenkranzgebet ist keine Frömmigkeitsübung, die der Vergangenheit angehört, als sei es ein Gebet aus anderen Zeiten, an das man mit Nostalgie zurückdenkt. Vielmehr erfährt der Rosenkranz gleichsam einen neuen Frühling … Wenn der Rosenkranz richtig gebetet wird – nicht mechanisch und oberflächlich, sondern mit tiefem Glauben –, dann bringt er in der Tat Frieden und Versöhnung. Er trägt in sich die heilende Macht des heiligsten Namens Jesu. der mit Glauben und Liebe in der Mitte jedes „Gegrüßet seist du, Maria" angerufen wird.

*Ansprache in der Basilika Santa Maria Maggiore, 3.5.2008*

## 9. Oktober

# FRIEDENSAPPELL

Ich halte es für meine Pflicht, von hier [Assisi] aus einen dringlichen und flehentlichen Appell zu richten, damit allen bewaffneten Konflikten ein Ende gesetzt werde, die die Erde mit Blut tränken, damit die Waffen schweigen und allerorts der Hass der Liebe, die Schmähung der Vergebung und die Zwietracht der Einheit weichen! Im Geiste fühlen wir hier all jene anwesend, die in jedem Teil der Welt aufgrund des Krieges und seiner tragischen Folgen weinen, leiden und sterben. Wir denken insbesondere an das Heilige Land, das der heilige Franziskus so sehr liebte, an den Irak, an den Libanon, an den gesamten Nahen Osten. Die Völker jener Länder kennen seit nunmehr zu langer Zeit die Schrecken der Kämpfe, des Terrorismus, der blinden Gewalt, die Illusion, dass die Gewalt die Konflikte lösen könne, die Weigerung, die Gründe des anderen anzuhören und ihm Gerechtigkeit zuteil werden zu lassen. Nur ein verantwortlicher und aufrichtiger Dialog, der von der großherzigen Hilfe der internationalen Gemeinschaft unterstützt wird, wird solchem Leiden ein Ende setzen sowie den Menschen, Institutionen und Völkern Leben und Würde wiedergeben können.

Der heilige Franziskus, Mann des Friedens, erwirke vom Herrn für uns, dass die Zahl derer zunehmen möge, die es akzeptieren, durch die tausenderlei kleinen Gesten des alltäglichen Lebens „Werkzeuge seines Friedens" zu werden.

Vor dem Angelusgebet in Assisi, 17.6.2007

## 10. Oktober
# DER HÖHENWEG

Auch wenn die Preisung der Milden, der Erbarmenden, der Friedensstifter, der lauteren Menschen uns anrührt, [spüren wir den inneren Widerstand gegen diese Option (der Bergpredigt, vgl. Matthäus 5,3–12)] … Die Heiligen von Paulus über Franz von Assisi bis zu Mutter Teresa haben diese Option gelebt und uns damit das rechte Bild des Menschen und seines Glücks gezeigt. Mit einem Wort: die wahre „Moral" des Christentums ist die Liebe. Und die steht freilich der Selbstsucht entgegen – sie ist Auszug aus sich selber, aber gerade auf diese Weise kommt der Mensch zu sich selber … Dieser Weg ist der wirkliche Höhenweg des Lebens; nur auf dem Weg der Liebe, deren Pfade in der Bergpredigt beschrieben sind, erschließt sich der Reichtum des Lebens, die Größe der menschlichen Berufung.

Jesus von Nazareth, 129f

# MISSIONARISCHER EINSATZ

Noch immer erklingen als universaler Ruf und eindringlicher Appell jene Worte, mit denen der gekreuzigte und auferstandene Jesus Christus, bevor er in den Himmel auffuhr, den Aposteln den missionarischen Auftrag anvertraut hat: „Darum geht zu allen Völkern, und macht alle Menschen zu meinen Jüngern; tauft sie auf den Namen des Vaters und des Sohnes und des Heiligen Geistes, und lehrt sie, alles zu befolgen, was ich euch geboten habe." Und er fügte hinzu: „Seid gewiss: Ich bin bei euch alle Tage bis zum Ende der Welt" (vgl. Matthäus 28,19–20). Bei der Evangelisierungsarbeit, die großen Einsatz erfordert, werden wir von der Gewissheit gestützt und begleitet, dass er, der Herr der Ernte, bei uns ist und ohne Unterlass sein Volk leitet. Christus ist der unerschöpfliche Quell der Mission der Kirche.

Der missionarische Einsatz bleibt daher … der vorrangige Dienst, den die Kirche der heutigen Menschheit schuldet, um den kulturellen, sozialen und ethischen Veränderungen Orientierung zu geben und sie zu evangelisieren; um den Menschen unserer Zeit, die in vielen Teilen der Welt durch weitverbreitete Armut, durch Gewalt und durch die systematische Verweigerung der Menschenrechte gedemütigt und unterdrückt sind, das Heil Christi anzubieten.

Dieser universalen Sendung kann sich die Kirche nicht entziehen; sie hat für sie verpflichtende Kraft.

Botschaft zum Weltmissionssonntag 2007

## 12. Oktober
# DIE BESTE VERKÜNDIGUNG

Um den Menschen Gott zu bringen, bedarf es vor allem einerseits der Liebe und andererseits der Hoffnung und des Glaubens. Die Dimension des konkreten Lebens: Das beste Zeugnis für Christus, die beste Verkündigung ist stets das Leben wahrer Christen. Wenn wir sehen, wie Familien, die vom Glauben erfüllt sind, in der Freude leben, wie sie auch im Leid in tiefgründender Freude leben, wie sie den anderen helfen und Gott und den Nächsten lieben, so scheint mir das heute die schönste Verkündigung zu sein. Auch für mich ist es stets die tröstlichste Verkündigung, katholische Familien oder katholische Persönlichkeiten zu sehen, die vom Glauben durchdrungen sind: In ihnen strahlt wirklich die Gegenwart Gottes in hellem Glanz auf … Die grundlegende Verkündigung ist also das Leben der Christen selbst. Natürlich gibt es auch die Verkündigung des Wortes. Wir müssen alles tun, um das Wort zu Gehör zu bringen, um es bekannt zu machen. In der heutigen Zeit gibt es viele Schulen des Wortes und des Gesprächs mit Gott in der Heiligen Schrift, eines Gesprächs, das zwangsläufig auch zum Gebet wird, weil ein rein theoretisches Studium der Heiligen Schrift nur ein intellektuelles Hören und keine wahre und ausreichende Begegnung mit dem Wort Gottes wäre.

*Begegnung mit dem Klerus in Auronzo di Cadore, 24.7.2007*

## 13. Oktober

# ANZIEHUNG

Die Sendung Christi hat sich in der Liebe erfüllt. Er hat in der Welt das Feuer der Liebe Gottes entzündet (vgl. Lukas 12,49). Die Liebe schenkt das Leben: Deshalb ist die Kirche gesandt, die Liebe Christi in der Welt zu verbreiten, damit die Menschen und die Völker „das Leben haben und es in Fülle haben" (vgl. Johannes 10,10) ... Die Kirche fühlt sich als Jüngerin und Missionarin dieser Liebe: Missionarin nur insofern, als sie auch Jüngerin ist, das heißt fähig, sich stets mit erneuertem Staunen von Gott anziehen zu lassen, der uns zuerst geliebt hat und uns zuerst liebt (vgl. Johannes 4,10). Die Kirche betreibt keinen Proselytismus. Sie entwickelt sich vielmehr durch „Anziehung": Wie Christus mit der Kraft seiner Liebe, die im Opfer am Kreuz gipfelt, „alle an sich zieht", so erfüllt die Kirche ihre Sendung in dem Maß, in dem sie, mit Christus vereint, jedes Werk in geistlicher und konkreter Übereinstimmung mit der Liebe ihres Herrn erfüllt.

Das ist der unermessliche Schatz, an dem der lateinamerikanische Kontinent so reich ist, das ist sein kostbarstes Erbe: der Glaube an Gott, der die Liebe ist, der in Christus Jesus sein Antlitz enthüllt hat. Ihr glaubt an Gott, der die Liebe ist: Das ist eure Stärke, die die Welt besiegt, die Freude, die euch nichts und niemand je nehmen kann, der Friede, den Christus durch sein Kreuz für euch errungen hat! Dieser Glaube hat aus Amerika den „Kontinent der Hoffnung" gemacht. Keine politische Ideologie, keine soziale Bewegung, kein Wirtschaftssystem, sondern der Glaube an den Gott, der Liebe ist, Mensch geworden, gestorben und auferstanden in Jesus Christus, ist das authentische Fundament dieser Hoffnung.

Predigt bei der Eröffnung der V. Generalversammlung der Bischöfe von Lateinamerika und der Karibik in Aparecida, 13.5.2007

## 14. Oktober
# LEUCHTENDES ZEUGNIS

Die gemeinsame Seligsprechung einer so großen Zahl von [498] Märtyrern zeigt, dass das höchste Blutzeugnis keine Ausnahme ist, die nur wenigen einzelnen Menschen vorbehalten ist, sondern etwas, das wirklich das ganze christliche Volk betreffen kann. Es handelt sich nämlich um Männer und Frauen, die hinsichtlich ihres Alters, ihrer Berufung und ihrer gesellschaftlichen Stellung sehr verschieden sind und die ihre Treue zu Christus und der Kirche mit dem Leben bezahlt haben …

Der Monat Oktober, der in besonderer Weise dem missionarischen Einsatz gewidmet ist, geht zu Ende mit dem leuchtenden Zeugnis der spanischen Märtyrer, die sich zu den Märtyrern Albertina Berkenbrock … Franz Jägerstätter [und anderen] gesellen, deren Seligsprechungen in den vergangenen Tagen in Brasilien und Österreich gefeiert wurden. Ihr Vorbild bezeugt, dass die Taufe die Christen dazu verpflichtet, mutig an der Verbreitung des Reiches Gottes teilzunehmen … Gewiss, nicht alle sind zum Martyrium des Blutopfers berufen. Es gibt allerdings ein unblutiges „Martyrium", das nicht weniger bedeutsam ist … Es handelt sich dabei um das stille und heldenhafte Zeugnis so vieler Christen, die das Evangelium kompromisslos leben, indem sie ihre Pflicht tun und sich hochherzig dem Dienst an den Armen widmen. Dieses Martyrium im gewöhnlichen Leben ist ein Zeugnis, das mehr denn je in den säkularisierten Gesellschaften unserer Zeit wichtig ist. Es ist der friedliche Kampf der Liebe, den jeder Christ wie Paulus unermüdlich austragen muss.

*Vor dem Angelusgebet, 28.10.2007*

## 15. Oktober

# DEN MUT DER MISSION LEBEN

Für die Christen gelten die Worte des Apostels Paulus: „Die Liebe Christi drängt uns" (vgl. 2 Korinther 5,14) … Wenn man betend vor dem Gekreuzigten innehält, den Blick auf seine durchbohrte Seite richtet, spürt man innerlich unweigerlich die Freude, sich geliebt zu wissen, sowie den Wunsch, zu lieben und selbst zum Werkzeug der Barmherzigkeit und der Versöhnung zu werden. So geschah es auch vor nunmehr 800 Jahren dem jungen Franz von Assisi in der kleinen, damals baufälligen Kirche „San Damiano". Franziskus hörte, wie Jesus vom Kreuz herab, das jetzt in der Basilika der heiligen Klara aufbewahrt wird, zu ihm sagte: „Geh und richte mein Haus wieder her, das, wie du siehst, ganz verfallen ist." Jenes „Haus" war in erster Linie sein eigenes Leben, das er durch eine wirkliche innere Umkehr „wiederherrichten" sollte; es war die Kirche, jedoch nicht die Kirche aus Ziegelsteinen, sondern die Kirche, die aus lebendigen Menschen besteht und die stets der Läuterung bedarf; es war auch die gesamte Menschheit, in der Gott wohnen möchte. Die Mission beginnt immer in einem von der Liebe Gottes verwandelten Herzen; das bezeugen die unzählingen Geschichten der Heiligen und Märtyrer, die unter verschiedenen Umständen ihr Leben im Dienst des Evangeliums hingegeben haben.

So ist also die Mission eine „Baustelle", auf der für alle Platz ist: für die, die sich um die Verwirklichung des Reiches Gottes in ihrer eigenen Familie bemühen; für die, die mit christlichem Geist ihrer beruflichen Tätigkeit nachgehen; für die, die sich ganz dem Herrn weihen; für die, die dem Guten Hirten Jesus im Priesteramt für das Volk Gottes nachfolgen; für die, die in besonderer Weise aufbrechen, um Christus den Menschen zu verkünden, die ihn noch nicht kennen.

Vor dem Angelusgebet, 22.10.2006

**16. Oktober**

# MENSCHEN DER HOFFNUNG

Jesus hat die Menschen im Vater, vom Vater her – und so wahrhaft sie selber in ihrem Eigentlichen, in ihrer Realität – geliebt. Das Eintreten in diese Gesinnung Jesu Christi – in dieses Ganz-Mitsein mit dem lebendigen Gott und in dieses reine Mitsein mit den Menschen, ganz ihnen zur Verfügung –, dieses Eintreten in die Gesinnung Jesu Christi hat Paulus zu seiner Theologie und Lebenspraxis inspiriert, die auf Jesu Wort von der Ehelosigkeit um des Himmelreiches willen antwortet (vgl. Matthäus 19,12). Priester und Ordensleute leben nicht beziehungslos. Keuschheit heißt im Gegenteil intensive Beziehung, ist positiv Beziehung zum lebendigen Christus und von daher zum Vater. Deswegen geloben wir durch das Gelübde der ehelosen Keuschheit nicht Individualismus oder Beziehungslosigkeit, sondern wir geloben, die intensiven Beziehungen, deren wir fähig sind und mit denen wir beschenkt werden, ganz und vorbehaltlos in den Dienst des Reiches Gottes und so der Menschen zu stellen. So werden Priester und Ordensleute selbst zu Menschen der Hoffnung: Indem sie ganz auf Gott setzen und damit zeigen, dass Gott für sie Realität ist, schaffen sie seiner Gegenwart – dem Reich Gottes – Raum in der Welt.

Ansprache bei der Vesper in Mariazell, 8.9.2007

## 17. Oktober

# DER HEILIGE IGNATIUS VON ANTIOCHIEN

Heute sprechen wir über den heiligen Ignatius …, von dem wir dank einer von Eusebius von Cäsarea verfassten Lebensbeschreibung wissen, dass [er] über drei Jahrzehnte [von 70 bis 107] als Bischof vorbildlich für die christliche Gemeinde in der antiken Metropole Antiochien sorgte. Aufgrund seines mutigen Bekenntnisses wurde er in Zeiten der Verfolgung zum Tode verurteilt und als Gefangener nach Rom überstellt. Während dieser Reise wandte er sich mit Briefen an Gemeinden und an Mitbrüder im Bischofsamt. Sieben dieser kostbaren Texte, aus denen die Glaubenskraft und die Hirtensorge eines Nachfolgers der Apostel spricht, sind uns erhalten … Das Hauptaugenmerk der Briefe des Ignatius liegt auf der Einheit mit Christus und auf der Einheit der Kirche. Wie der Evangelist Johannes und der Apostel Paulus fordert Ignatius die Gläubigen auf, innig mit Jesus vereint zu sein und den menschgewordenen Sohn Gottes in ihrem Leben nachzuahmen. So sieht er auch sein eigenes bevorstehendes Martyrium als abschließende und krönende Etappe seines Weges zu Christus hin, dessen Leiden er teilen möchte. Aber auch die Gläubigen untereinander sollen die Einheit im Glauben und in der Liebe bewahren, in deren Dienst ganz besonders die Bischöfe, die Priester und die Diakone stehen … Von Troas aus erreichte der Martyrer schließlich Rom, wo er im Flavischen Amphitheater den wilden Tieren zum Fraß vorgeworfen wurde. Kein Kirchenvater hat den brennenden Wunsch nach der Vereinigung mit Christus und nach dem Leben in ihm mit der Intensität des Ignatius zum Ausdruck gebracht … Schließlich fordert der „Realismus" des Ignatius die Gläubigen von gestern und heute, uns alle zu einer fortschreitenden Synthese zwischen Angleichung an Christus (Vereinigung mit ihm, Leben in ihm) und Hingabe an seine Kirche (Dienst an der Gemeinde und der Welt) auf.

Generalaudienz, 14.3.2007

# PATRON UND PATRONIN

In der Tat ist die Eucharistie der vitale Mittelpunkt der gesamten Evangelisierungstätigkeit der Kirche, in etwa so, wie es das Herz für den menschlichen Körper ist. Ohne die Eucharistiefeier, in der sich die christlichen Gemeinden vom zweifachen Mahl des Wortes und des Leibes Christi nähren, würden sie ihr wahres Wesen verlieren: Nur als „eucharistische" Gemeinschaften können sie den Menschen Christus vermitteln und nicht bloß Ideen oder Werte, so edel und wichtig diese auch sein mögen. Die Eucharistie hat in jedem Lebensstand bedeutende missionarische Apostel geprägt: Bischöfe, Priester, Ordensleute, Laien; Heilige des aktiven und kontemplativen Lebens. Denken wir einerseits an den heiligen Franz Xaver, den die Liebe Christi bis in den Fernen Orient führte, um dort das Evangelium zu verkünden, und andererseits an die heilige Therese von Lisieux, die junge Karmelitin, deren Gedenktag wir [am 1. Oktober] gefeiert haben. Sie lebte ihre glühende apostolische Gesinnung in der Klausur und wurde so zu Recht gemeinsam mit dem heiligen Franz Xaver zur Patronin der Missionen der Kirche erklärt.

Vor dem Angelusgebet, 2.10.2005

317

# EINE GROSSE VERANTWORTUNG

Aber wir müssen bekennen, dass Europa nicht nur den Glauben an Christus, sondern auch alle Laster des Alten Kontinents exportiert hat. Es hat die Haltung der Korruption, es hat die Gewalt, die Afrika jetzt verwüstet, exportiert. Und wir müssen unsere Verantwortung anerkennen, indem wir sicherstellen, dass die Verbreitung des Glaubens, der auf die tiefsten Erwartungen jedes Menschen antwortet, stärker ist als die Ausfuhr der europäischen Laster. Dies scheint mir eine große Verantwortung zu sein. Es gibt immer noch den Waffenhandel. Es kommt zur Ausbeutung der Ressourcen dieses Kontinents. Umso mehr müssen wir Christen alles tun, damit der Glaube Afrika erreicht und mit dem Glauben die Kraft, diesen Lastern zu widerstehen und ein christliches Afrika aufzubauen, ein glückliches Afrika, das ein großer Kontinent des neuen Humanismus sein wird.

Ansprache an die Priester und Diakone der Diözese Rom, 13.5.2005

**20. Oktober**

# CHRISTUS ZEIGEN

Aber wie kann die eigene Authentizität gefunden werden, wenn wir in der Tiefe unseres Herzens Jesus erwarten und wenn die wahre Authentizität eines jeden gerade in der Gemeinschaft mit Christus und nicht ohne Christus gefunden wird? Anders gesagt: Wenn wir den Herrn gefunden haben und wenn er für uns das Licht und die Freude des Lebens ist, sind wir da sicher, dass jemand anderem, der Christus nicht gefunden hat, nicht etwas Wesentliches fehlt, und dass es nicht unsere Pflicht ist, ihm diese wesentliche Wirklichkeit anzubieten? Danach überlassen wir das, was geschehen mag, der Führung des Heiligen Geistes und der Freiheit eines jeden Einzelnen. Aber wenn wir überzeugt sind und wenn wir die Erfahrung der Tatsache gemacht haben, dass das Leben ohne Christus unvollständig ist, dass eine Wirklichkeit, dass die grundlegende Wirklichkeit fehlt, dann müssen wir auch überzeugt sein, dass wir niemandem Unrecht tun, wenn wir ihm Christus zeigen und ihm die Möglichkeit anbieten, so auch seine wahre Authentizität zu finden, die Freude, das Leben gefunden zu haben.

Predigt im Petersdom am Pfingstsonntag, 15.5.2005

## 21. Oktober
# ANDERE ZU IHM FÜHREN

**W**er Christus entdeckt hat, muss andere zu ihm führen. Eine große Freude kann man nicht für sich selbst behalten. Man muss sie weitergeben. Heute gibt es in großen Teilen der Welt eine merkwürdige Gottvergessenheit. Es scheint auch ohne ihn zu gehen. Aber zugleich gibt es auch ein Gefühl der Frustration, der Unzufriedenheit an allem und mit allem: Das kann doch nicht das Leben sein! In der Tat nicht. Und so gibt es zugleich mit der Gottvergessenheit auch so etwas wie einen Boom des Religiösen. Ich will nicht alles schlecht machen, was da vorkommt. Es kann auch ehrliche Freude des Gefundenhabens dabei sein. Aber – um die Wahrheit zu sagen – weithin wird doch Religion geradezu zum Marktprodukt. Man sucht sich heraus, was einem gefällt, und manche wissen, Gewinn daraus zu ziehen. Aber die selbst gesuchte Religion hilft uns im Letzten nicht weiter. Sie ist bequem, aber in der Stunde der Krise lässt sie uns allein. Helft den Menschen, den wirklichen Stern zu entdecken, der uns den Weg zeigt: Jesus Christus. Versuchen wir selber, ihn immer besser kennenzulernen, damit wir überzeugend auch andere zu ihm führen können.

Predigt beim Abschluss des XX. Weltjugendtages in Köln, 21.8.2005

## 22. Oktober

# „JA" ZUM MENSCHEN

Stärker als in der Vergangenheit stehen Erziehung und Bildung des Menschen heute unter dem Einfluss der Botschaften und des weit verbreiteten Klimas, die von den Massenmedien vermittelt werden. Diese orientieren sich an einer Mentalität und an einer Kultur, die geprägt sind vom Relativismus, vom Konsumismus und von einer falschen und destruktiven Verherrlichung, oder besser: Entweihung des Körpers und der Sexualität. Als Christgläubige sagen wir ein klares „Ja" zum Menschen, der von Gott geliebt ist, und eben deshalb können wir der Gesamtausrichtung unserer Gesellschaft, den Tendenzen, die sie beseelen, und den positiven oder negativen Einflüssen, die sie auf die Erziehung der jungen Generationen ausübt, natürlich nicht gleichgültig gegenüberstehen. Bereits die Anwesenheit der Gemeinschaft der Gläubigen, ihr Einsatz im erzieherischen und im kulturellen Bereich und die Botschaft des Glaubens, des Vertrauens und der Liebe, deren Trägerin sie ist, sind in Wirklichkeit ein unschätzbarer Dienst am Gemeinwohl und besonders an den jungen Menschen, die für das Leben erzogen und ausgebildet werden.

Ansprache zur Eröffnung der Pastoraltagung der Diözese Rom, 11.6.2007

321

# REINIGUNG UND BRUCH

Das Christentum ist in der Tat offen gegenüber allem, was in den Kulturen und Zivilisationen an Gerechtem, Wahrem und Reinem ist, gegenüber dem, was unserem Dasein Freude schenkt, uns tröstet und stärkt. Der heilige Paulus hat im Philipperbrief geschrieben: „Was immer wahrhaft, edel, recht, was lauter, liebenswert, ansprechend ist, was Tugend heißt und lobenswert ist, darauf seid bedacht!" (vgl. 4,8). Die Jünger Christi erkennen daher die echten Werte der Kultur unserer Zeit – wie die wissenschaftlichen Erkenntnisse und die technologische Entwicklung, die Rechte des Menschen, die religiöse Freiheit, die Demokratie – und nehmen sie gerne an. Sie kennen jedoch auch jene gefährliche Schwäche der menschlichen Natur, die in jedem geschichtlichen Kontext eine Bedrohung für den Weg des Menschen darstellt, und unterschätzen sie nicht; insbesondere lassen sie nicht die inneren Spannungen und die Widersprüche unserer Zeit außer Acht. Daher ist die Evangelisierungsarbeit niemals nur eine Anpassung an die Kulturen, sondern sie ist immer auch eine Reinigung, ein mutiger Bruch, der zur Reife und zur Heilung führt, eine Öffnung, die es erlaubt, dass jene „neue Schöpfung" (vgl. 2 Korinther 5,17; Galater 6,15) entsteht, die die Frucht des Heiligen Geistes ist.

Beim IV. Nationalen Kongress der katholischen Kirche Italiens, Verona, 19.10.2006

## 24. Oktober
# STÄNDIGE VERPFLICHTUNG

Wenn die Mission nicht auf Nächstenliebe ausgerichtet ist, wenn sie also nicht aus einem tiefgreifenden Akt göttlicher Liebe hervorgeht, läuft sie Gefahr, auf eine rein philanthropische und soziale Tätigkeit reduziert zu werden. Die Liebe Gottes zu jedem Menschen ist in der Tat das Herz der Erfahrung und der Verkündigung des Evangeliums, und alle, die sie annehmen, werden ihrerseits Zeugen dieser Liebe. Die Liebe Gottes, die der Welt Leben schenkt, ist die Liebe, die uns in Jesus, dem Wort des Heils, dem vollkommen Ebenbild der Barmherzigkeit des himmlischen Vaters, geschenkt wurde. Die Heilsbotschaft könnte daher gut mit den Worten des Evangelisten Johannes zusammengefasst werden: „Die Liebe Gottes wurde unter uns dadurch offenbart, dass Gott seinen einzigen Sohn in die Welt gesandt hat, damit wir durch ihn leben" (vgl. 1 Johannes 4,9). Jesus vertraute nach seiner Auferstehung den Aposteln den Auftrag an, die Verkündigung dieser Liebe zu verbreiten, und die Apostel, die am Pfingsttag von der Kraft des Heiligen Geistes innerlich verwandelt wurden, begannen, vom gestorbenen und auferstandenen Herrn Zeugnis zu geben. Seit damals setzt die Kirche dieselbe Sendung fort, die für alle Gläubigen eine unverzichtbare und ständige Verpflichtung darstellt.

Botschaft zum Weltmissionssonntag 2006

**25. Oktober**

# WEITERGEBEN

Das Bewusstsein um die eigene Berufung, Zeugen Christi zu werden, ist daher nicht … eine außerhalb der christlichen Erziehung anzusiedelnde Folgeerscheinung, wie man leider oft geglaubt hat und auch heute noch glaubt –, sondern es ist im Gegenteil eine Dimension, die der Erziehung zum Glauben und zur Nachfolge als wesentliches Element innewohnt, so wie die Kirche ihrem Wesen nach „missionarisch" ist (vgl. „Ad gentes", 2). Von der frühen Kindeserziehung an und dann bis hin zur ständigen Ausbildung der erwachsenen Christen muss also der Wille und die Überzeugung, in allen Lebenslagen an der missionarischen Berufung der Kirche teilzuhaben, im Herzen der Gläubigen fest verankert werden. Wir können nämlich die Freude am Glauben nicht für uns behalten, wir müssen sie mitteilen und weitergeben und sie so auch in unseren Herzen stärken. Wenn der Glaube wirklich zur Freude wird, die Wahrheit und die Liebe gefunden zu haben, dann muss man einfach den Wunsch verspüren, ihn weiterzugeben, ihn den anderen zu vermitteln. Die Neuevangelisierung, zu der unser geliebter Papst Johannes Paul II. uns aufgerufen hat, findet zu einem großen Teil auf diesem Wege statt.

Ansprache zur Eröffnung der Pastoraltagung der Diözese Rom, 11.6.2007

**26. Oktober**

# ES BLEIBT NOCH VIEL ZU TUN

In der Tat entsteht jede christliche Gemeinde als missionarische Gemeinde, und die Liebe der Gläubigen zu ihrem Herrn wird auf der Grundlage ihres Mutes zur Evangelisierung bemessen. So könnten wir sagen, dass es sich für die einzelnen Gläubigen nicht mehr einfach darum handelt, an der Evangelisierungstätigkeit mitzuwirken, sondern dass sie sich selbst als Protagonisten und Mitverantwortliche der Mission der Kirche fühlen sollen. Diese Mitverantwortlichkeit bringt es mit sich, dass die Gemeinschaft unter den Gemeinden und die gegenseitige Hilfe zunehmen, sei es in Bezug auf das Personal – Priester, Ordensmänner, Ordensfrauen und freiwillige Laien –, sei es zur Nutzung der heute notwendigen Mittel zur Evangelisierung.

Liebe Brüder und Schwestern, der Missionsauftrag, den Christus den Aposteln anvertraut hat, betrifft uns wirklich alle …

Die Lebensbedingungen der Menschheit haben sich natürlich geändert, und in diesen Jahrzehnten wurden große Anstrengungen unternommen zur Verbreitung des Evangeliums, besonders seit dem Zweiten Vatikanischen Konzil. Es bleibt jedoch noch viel zu tun, um dem Missionsauftrag nachzukommen, den der Herr unermüdlich an jeden Getauften richtet.

Botschaft zum Weltmissionssonntag 2007

# EIN WEITES, OFFENES FELD

Wenn manchmal gesagt wird, die Laien könnten sich in der Kirche nicht genug einbringen, so liegt dem eine verengende Fixierung auf die Mitarbeit in kirchlichen Leitungsgremien, auf hauptamtliche Stellen in kirchlich finanzierten Strukturen oder auf die Ausübung bestimmter liturgischer Funktionen zugrunde. Auch diese Bereiche haben selbstverständlich ihre Bedeutung. Aber darüber hinaus darf man nicht das weite und offene Feld des dringend notwendigen Laienapostolats und seine vielfältigen Aufgaben vergessen: die Verkündigung der Frohbotschaft an Millionen von Mitbürgern, die Christus und seine Kirche noch nicht kennen; die Katechese für Kinder und Erwachsene in unseren Pfarrgemeinden; die karitativen Dienste; die Medienarbeit sowie das gesellschaftliche Engagement für einen umfassenden Schutz des menschlichen Lebens, für die soziale Gerechtigkeit und in christlichen Kulturinitiativen. An Aufgaben für engagierte katholische Laien fehlt es fürwahr nicht, aber vielleicht mangelt uns heute manchmal der missionarische Geist, die Kreativität und der Mut, um auch neue Pfade zu beschreiten.

*Ansprache an deutsche Bischöfe bei ihrem Ad-limina-Besuch, 18.11.2006*

Die kirchlichen Bewegungen und neuen Gemeinschaften sind eine der wichtigsten Neuheiten, die in der Kirche vom Heiligen Geist zur Umsetzung des II. Vatikanischen Konzils erweckt worden sind … Sie sind ein Geschenk des Herrn, eine wertvolle Ressource, um mit ihren Charismen die ganze christliche Gemeinschaft zu bereichern. Darum darf eine vertrauensvolle Aufnahme nicht fehlen, die ihnen im Leben der Ortskirchen Raum geben und ihre Beiträge schätzen soll.

*Ansprache an Bischöfe über die neuen geistlichen Bewegungen, 17.5.2008*

**28. Oktober**

# SIMON UND JUDAS THADDÄUS

Im Mittelpunkt der Katechese über die Apostel stehen heute die Heiligen Simon und Judas Thaddäus. In den Apostellisten werden sie immer zusammen angeführt. Simon wird dort „Kananäus" oder „der Zelot", das heißt „Eiferer", genannt. Diese Beinamen bringen den Eifer dieses Jüngers für die jüdische Identität, für Gott und sein Bundesvolk und das Gesetz zum Ausdruck; sie erinnern uns daran, dass Matthäus, der Zöllner, der eher am Rand der jüdischen Identität war, auch zur Apostelgruppe gehörte, und dass in der Gemeinschaft Jesu unterschiedliche Temperamente, unterschiedliche Schichten und Charismen zur Einheit zusammenfinden – als Vorbild für die Kirche, in der auch Menschen, Völker, Gaben ganz unterschiedlicher Art durch ihn zur Einheit kommen. Der Beiname Thaddäus bedeutet wohl so viel wie großmütig, ein Mann des weiten Herzens. Dieser Thaddäus hat Jesus im Abendmahlssaal gefragt, warum er sich als Auferstandener nicht der Welt, sondern nur den Seinen zeigen wollte. Und Jesus hat ihm erklärt, dass man den Auferstandenen von innen her mit dem Herzen sehen muss. Dieser Apostel Judas Thaddäus hat der Überlieferung nach die Urheberschaft des Judasbriefes im Neuen Testament, der uns nachdrücklich zu einem gelebten Christentum auffordert, dazu auffordert, nicht wie Irrlichter herumzulaufen, sondern klar und entschieden den Weg Jesu Christi zu gehen.

Generalaudienz, 11.10.2006

# AUF EINEM GEMEINSAMEN WEG

Die Verkündigung, die den Glauben im Bewusstsein der heutigen Zeit weitergibt, muss vielerlei Formen besitzen. Zweifellos sind Predigt und Katechese die beiden wichtigsten Formen, aber darüber hinaus gibt es viele Möglichkeiten, einander dort zu begegnen – in Glaubensseminaren, Laienbewegungen usw. –, wo man über den Glauben spricht und etwas über den Glauben lernt. All das macht uns vor allem fähig, wirklich als Nächste der Nichtchristen zu leben – hier gibt es vorwiegend orthodoxe Christen, Protestanten und darüber hinaus auch Vertreter anderer Religionen, Muslime und andere. Als Erstes muss man mit ihnen leben, in ihnen den Nächsten, unseren Nächsten erkennen, vor allem also die Nächstenliebe als Ausdruck unseres Glaubens leben. Ich meine, dass es bereits ein sehr starkes Zeugnis und auch eine Form der Verkündigung ist, mit diesen anderen wirklich die Nächstenliebe zu leben, in ihnen unseren Nächsten zu sehen, so dass sie erkennen können: diese „Nächstenliebe" gilt mir. Wenn das geschieht, dann ist es leichter, die Quelle unseres Verhaltens aufzuzeigen, dass also die Nächstenliebe Ausdruck unseres Glaubens ist ...

Das Samenkorn muss vielleicht zum Herzen vordringen, damit die Antwort des Glaubens in gezielteren Dialogen hier und dort heranreifen kann. Aber was wir tun können und müssen ist, einen Konsens über die Grundwerte zu suchen, die in den Zehn Geboten zum Ausdruck kommen, zusammengefasst in der Nächstenliebe und in der Gottesliebe, die auf die verschiedenen Lebensbereiche angewandt werden können. Wenigstens befinden wir uns auf einem gemeinsamen Weg zum Gott Abrahams, Isaaks und Jakobs, dem Gott, der letztendlich der Gott mit menschlichem Antlitz ist, der in Jesus Christus gegenwärtige Gott.

Begegnung mit dem Klerus in Auronzo di Cadore, 24.7.2007

## 30. Oktober
# DER PRÜFSTEIN

Die Nächstenliebe, die zuallererst Sorge um die Gerechtigkeit ist, ist der Prüfstein des Glaubens und der Gottesliebe. Jakobus [ein naher Verwandter Jesu] nennt sie das „königliche Gesetz" [vgl. Jakobusbrief 2,8]. Er lässt darin das Lieblingswort Jesu durchblicken: das Königtum Gottes, die Herrschaft Gottes. Damit ist nicht irgendein Reich gemeint, das irgendwann einmal kommt, sondern damit ist gemeint, dass Gott jetzt bestimmend werden muss für unser Leben und Handeln. Darum bitten wir, wenn wir sagen: Dein Reich komme; wir beten nicht um irgendetwas Entferntes, das wir selber eigentlich gar nicht zu erleben wünschen. Wir beten vielmehr darum, dass jetzt Gottes Wille unseren Willen bestimme und so Gott in der Welt herrsche; also darum bitten wir, dass Recht und Liebe entscheidend werden in der Ordnung der Welt.

Eine solche Bitte richtet sich natürlich zuerst an Gott, aber sie rüttelt auch an unser eigenes Herz. Wollen wir das eigentlich? Leben wir in dieser Richtung? Jakobus nennt das „königliche Gesetz", das Gesetz von Gottes Königtum, zugleich Gesetz der Freiheit: Wenn alle von Gott her denken und leben, dann werden wir gleich, und dann werden wir frei, und dann entsteht die wahre Geschwisterlichkeit.

Predigt auf dem Gelände der Neuen Messe München, 10.9.2006

**31. Oktober**

# DER KÖNIGSWEG

Wir wissen wohl, dass die Entscheidung für den Glauben und für die Nachfolge Christi niemals einfach ist: Sie ist im Gegenteil stets umstritten und kontrovers. Die Kirche bleibt also auch in unserer Zeit ein „Zeichen, dem widersprochen wird", in der Nachfolge des Meisters (vgl. Lukas 2,34). Aber deswegen verlieren wir nicht den Mut. Im Gegenteil, wir müssen stets bereit sein, jedem Rede und Antwort („apo-logia") zu stehen, der von uns Rechenschaft („logos") fordert über die Hoffnung, die uns erfüllt, wie uns der Erste Petrusbrief zu tun auffordert (vgl. 3,15). Wir müssen „bescheiden und ehrfürchtig" antworten, mit einem reinen Gewissen (vgl. 3,16), mit jener sanftmütigen Kraft, die aus der Vereinigung mit Christus kommt. Wir müssen dies in allen Bereichen tun, auf der Ebene des Denkens und des Handelns, des persönlichen Lebens und des öffentlichen Zeugnisses.

Die starke Einheit, die sich in der Kirche der ersten Jahrhunderte herausgebildet hat zwischen einem Glauben, der der Intelligenz positiv gegenüberstand, und einer Lebenspraxis, die von der gegenseitigen Liebe und von der fürsorglichen Aufmerksamkeit gegenüber den Armen und den Leidenden geprägt war, hat die erste große missionarische Ausbreitung des Christentums in der hellenistisch-römischen Welt ermöglicht. So geschah es auch in der Folgezeit, in unterschiedlichen kulturellen Zusammenhängen und geschichtlichen Situationen. Das bleibt der Königsweg für die Evangelisierung.

Ansprache beim IV. Nationalen Kongress
der katholischen Kirche Italiens, Verona, 19.10.2006

NOVEMBER

# Hoffnung, die uns Mut gibt

Endlichkeit und Ewigkeit

## 1. November

# ALLERHEILIGEN

Am heutigen Hochfest Allerheiligen überschreitet unser Herz die Grenzen von Zeit und Raum und weitet sich in die Dimension des Himmels aus. In der Anfangszeit des Christentums wurden die Glieder der Kirche auch „die Heiligen" genannt. Im ersten Brief an die Korinther zum Beispiel wendet sich der heilige Paulus „an die Geheiligten in Christus Jesus, berufen als Heilige mit allen, die den Namen Jesu Christi, unseres Herrn, überall anrufen, bei ihnen und bei uns" (vgl. 1 Korinther 1,2). Der Christ ist nämlich schon heilig, da die Taufe ihn mit Jesus und seinem österlichen Geheimnis vereint, gleichzeitig aber muss er es werden, indem er sich ihm immer inniger anschließt.

Manchmal meint man, dass die Heiligkeit ein privilegierter Zustand sei, der wenigen Auserwählten vorbehalten ist. Heilig zu werden, ist in Wirklichkeit Aufgabe eines jeden Christen, mehr noch, wir könnten sagen: eines jeden Menschen! Der Apostel schreibt, dass Gott uns von jeher gesegnet und uns in Christus erwählt hat, „damit wir heilig und untadelig leben vor Gott" (vgl. Epheser 1,3–4). Alle Menschen sind somit zur Heiligkeit berufen, die letztendlich in einem Leben als Kinder Gottes besteht, in jener „Ebenbildlichkeit" mit ihm, nach der sie geschaffen worden sind. Alle Menschen sind Kinder Gottes, und alle müssen werden, was sie sind, durch den anspruchsvollen Weg der Freiheit. Gott lädt alle ein, Teil seines heiligen Volkes zu sein.

Vor dem Angelusgebet, 1.11.2007

## 2. November

# ALLERSEELEN

Die Kirche hat in ihrer Weisheit das Fest Allerheiligen und den Gedenktag Allerseelen eng aufeinanderfolgen lassen. Unserem Gebet des Lobpreises Gottes und der Verehrung der Seligen, die uns die Liturgie heute als „eine große Schar aus allen Nationen und Stämmen, Völkern und Sprachen" vorstellt (vgl. Offenbarung 7,9), schließt sich das fürbittende Gebet für all jene an, die uns im Übergang von dieser Welt zum ewigen Leben vorausgegangen sind. Ihnen [widmen] wir [am Gedenktag Allerseelen] in besonderer Weise unser Gebet … In Wahrheit lädt uns die Kirche jeden Tag dazu ein, für sie zu beten und dabei auch die Leiden und die alltäglichen Mühen aufzuopfern, damit sie, vollends geläutert, zum ewigen Genuss des Lichtes und des Friedens des Herrn zugelassen werden.

*Vor dem Angelusgebet, 1.11.2007*

Dass Liebe ins Jenseits hinüberreichen kann, dass ein beiderseitiges Geben und Nehmen möglich ist, in dem wir einander über die Grenze des Todes hinweg zugetan bleiben, ist eine Grundüberzeugung der Christenheit durch alle Jahrhunderte hindurch gewesen und bleibt eine tröstliche Erfahrung auch heute. Wer empfände nicht das Bedürfnis, seinen ins Jenseits vorangegangenen Lieben ein Zeichen der Güte, der Dankbarkeit oder auch der Bitte um Vergebung zukommen zu lassen? … Wir sollten uns klarmachen, dass kein Mensch eine geschlossene Monade ist. Unsere Existenzen greifen ineinander, sind durch vielfältige Interaktionen miteinander verbunden. Keiner lebt allein. Keiner sündigt allein. Keiner wird allein gerettet. In mein Leben reicht immerfort das Leben anderer hinein: in dem, was ich denke, rede, tue, wirke. Und umgekehrt reicht mein Leben in dasjenige anderer hinein: im Bösen wie im Guten.

*Enzyklika „Spe salvi", 48*

## 3. November

# FÜR DEN ANDEREN

Meine Bitte für den anderen [ist] ihm nichts Fremdes, nichts Äußerliches, auch nach dem Tode nicht. In der Verflochtenheit des Seins kann mein Dank an ihn, mein Gebet für ihn ein Stück seines Reinwerdens bedeuten. Und dabei brauchen wir nicht Weltzeit auf Gotteszeit umzurechnen: In der Gemeinschaft der Seelen wird die bloße Weltzeit überschritten. An das Herz des anderen zu rühren, ist nie zu spät und nie vergebens. So wird ein wichtiges Element des christlichen Begriffs von Hoffnung nochmals deutlich. Unsere Hoffnung ist immer wesentlich auch Hoffnung für die anderen; nur so ist sie wirklich auch Hoffnung für mich selbst.

Als Christen sollten wir uns nie nur fragen: Wie kann ich mich selber retten? Sondern auch: Wie kann ich dienen, damit andere gerettet werden und dass anderen der Stern der Hoffnung aufgeht? Dann habe ich am meisten auch für meine eigene Rettung getan.

Enzyklika „Spe salvi", 48

## 4. November

# WELTERNEUERNDE KRAFT

Die Liebe, die vom Herzen Gottes ausgeht und durch das Herz des Menschen wirkt, [ist] jene Kraft, die die Welt erneuert ...

Diese Wahrheit erstrahlt in einzigartiger Weise im Zeugnis des Heiligen, dessen Gedenktag wir heute begehen: Karl Borromäus, Erzbischof von Mailand. Seine Gestalt zeichnet sich im 16. Jahrhundert klar als Vorbild eines Hirten ab, der in Liebe, Lehre, apostolischem Eifer und vor allem im Gebet beispielhaft war: „Die Seelen", sagte er, „werden auf den Knien erobert." Im Alter von nur 25 Jahren wurde er zum Bischof geweiht und setzte die Anordnung des Konzils von Trient in die Praxis um, welche die Hirten verpflichtete, in ihren Diözesen zu residieren, und er widmete sich ganz der ambrosianischen Kirche: dreimal besuchte er sie in all ihren Teilen; er berief sechs Provinzsynoden und elf Diözesansynoden ein; er gründete Seminare, um eine neue Priestergeneration auszubilden; er baute Krankenhäuser und ließ sein Familienvermögen dem Dienst an den Armen zugutekommen; er verteidigte die Rechte der Kirche gegenüber den Mächtigen; er erneuerte das Ordensleben und gründete eine neue Kongregation von Säkularpriestern, die Oblaten. Als im Jahr 1576 in Mailand die Pest wütete, besuchte und tröstete er die Kranken und gab für sie seine ganze Habe aus. Sein Wahlspruch bestand in einem einzigen Wort: „Humilitas". Die Demut drängte ihn, wie Jesus, der Herr, sich selbst zu verleugnen, um Diener aller zu werden.

Vor dem Angelusgebet, 4.11.2007

## 5. November
# HEILIGE

Über die endgültige Wiederkunft Christi in der Parusie ist uns gesagt, dass er nicht allein, sondern mit allen seinen Heiligen kommen wird. So ist jeder Heilige, der in die Geschichte reintritt, schon ein Stück der Wiederkunft Christi, ein neues Ankommen des Herrn, das uns sein Bild auf neue Weise zeigt, uns seiner Gegenwart gewiss werden lässt. Jesus Christus gehört nicht der Vergangenheit an und ist nicht in eine weit entfernte Zukunft entrückt, um die wir gar nicht bitten mögen. Er kommt in einer großen Prozession von Heiligen. Er ist immer schon mit seinen Heiligen unterwegs zu uns, in unser Heute.

Ansprache an die Römische Kurie, 21.12.2007

Gott gibt unserem Leben Richtung und Halt. Sein Wort und sein Gebot sind keine Last; sie machen frei und öffnen unser Herz für den Nächsten. Schaut auf das Vorbild der Heiligen und ahmt ihren Glaubensmut nach.

Generalaudienz, 2.11.2005

## 6. November
# VORBILDER

**W**ir können uns und die Welt öffnen für das Eintreten Gottes: der Wahrheit, der Liebe, des Guten. Das ist es, was die Heiligen taten, die als „Mitarbeiter Gottes" zum Heil der Welt beigetragen haben (vgl. „Spe salvi", 35). In den letzten Jahrzehnten gibt es ein zunehmendes religiöses und kulturelles Interesse an den Vorbildern der christlichen Heiligkeit, die das wahre Antlitz der Kirche zeigen, der Braut Christi „ohne Flecken und Falten" (vgl. Epheser 5,27). Wenn sie richtig in ihrer geistlichen Dynamik und in ihrer geschichtlichen Realität dargestellt werden, tragen die Heiligen dazu bei, das Wort des Evangeliums und die Sendung der Kirche glaubwürdiger und anziehender zu machen. Die Berührung mit ihnen öffnet den Weg für wahre geistliche Auferstehungen, dauerhafte Bekehrungen und eine Blüte neuer Heiliger.

Die Heiligen bringen gewöhnlich andere Heilige hervor, und die Nähe zu ihnen oder auch nur zu ihren Spuren ist stets heilsam: Sie reinigt und erhebt den Geist und öffnet das Herz für die Liebe zu Gott und den Brüdern. Die Heiligkeit sät Freude und Hoffnung, sie antwortet auf den Durst nach Glück, den die Menschen auch heute verspüren.

Ansprache an das Postulatorenkollegium der Kongregation
für die Selig- und Heiligsprechungsprozesse, 17.12.2007

## 7. November

# OB WIR LEBEN ODER STERBEN

Im Hebräerbrief heißt es, „dass [Jesus] für alle den Tod erlitt" (vgl. Hebräer 2,9). Seither ist der Tod nicht mehr derselbe: Es wurde ihm sozusagen sein „Gift" genommen. Die Liebe Gottes, die in Jesus wirkt, hat nämlich dem ganzen Dasein des Menschen einen neuen Sinn gegeben und hat so auch sein Sterben verwandelt. Wenn in Christus das menschliche Leben bedeutet, „aus dieser Welt zum Vater hinüberzugehen" (vgl. Johannes 13,1), dann ist die Todesstunde der Augenblick, in dem dieser Übergang sich konkret und endgültig verwirklicht. Wer sich bemüht, wie Christus zu leben, wird von der Angst vor dem Tod befreit, und dieser wendet sich uns nicht mehr mit dem höhnischen Grinsen eines Feindes zu, sondern – wie der heilige Franziskus im Sonnengesang schreibt – mit dem freundlichen Gesicht eines „Bruders", für den man Gott auch loben kann … Der Glaube erinnert uns daran, dass wir vor dem leiblichen Tod keine Angst zu haben brauchen, denn ob wir leben oder ob wir sterben, wir gehören dem Herrn. Und mit dem heiligen Paulus wissen wir, dass wir, auch wenn wir aus unserem Leib geschieden sind, bei Christus sind, dessen auferstandener Leib, den wir in der Eucharistie empfangen, unsere ewige und unzerstörbare Wohnstatt ist. Der wahre Tod hingegen, den wir fürchten müssen, ist der Tod der Seele, den die Offenbarung den „zweiten Tod" nennt (vgl. Offenbarung 20,14 – 15; 21,8). Wer nämlich bis zu seinem Tod in der Todsünde verharrt und ohne Reue hochmütig die Liebe Gottes zurückweist, schließt sich selbst aus dem Reich des Lebens aus.

Vor dem Angelusgebet, 5.11.2006

## 8. November

# AUF HOFFNUNG HIN GERETTET

Meine zweite Enzyklika ... [wollte ich dem] Thema der christlichen Hoffnung widmen. Ihr Titel lautet „Spe salvi", da sie mit einem Wort des heiligen Paulus anfängt: „Spe salvi facti sumus – Auf Hoffnung hin sind wir gerettet" (vgl. Römerbrief 8,24). In diesem wie in anderen Abschnitten des Neuen Testaments ist das Wort „Hoffnung" eng mit dem Wort „Glaube" verbunden. Sie ist ein Geschenk, die das Leben dessen verändert, der es empfängt, wie die Erfahrung vieler Heiliger zeigt.

Worin besteht diese Hoffnung, die so groß und „verlässlich" ist, dass sie uns sagen lässt: In ihr haben wir das „Heil"? Sie besteht im Grunde in der Kenntnis Gottes, in der Entdeckung seines Herzens als Herz eines guten und barmherzigen Vaters. Jesus hat uns durch seinen Tod am Kreuz und seine Auferstehung sein Angesicht offenbart, das Angesicht eines Gottes, der in der Liebe so groß ist, dass er uns eine unerschütterliche Hoffnung mitteilt, die nicht einmal der Tod erschüttern kann, da sich das Leben dessen, der sich diesem Vater anvertraut, für die Perspektive der ewigen Seligkeit öffnet.

Vor dem Angelusgebet, 2.12.2007

Die Gewissheit, dass nur Gott unsere feste Hoffnung sein kann, möge uns alle beseelen ... Gerade als Leidende, als Kranke, bedürfen wir der Hoffnung, der Gewissheit, dass es einen Gott gibt, der uns nicht verlässt, der uns an der Hand hält und uns mit Liebe begleitet.

Predigt im römischen Krankenhaus „San Giovanni Battista", 2.12.2007

### 9. November

# DIE MACHT DER SCHULD

Zur menschlichen Existenz gehört das Leiden ebenso wie das Tun. Es folgt zum einen aus unserer Endlichkeit, zum anderen aus der Masse der Schuld, die sich in der Geschichte angehäuft hat und auch in der Gegenwart unaufhaltsam wächst. Natürlich muss man alles tun, um Leid zu mindern: das Leid der Unschuldigen zu verhindern, so gut es geht; Schmerzen zu lindern; in seelischem Leid zur Überwindung zu helfen. All dies sind Pflichten sowohl der Gerechtigkeit wie der Liebe ... Ja, wir müssen alles tun, um Leid zu überwinden, aber ganz aus der Welt schaffen können wir es nicht – einfach deshalb nicht, weil wir unsere Endlichkeit nicht abschütteln können und weil niemand von uns imstande ist, die Macht des Bösen, der Schuld, aus der Welt zu schaffen, die immerfort ... Quell von Leiden ist. Das könnte nur Gott: Nur ein Gott, der selbst in die Geschichte eintritt, Mensch wird und in ihr leidet. Wir wissen, dass es diesen Gott gibt und dass daher die Macht in der Welt da ist, die die „Schuld der Welt hinwegnimmt" (vgl. Johannes 1,29). Mit dem Glauben, dass diese Macht besteht, ist die Hoffnung auf die Heilung der Welt in der Geschichte hervorgetreten. Aber es ist eben Hoffnung und noch nicht Vollendung; Hoffnung, die uns den Mut gibt, uns auf die Seite des Guten zu stellen, auch wo es aussichtslos scheint, im Wissen, dass im äußeren Gang der Geschichte die Macht der Schuld weiterhin furchtbare Gegenwart bleibt.

Enzyklika „Spe salvi", 36

## 10. November

# EINE KRAFT GEGEN DAS BÖSE

Sicher, wir müssen alles tun, um Leid zu mildern und Ungerechtig-keit, durch die Unschuldige leiden müssen, zu verhindern. Wir müs-sen jedoch auch alles tun, damit die Menschen den Sinn des Leidens erkennen können und so in der Lage sind, das eigene Leiden anzu-nehmen und es mit dem Leiden Christi zu vereinen. Auf diese Weise wird ihr Leiden eins mit der erlösenden Liebe und folglich zu einer Kraft gegen das Böse in der Welt.

Ansprache an das Kardinalskollegium, 22.12.2005

Wir müssen im Allgemeinen in unserer Generation, in unserer Kul-tur den Wert des Leidens wiederentdecken, müssen lernen, dass das Leiden eine sehr positive Wirklichkeit sein kann, die uns dabei hilft zu reifen, mehr zu uns selbst zu kommen, näher beim Herrn zu sein, der für uns gelitten hat und der mit uns leidet.

Begegnung mit dem Klerus in Auronzo di Cadore, 24.7.2007

# DER HEILIGE MARTIN

Die Kirche gedenkt am 11. November des heiligen Martin, Bischof von Tours … Er wurde um 316 als Sohn heidnischer Eltern in Pannonien, im heutigen Ungarn, geboren und dann vom Vater für die Militärlaufbahn bestimmt. Bereits als Jüngling begegnete Martin dem Christentum; nach Überwindung vieler Schwierigkeiten schrieb er sich als Katechumene ein, um sich auf die Taufe vorzubereiten. Er empfing das Sakrament im Alter von ungefähr zwanzig Jahren … Nach seiner Verabschiedung aus dem Militärdienst begab er sich nach Poitiers in Frankreich zum heiligen Bischof Hilarius, der ihn zum Diakon und Priester weihte … Nachdem ungefähr zehn Jahre später die Christen von Tours ohne Hirte geblieben waren, wählten sie ihn per Akklamation zu ihrem Bischof … Auch wenn ihm viele Wunder zugeschrieben werden, ist der heilige Martin vor allem für eine Tat der brüderlichen Nächstenliebe bekannt. Noch als junger Soldat begegnete er auf der Straße einem vor Kälte erstarrten und zitternden Armen. Da nahm Martin seinen Mantel, teilte ihn mit dem Schwert in zwei Teile und reichte dem Mann die eine Hälfte. In der Nacht erschien ihm im Traum Jesus, der mit eben diesem Mantel bekleidet war und lächelte.

Die Geste der Nächstenliebe des heiligen Martin folgt derselben Logik, die Jesus dazu drängte, das Brot für die hungernde Menge zu vermehren, vor allem aber sich selbst der Menschheit in der Eucharistie als Speise zu hinterlassen, höchstes Zeichen der Liebe Gottes, „Sacramentum caritatis". Es ist dies die Logik des Teilens, in der auf authentische Weise die Liebe zum Nächsten zum Ausdruck kommt. Der heilige Martin helfe uns zu verstehen, dass es nur durch gemeinsames Teilen möglich ist, auf die große Herausforderung unserer Zeit zu antworten: eine Welt des Friedens und der Gerechtigkeit zu errichten, in der ein jeder Mensch mit Würde leben kann.

Vor dem Angelusgebet, 11.11.2007

## 12. November

# VERWANDELTES LEIDEN

Gerade wo Menschen im Versuch der Leidvermeidung sich allem zu entziehen suchen, was Leid bedeuten könnte, sich die Mühsal und den Schmerz der Wahrheit, der Liebe, des Guten ersparen wollen, treiben sie in ein leeres Leben hinein, in dem es vielleicht kaum Schmerz, umso mehr aber das dumpfe Gefühl der Sinnlosigkeit und der Verlorenheit gibt. Nicht die Vermeidung des Leidens, nicht die Flucht vor dem Leiden heilt den Menschen, sondern die Fähigkeit, das Leiden anzunehmen und in ihm zu reifen, in ihm Sinn zu finden durch die Vereinigung mit Christus, der mit unendlicher Liebe gelitten hat. Ich möchte in diesem Zusammenhang einige Sätze aus einem Brief des vietnamesischen Märtyrers Paul Le-Bao-Thin († 1857) zitieren, in denen diese Verwandlung des Leidens durch die Kraft der aus dem Glauben kommenden Hoffnung sichtbar wird … „Dieser Kerker ist wirklich ein Bild der Hölle: Zu den grausamen Martern aller Art wie Fesseln, eiserne Ketten und Seile kommen hinzu Hass, Racheakte, Verleumdungen, obszöne Worte, falsche Beschuldigungen, Gemeinheiten, falsche Schwüre, Flüche und schließlich Angst und Traurigkeit. Gott, der die drei Jünglinge aus dem brennenden Feuerofen befreit hat, ist mir immer nahe. Er hat auch mich befreit aus diesen Trübsalen und sie in Süßigkeit verwandelt: Ewig währt sein Erbarmen. Inmitten dieser Foltern … bin ich dank Gottes Gnade voll Freude und Heiterkeit, denn ich bin nicht allein, sondern Christus ist mit mir" … Dies ist ein Brief aus der „Hölle", aber in ihm ist das Psalmwort wahr: „Steige ich hinauf in den Himmel, bist du da; bette ich mich in die Unterwelt, bist zu zugegen" (vgl. Psalm 139,8) … Das Leid, die Qualen bleiben furchtbar und nahezu unerträglich. Aber der Stern der Hoffnung ist aufgegangen – der Anker des Herzens reicht bis zum Thron Gottes.

Enzyklika „Spe salvi", 37

## 13. November
# BEGLEITUNG

Mit großer Sorge erfüllt mich die Debatte über eine aktive Sterbehilfe. Es ist zu befürchten, dass eines Tages ein unterschwelliger oder auch erklärter Druck auf schwerkranke und alte Menschen ausgeübt werden könnte, um den Tod zu bitten oder ihn sich selber zu geben. Die richtige Antwort auf das Leid am Ende des Lebens ist Zuwendung, Sterbebegleitung – besonders auch mit Hilfe der Palliativmedizin – und nicht „aktive Sterbehilfe".

Um eine humane Sterbebegleitung durchzusetzen, bedürfte es freilich struktureller Reformen in allen Bereichen des Medizin- und Sozialsystems und des Aufbaus palliativer Versorgungssysteme. Es bedarf aber auch konkreter Schritte: in der psychischen und seelsorglichen Begleitung Schwerkranker und Sterbender, der Familienangehörigen, der Ärzte und des Pflegepersonals. Die Hospizbewegung leistet hier Großartiges. Jedoch kann nicht das ganze Bündel solcher Aufgaben an sie delegiert werden. Viele andere Menschen müssen bereit sein bzw. in ihrer Bereitschaft ermutigt werden, sich die Zuwendung zu Schwerkranken und Sterbenden Zeit und auch Geld kosten zu lassen.

Ansprache an Vertreter des öffentlichen Lebens in der Wiener Hofburg, 7.9.2007

14. November

# NEUE RESSOURCEN

Wenn die Wissenschaft sich der Linderung des Leidens zuwendet und auf diesem Weg neue Ressourcen entdeckt, erweist sie sich in zweifacher Weise als reich an Menschlichkeit: hinsichtlich der Intelligenz, die in die Forschung investiert wird, und hinsichtlich der Besserung, die den unter der Krankheit leidenden Menschen in Aussicht gestellt wird. Auch diejenigen, die die finanziellen Mittel zur Verfügung stellen und die notwendigen Forschungseinrichtungen fördern, haben Anteil am Verdienst dieses Fortschritts auf dem Weg der Zivilisation. Ich möchte bei dieser Gelegenheit wiederholen, was ich vor Kurzem gesagt habe: „Fortschritt kann nur Fortschritt sein, wenn er dem Menschen dient und wenn der Mensch selber wächst: wenn in ihm nicht nur das technische Können wächst, sondern auch seine moralische Potenz." In diesem Licht verdient auch die Forschung an somatischen Stammzellen Zustimmung und Ermutigung, wenn sie die naturwissenschaftlichen Kenntnisse, die modernste Technologie im Bereich der Biologie und die Ethik, die die Achtung des Menschen in jedem Stadium seiner Existenz fordert, glücklich miteinander verbindet. Die von diesem neuen Kapitel der Forschung eröffneten Perspektiven sind an sich faszinierend, weil sie die Möglichkeit erkennen lassen, Krankheiten zu heilen, die eine Degeneration der Gewebe verursachen, mit den sich daraus ergebenden Risiken der Invalidität und des Todes für die Betroffenen.

Ansprache an die Päpstliche Akademie für das Leben, 16.9.2006

# BIOMEDIZINISCHE FORTSCHRITTE

Herausragend sind vor allem die Fortschritte im Bereich der Biotechnologie, die die Behandlung und Heilung von Krankheiten ermöglichen und somit zur Verbesserung der Lebensqualität ... beitragen. Entdeckungen auf diesem Gebiet fordern die Menschheit auf, sich der mit ihrer Anwendung verbundenen schwerwiegenden Verantwortung tiefer bewusst zu werden. Die von der Gesellschaft erhoffte Nutzung der biomedizinischen Wissenschaft muss stets an starken und festen ethischen Maßstäben gemessen werden. Führend unter diesen ist die Würde des menschlichen Lebens, denn unter keinen Umständen darf ein Mensch als bloßes Versuchsobjekt manipuliert oder behandelt werden. Die Zerstörung menschlicher Embryonen, sei es zur Gewinnung von Stammzellen oder aus irgendwelchen anderen Gründen, widerspricht der erklärten Absicht von Wissenschaftlern, Gesetzgebern und Gesundheitsbehörden, das Wohl der Menschen zu fördern. Die Kirche zögert nicht, somatische Stammzellforschung anzuerkennen und zu unterstützen, nicht nur aufgrund der mit diesen alternativen Methoden erzielten positiven Ergebnisse, sondern vor allem, weil sie mit der zuvor erwähnten Absicht übereinstimmen, das menschliche Leben in jedem Stadium seiner Existenz zu achten.

Ansprache bei der Audienz für den koreanischen Botschafter, 11.12.2007

# ACHTUNG DER MENSCHLICHEN GRUNDRECHTE

Angesichts der gegen die Kirche häufig vorgebrachten ungerechtfertigten Vorwürfe mangelnder Sensibilität sei es mir gestattet, die fortwährende Unterstützung zu betonen, die sie im Laufe ihrer 2000-jährigen Geschichte der Forschung hat zukommen lassen, die auf die Behandlung von Krankheiten und auf das Wohl der Menschheit ausgerichtet ist. Wenn es Widerstand gegeben hat – und immer noch gibt –, so bestand und besteht dieser gegenüber jenen Formen der Forschung, die die planmäßige Vernichtung von bereits existierenden, wenngleich noch nicht geborenen Menschen vorsehen. In solchen Fällen stellt sich die Forschung, abgesehen von den therapeutisch nützlichen Ergebnissen, nicht wirklich in den Dienst der Menschheit. Sie vollzieht sich nämlich durch die Vernichtung des menschlichen Lebens, das dieselbe Würde besitzt wie das der anderen Menschen und der Forscher selbst. Die Geschichte selbst hat in der Vergangenheit eine derartige Wissenschaft verurteilt, und sie wird sie auch in Zukunft verurteilen – nicht nur, weil sie des Lichtes Gottes entbehrt, sondern auch, weil sie der Menschlichkeit entbehrt …

Das Wohl des Menschen ist nicht nur in allgemeingültigen Zielsetzungen zu suchen, sondern auch in den Methoden, die zu ihrer Erlangung verwendet werden: Der gute Zweck kann nie Mittel rechtfertigen, die ihrem Wesen nach unrechtmäßig sind. Es ist nicht nur eine Frage des gesunden Kriteriums für die Verwendung der begrenzten Geldmittel, sondern auch und vor allem eine Frage der Achtung der Grundrechte des Menschen im Bereich der naturwissenschaftlichen Forschung.

Ansprache an die Päpstliche Akademie für das Leben, 16.9.2006

# FÜLLE DES LEBENS

Alles, was auf Erden einen Anfang hat, nimmt früher oder später auch ein Ende, wie das Gras auf dem Feld, das am Morgen sprießt und am Abend dahinwelkt. In der Taufe aber empfängt der kleine Mensch ein neues Leben, das Leben der Gnade, die ihn dazu befähigt, in eine persönliche Beziehung mit dem Schöpfer zu treten, und das für immer, für alle Ewigkeit. Unglücklicherweise ist es dem Menschen möglich, dieses neue Leben durch seine Sünde auszulöschen, indem er in eine Situation gerät, welche die Heilige Schrift den „zweiten Tod" nennt. Während bei den anderen Geschöpfen, die nicht zur Ewigkeit berufen sind, der Tod nur das Ende der irdischen Existenz bedeutet, reißt die Sünde in uns einen Abgrund auf, der uns für immer zu verschlingen droht, wenn der Vater im Himmel uns nicht seine Hand reicht. Hier erkennen wir, liebe Brüder und Schwestern, das Geheimnis der Taufe: Gott wollte uns retten, indem er selbst bis hinein in den Abgrund des Todes stieg, damit jeder Mensch, auch jener, der so tief gefallen ist, dass er den Himmel nicht mehr sieht, die Hand Gottes finde, um sich an ihr festzuklammern und wieder aus der Finsternis hinaufzusteigen, um wieder das Licht zu sehen, für das er geschaffen ist. Alle spüren wir, alle nehmen wir innerlich wahr, dass unser Sein eine Sehnsucht nach Leben ist, das nach Fülle, nach Heil verlangt. Diese Fülle des Lebens wird uns in der Taufe gegeben.

Predigt bei einer Tauffeier in der Sixtinischen Kapelle, 13.1.2008

## 18. November

# UNSER TUN

Es ist wichtig zu wissen: Ich darf immer noch hoffen, auch wenn ich für mein Leben oder für meine geschichtliche Stunde augenscheinlich nichts mehr zu erwarten habe. Nur die große Hoffnungsgewissheit, dass trotz allen Scheiterns mein eigenes Leben und die Geschichte im Ganzen in einer unzerstörbaren Macht der Liebe geborgen ist und von ihr her, für sie Sinn und Bedeutung hat, kann dann noch Mut zum Wirken und zum Weitergehen schenken. Gewiss, wir können das Reich Gottes nicht selber „bauen" – was wir bauen, bleibt immer Menschenreich mit allen Begrenzungen, die im menschlichen Wesen liegen. Das Reich Gottes ist Geschenk, und eben darum ist es groß und schön und Antwort auf Hoffnung. Und wir können … den Himmel nicht durch unsere Werke „verdienen". Er ist immer mehr, als was wir verdienen, sowie das Geliebtwerden nie „Verdienst", sondern immer Geschenk ist. Aber bei allem Wissen um diesen „Mehrwert" des Himmels bleibt doch auch wahr, dass unser Tun nicht gleichgültig ist vor Gott und daher nicht gleichgültig für den Gang der Geschichte.

*Enzyklika „Spe salvi", 35*

## 19. November
# EWIGES LEBEN

Vielleicht wollen viele Menschen den Glauben heute einfach deshalb nicht, weil ihnen das ewige Leben nichts Erstrebenswertes zu sein scheint. Sie wollen gar nicht das ewige Leben, sondern dieses jetzige Leben, und der Glaube an das ewige Leben scheint dafür eher hinderlich zu sein … Gewiss, den Tod möchte man so weit hinausschieben wie nur irgend möglich. Aber immerfort und ohne Ende zu leben – das kann doch zuletzt nur langweilig und schließlich unerträglich sein … Offenbar gibt es da einen Widerspruch in unserer Haltung, der auf eine innere Widersprüchlichkeit unserer Existenz selbst verweist. Einerseits wollen wir nicht sterben, will vor allem auch der andere, der uns gut ist, nicht, dass wir sterben. Aber andererseits möchten wir doch auch nicht endlos so weiterexistieren, auch die Erde ist dafür nicht geschaffen. Was wollen wir also eigentlich? Diese Paradoxie unserer eigenen Haltung löst eine tiefere Frage aus: Was ist eigentlich „Leben"? Und was bedeutet das eigentlich: „Ewigkeit"? Es gibt Augenblicke, in denen wir plötzlich spüren: Ja, das wäre es eigentlich – das wahre „Leben" –, so müsste es sein. Daneben ist das, was wir alltäglich „Leben" nennen, gar nicht wirklich Leben …

Wir möchten irgendwie das Leben selbst, das eigentliche, das dann auch nicht vom Tod berührt wird; aber zugleich kennen wir das nicht, wonach es uns drängt. Wir können nicht aufhören, uns danach auszustrecken, und wissen doch, dass alles das, was wir erfahren oder realisieren können, dies nicht ist, wonach wir verlangen. Dies Unbekannte ist die eigentliche „Hoffnung", die uns treibt, und ihr Unbekanntsein ist zugleich der Grund aller Verzweiflungen wie aller positiven und aller zerstörerischen Anläufe auf die richtige Welt, den richtigen Menschen zu.

Enzyklika „Spe salvi", 10.11

# ERFÜLLTER AUGENBLICK

Das Wort „ewiges Leben" versucht, diesem unbekannt Bekannten einen Namen zu geben. Es ist notwendigerweise ein irritierendes, ein ungenügendes Wort. Denn bei „ewig" denken wir an Endlosigkeit, und die schreckt uns; bei „Leben" denken wir an das von uns erfahrene Leben, das wir lieben und nicht verlieren möchten, und das uns doch zugleich immer wieder mehr Mühsal als Erfüllung ist, so dass wir es einerseits wünschen und zugleich es doch nicht wollen. Wir können nur versuchen, aus der Zeitlichkeit, in der wir gefangen sind, herauszudenken und zu ahnen, dass Ewigkeit nicht eine immer weitergehende Abfolge von Kalendertagen ist, sondern etwas wie der erfüllte Augenblick, in dem uns das Ganze umfängt und wir das Ganze umfangen. Es wäre der Augenblick des Eintauchens in den Ozean der unendlichen Liebe, in dem es keine Zeit, kein Vor- und kein Nachher mehr gibt. Wir können nur versuchen zu denken, dass dieser Augenblick das Leben im vollen Sinn ist, immer neues Eintauchen in die Weite des Seins, indem wir einfach von der Freude überwältigt werden. So drückt es Jesus bei Johannes aus: „Ich werde euch wiedersehen, und euer Herz wird sich freuen, und eure Freude wird niemand von euch nehmen" (vgl. Johannes 16,22).

*Enzyklika „Spe salvi", 12*

## 21. November

# IN DER STILLE

Am 21. November feiern wir anlässlich des liturgischen Gedenktags der Darstellung der seligen Jungfrau Maria im Tempel den Tag „pro orantibus", der den in Klausur lebenden Ordensgemeinschaften gewidmet ist ... Manch einer fragt sich, welchen Sinn und welchen Wert ihre Gegenwart in unserer Zeit haben kann, in der es zahlreiche und dringliche Situationen der Armut und der Not gibt, denen wir gegenübertreten müssen ... Tatsächlich brechen auch heute nicht wenige Menschen ihre oft aussichtsreiche berufliche Karriere ab, um nach der strengen Regel eines Klausurklosters zu leben. Was führt sie zu einem so radikalen Schritt, wenn nicht die Einsicht, dass das Himmelreich, wie das Evangelium lehrt, „ein Schatz" ist, für den es sich wirklich lohnt, alles zu verlassen (vgl. Matthäus 13,44)? In der Tat bezeugen diese unsere Brüder und Schwestern in der Stille, dass inmitten des täglichen Lebens ... Gott der einzige nie wankende Halt und der unerschütterliche Fels der Treue und der Liebe ist. „Todo se pasa, Dios no se muda (Alles geht vorüber, Gott allein bleibt)", schrieb die große geistliche Lehrerin Teresa von Ávila. Und angesichts des weitverbreiteten und von vielen Menschen verspürten Bedürfnisses, aus der Alltagsroutine der großen städtischen Ballungszentren auszubrechen und nach Orten zu suchen, die der Stille und der Meditation förderlich sind, bieten sich die Klöster des kontemplativen Lebens als „Oasen" an, in denen der auf Erden pilgernde Mensch besser aus den Quellen des Geistes schöpfen und auf dem Weg seinen Durst löschen kann. Diese scheinbar nutzlosen Orte sind daher im Gegenteil so unentbehrlich wie die „grüne Lunge" einer Stadt: Sie tun allen gut, auch denen, die sie nicht besuchen oder die vielleicht nicht einmal etwas von ihrer Existenz wissen.

Vor dem Angelusgebet, 19.11.2006

# DER RUF

Maria empfing ihre Berufung aus dem Mund des Engels. In unsere Kammer kann der Engel nicht in sichtbarer Weise eintreten. Aber der Herr hat mit jedem von uns einen Plan, jeder wird von ihm beim Namen gerufen. Daher ist es unsere Aufgabe, hörende Menschen zu werden, die fähig sind, seinen Ruf wahrzunehmen, mutig und treu, um ihm zu folgen und schließlich als zuverlässige Diener befunden zu werden, die mit dem ihnen anvertrauten Geschenk gut gewirtschaftet haben.

*Predigt in Regensburg, 12.9.2006*

Das ist der Sinn unseres Weges, dem Königtum Gottes in der Welt zu dienen. Die Sterndeuter brachen auf, weil sie ein tiefes Sehnen in sich verspürten, das sie drängte, alles zu verlassen und sich auf den Weg zu machen. Es war, als hätten sie diesen Stern schon immer erwartet, als sei diese Reise schon von Ewigkeit her in ihr Schicksal eingeschrieben gewesen und käme jetzt endlich zur Verwirklichung. Das ist das Geheimnis des Rufes, der Berufung – ein Geheimnis, welches das Leben jedes Christen betrifft.

*Ansprache beim Treffen mit Seminaristen in Köln, 19.8.2005*

## 23. November

# DER ANFANG UND DAS ENDE

Am letzten Sonntag im Kirchenjahr feiern wir das Christkönigsfest. Seit der Verkündigung seiner Geburt wird der eingeborene Sohn des Vaters, geboren von der Jungfrau Maria, als „König" im messianischen Sinn bezeichnet, das heißt als Erbe des Thrones Davids gemäß den Verheißungen des Propheten, für ein Reich, das kein Ende haben wird (vgl. Lukas 1,32–33). Das Königtum Christi blieb völlig verborgen, und er führte bis zum Alter von 30 Jahren ein einfaches Leben in Nazareth. Dann, während seines öffentlichen Wirkens, gründete Jesus das neue Reich, das „nicht von dieser Welt ist" (vgl. Johannes 18,36), und schließlich verwirklichte er es in Fülle durch seinen Tod und seine Auferstehung.

Als der Auferstandene den Aposteln erschien, sagte er: „Mir ist alle Macht gegeben im Himmel und auf der Erde" (vgl. Matthäus 28,28). Diese Macht geht hervor aus der Liebe, die Gott im Opfertod seines Sohnes vollkommen offenbart hat. Das Reich Christi ist ein Geschenk, das den Menschen aller Zeiten angeboten wird, damit jeder, der an das menschgewordene Wort glaubt, „nicht zugrunde geht, sondern das ewige Leben hat" (vgl. Johannes 3,16). Deshalb verkündet Er im letzten Buch der Bibel, der Offenbarung des Johannes: „Ich bin das Alpha und das Omega, der Erste und der Letzte, der Anfang und das Ende" (vgl. Offenbarung 22,13) ... Durch die Taufe dürfen wir teilhaben an der königlichen Würde Christi, die uns immer auch eine Berufung ist, mit Christus den Menschen zu dienen.

Vor dem Angelusgebet, 20.11.2005

## 24. November
# KÖNIG DES UNIVERSUMS

Erneut stehen wir vor dem Kreuz, dem zentralen Ereignis des Geheimnisses Christi. [Wir haben im Christushymnus die großartige Nachricht gehört: Gott hat es gefallen, durch das Kreuz Christi das All zu „versöhnen" (vgl. Kolosser 1,20)]. In der Sicht des Apostels Paulus ist das Kreuz in die gesamte Heilsökonomie eingefügt, wo sich das Königtum Jesu in seiner ganzen kosmischen Weite entfaltet.

Dieser Text des Apostels drückt eine so mächtige Synthese der Wahrheit und des Glaubens aus, dass wir von ihr nicht unbeeindruckt bleiben können. Die Kirche ist Bewahrerin des Geheimnisses Christi: sie ist es in aller Demut und ohne jeglichen Stolz oder Arroganz, denn es handelt sich um das höchste Geschenk, das sie ohne jedes Verdienst empfangen hat; und sie ist berufen, es umsonst der Menschheit aller Zeiten als Horizont des Sinnes und des Heils anzubieten. Es ist keine Philosophie, keine Gnosis, obwohl es auch die Weisheit und die Erkenntnis einschließt. Es ist das Mysterium Christi, es ist Christus selbst, der fleischgewordene, gestorbene und auferstandene „Logos", eingesetzt als König des Universums. Wie sollte man da nicht ein Gefühl dankerfüllter Begeisterung dafür verspüren, dass man zur Betrachtung der Herrlichkeit dieser Offenbarung zugelassen worden ist? Wie sollte man nicht gleichzeitig die Freude und die Verantwortung spüren, diesem König zu dienen, seine Herrschaft durch Leben und Wort zu bezeugen? Das ist in besonderer Weise unsere Aufgabe: der Welt die Wahrheit Christi, Hoffnung für jeden Menschen und für die ganze Menschheit zu verkünden.

Predigt bei der Eucharistiefeier mit den neuen Kardinälen, 25.11.2007

## 25. November

# EINE EINZIGE UND GLEICHE BEDINGUNG

Das Heil, das Jesus mit seinem Tod und seiner Auferstehung gewirkt hat, ist universal. Er ist der einzige Erlöser und lädt alle zum Festmahl des unsterblichen Lebens. Dies aber unter einer einzigen und gleichen Bedingung: sich anzustrengen, ihm nachzufolgen und ihn nachzuahmen, und dabei, wie Er es getan hat, sein Kreuz auf sich zu nehmen und das Leben dem Dienst an den Brüdern zu weihen … Am letzten Tag – so bringt Jesus im Evangelium in Erinnerung – werden wir nicht auf der Grundlage von angeblichen Privilegien gerichtet, sondern nach unseren Werken. Diejenigen, „die Unrecht tun", werden ausgeschlossen sein, während all diejenigen aufgenommen werden, die unter großen Opfern das Gute vollbracht und die Gerechtigkeit gesucht haben. Es wird somit nicht reichen, sich als „Freunde" Christi zu erklären und dabei mit falschen Verdiensten zu prahlen: „Wir haben doch mit dir gegessen und getrunken, und du hast auf unseren Straßen gelehrt" [vgl. Lukas 13, 22–30].

Die wahre Freundschaft mit Jesus kommt in der Lebensart zum Ausdruck: sie kommt in der Güte des Herzens, in der Demut, der Sanftmut und der Barmherzigkeit, in der Liebe zur Gerechtigkeit und zur Wahrheit, im aufrichtigen und ehrlichen Einsatz für den Frieden und die Versöhnung zum Ausdruck. Das ist, so könnten wir sagen, der „Personalausweis", der uns als seine echten „Freunde" ausweist: das ist der „Pass", der es uns gestatten wird, in das ewige Leben einzutreten.

Vor dem Angelusgebet in Castelgandolfo, 26.8.2007

# LETZTES GERICHT

Gott [zeigt] gerade in der Gestalt des Leidenden, der die Gottverlassenheit des Menschen mitträgt, sein eigenes Gesicht. Dieser unschuldig Leidende ist zur Hoffnungsgewissheit geworden: Gott gibt es, und Gott weiß, Gerechtigkeit zu schaffen auf eine Weise, die wir nicht erdenken können und die wir doch im Glauben ahnen dürfen. Ja, es gibt die Auferstehung des Fleisches. Es gibt Gerechtigkeit. Es gibt den „Widerruf" des vergangenen Leidens, die Gutmachung, die das Recht herstellt. Daher ist der Glaube an das Letzte Gericht zuallererst und zuallermeist Hoffnung ... Ich bin überzeugt, dass die Frage der Gerechtigkeit das eigentliche, jedenfalls das stärkste Argument für den Glauben an das ewige Leben ist. Das bloß individuelle Bedürfnis nach einer Erfüllung, die uns in diesem Leben versagt ist, nach der Unsterblichkeit der Liebe, auf die wir warten, ist gewiss ein wichtiger Grund zu glauben, dass der Mensch auf Ewigkeit hin angelegt ist, aber nur im Verein mit der Unmöglichkeit, dass das Unrecht der Geschichte das letzte Wort sei, wird die Notwendigkeit des wiederkehrenden Christus und des neuen Lebens vollends einsichtig.

Enzyklika „Spe salvi", 43

## 27. November

# BILD DER HOFFNUNG

Das Bild des Letzten Gerichts ist zuallererst nicht ein Schreckbild, sondern Bild der Hoffnung, für uns vielleicht sogar das entscheidende Hoffnungsbild. Aber ist es nicht doch auch ein Bild der Furcht? Ich würde sagen: ein Bild der Verantwortung. Ein Bild daher für jene Furcht, von der der heilige Hilarius sagt, dass all unsere Furcht in der Liebe ihren Ort hat. Gott ist Gerechtigkeit und schafft Gerechtigkeit. Das ist unser Trost und unsere Hoffnung. Aber in seiner Gerechtigkeit ist zugleich Gnade. Das wissen wir durch den Blick auf den gekreuzigten und auferstandenen Christus. Beides – Gerechtigkeit und Gnade – muss in seiner rechten inneren Verbindung gesehen werden. Die Gnade löscht die Gerechtigkeit nicht aus. Sie macht das Unrecht nicht zu Recht. Sie ist nicht ein Schwamm, der alles wegwischt, so dass am Ende dann eben doch alles gleich gültig wird, was einer auf Erden getan hat. Gegen eine solche Art von Himmel und von Gnade hat zum Beispiel Dostojewski in seinen „Brüdern Karamasow" mit Recht Protest eingelegt. Die Missetäter sitzen am Ende nicht neben den Opfern in gleicher Weise an der Tafel des ewigen Hochzeitsmahls, als ob nichts gewesen wäre.

Enzyklika „Spe salvi", 44

# UNWIDERRUFLICHE ZERSTÖRUNG DES GUTEN

Die Lebensentscheidung des Menschen wird mit dem Tod endgültig – dieses sein Leben steht vor dem Richter. Sein Entscheid, der im Lauf des ganzen Lebens Gestalt gefunden hat, kann verschiedene Formen haben. Es kann Menschen geben, die in sich den Willen zur Wahrheit und die Bereitschaft zur Liebe völlig zerstört haben. Menschen, in denen alles Lüge geworden ist; Menschen, die dem Hass gelebt und die Liebe in sich zertreten haben. Dies ist ein furchtbarer Gedanke, aber manche Gestalten gerade unserer Geschichte lassen in erschreckender Weise solche Profile erkennen. Nichts mehr wäre zu heilen an solchen Menschen, die Zerstörung des Guten unwiderruflich: Das ist es, was mit dem Wort „Hölle" bezeichnet wird. Auf der anderen Seite kann es ganz reine Menschen geben, die sich ganz von Gott haben durchdringen lassen und daher ganz für den Nächsten offen sind – Menschen, in denen die Gottesgemeinschaft jetzt schon all ihr Sein bestimmt und das Gehen zu Gott nur vollendet, was sie schon sind.

Enzyklika „Spe salvi", 45

# SCHMERZLICHE VERWANDLUNG

Die Begegnung mit [Christus] ist es, die uns umbrennt und freibrennt zum Eigentlichen unserer selbst. Unsere Lebensbauten können sich dabei als leeres Stroh, als bloße Großtuerei erweisen und zusammenfallen. Aber in dem Schmerz dieser Begegnung, in der uns das Unreine und Kranke unseres Daseins offenbar wird, ist Rettung. Sein Blick, die Berührung seines Herzens heilt uns in einer gewiss schmerzlichen Verwandlung „wie durch Feuer hindurch" [vgl. 1 Korinther 3,15]. Aber es ist ein seliger Schmerz, in dem die heilige Macht seiner Liebe uns brennend durchdringt, so dass wir endlich ganz wir selber und dadurch ganz Gottes werden. So wird auch das Ineinander von Gerechtigkeit und Gnade sichtbar: Unser Leben ist nicht gleichgültig, aber unser Schmutz befleckt uns nicht auf ewig, wenn wir wenigstens auf Christus, auf die Wahrheit und auf die Liebe hin ausgestreckt geblieben sind. Er ist im Leiden Christi letztlich schon verbrannt … Es ist klar, dass wir die „Dauer" dieses Umbrennens nicht mit Zeitmaßen unserer Weltzeit messen können. Der verwandelnde „Augenblick" dieser Begegnung entzieht sich irdischen Zeitmaßen – ist Zeit des Herzens, Zeit des „Übergangs" in die Gemeinschaft mit Gott im Leibe Christi.

Enzyklika „Spe salvi", 47

## 30. November

# DER ERSTBERUFENE

Wir sprechen heute vom Bruder des Simon Petrus, dem heiligen Andreas … Zuerst war Andreas ein Jünger Johannes des Täufers gewesen; das zeigt uns, dass er ein Suchender war, ein Mann, der die Hoffnung Israels teilte und der das Wort des Herrn, die Wirklichkeit des gegenwärtigen Herrn näher kennenlernen wollte. Er war wirklich ein Mann des Glaubens und der Hoffnung. Eines Tages hörte er, dass Johannes der Täufer Jesus als das „Lamm Gottes" bezeichnete (vgl. Johannes 1,36). Da beeilte er sich und folgte mit einem anderen Jünger … Jesus … [Der Evangelist Johannes berichtet weiter] mit einer bedeutsamen Anmerkung: „Andreas, der Bruder des Simon Petrus, war einer der beiden, die das Wort des Johannes gehört hatten und Jesus gefolgt waren. Dieser traf zuerst seinen Bruder Simon und sagte zu ihm: Wir haben den Messias gefunden … Er führte ihn zu Jesus" (vgl. Johannes 1, 40 – 42) und bewies damit sofort einen außergewöhnlichen apostolischen Geist. Andreas war also der erste Apostel, der berufen wurde, Jesus nachzufolgen …

Sehr alte Überlieferungen … betrachten Andreas als Apostel der Griechen in den Jahren, die auf die Pfingstereignisse folgten; sie lassen uns wissen, dass er Verkünder und Sprachrohr Jesu für die griechische Welt war … Eine spätere Überlieferung berichtet vom Tod des Andreas in Patras, wo er [wie Petrus in Rom] auch durch die Kreuzigung hingerichtet wurde … Er bat darum, an ein Kreuz gehängt zu werden, das sich vom Kreuz Jesu unterschied … ein x-förmiges Kreuz, das deshalb auch „Andreas-Kreuz" genannt wird.

Der Apostel Andreas möge uns lehren, Jesus bereitwillig nachzufolgen … und vor allem eine Beziehung echter Vertrautheit mit ihm zu pflegen.

Generalaudienz, 14.6.2006

# Er kam in sein Eigentum

Erwartung und Ankunft

## 1. Dezember
# IN ERWARTUNG

Mit dem ersten Adventssonntag beginnt ein neues Kirchenjahr: das Volk Gottes macht sich erneut auf den Weg, um das Geheimnis Christi in der Geschichte zu leben. Christus ist derselbe gestern, heute und in Ewigkeit (vgl. Hebräer 13,8); die Geschichte hingegen ist im Wandel begriffen und muss ständig evangelisiert werden; sie muss von innen her erneuert werden, und die einzige wahre Neuheit ist Christus: Er ist ihre volle Erfüllung, die leuchtende Zukunft des Menschen und der Welt. Von den Toten auferstanden ist Jesus der Herr, dem Gott alle Feinde unterwerfen wird, den Tod selbst eingeschlossen (vgl. 1 Korinther 15,25 –28). Der Advent ist somit die günstigste Zeit, um in unseren Herzen die Erwartung dessen zu wecken, „der ist und der war und der kommt" (vgl. Offenbarung 1,8).

Der Sohn Gottes ist bereits vor zweitausend Jahren nach Bethlehem gekommen, und er kommt in jedem Augenblick in die Seele und in die Gemeinschaft, die bereit ist, ihn zu empfangen; er wird am Ende der Zeiten erneut kommen, um die „Lebenden und die Toten zu richten". Der Gläubige ist daher immer wachsam und von der tiefen Hoffnung beseelt, dem Herrn zu begegnen, wie der Psalm sagt: „Ich hoffe auf den Herrn, es hofft meine Seele, / ich warte voll Vertrauen auf sein Wort. / Meine Seele wartet auf den Herrn / mehr als die Wächter auf den Morgen" (vgl. Psalm 130,5 – 6).

Vor dem Angelusgebet, 2.12.2007

## 2. Dezember

# KOMMEN

Wir müssen uns fragen: Was bedeutet „Kommen des Herrn"? Auf Griechisch heißt es „Parusie", auf Lateinisch „adventus": „Advent", „Kommen". Worin besteht dieses Kommen? Geht es uns etwas an oder nicht?

Um die Bedeutung dieses Wortes … zu verstehen, müssen wir auf die Person schauen, durch die das Kommen des Herrn auf einmalige, einzigartige Weise Wirklichkeit geworden ist: die Jungfrau Maria. Maria gehörte jenem Teil des Volkes Israel an, das zur Zeit Jesu sehnsüchtig auf das Kommen des Erlösers wartete. Den im Evangelium wiedergegebenen Worten und Gesten können wir entnehmen, wie sie sich in ihrem Leben wirklich in die Worte der Propheten versenkte und das Kommen des Herrn mit ihrem ganzen Sein erwartete. Dennoch konnte sie nicht ahnen, wie dieses Kommen vonstatten gehen sollte. Vielleicht erwartete sie ein Kommen in Herrlichkeit. Umso überraschender war für sie der Moment, als der Erzengel Gabriel in ihr Haus eintrat und ihr sagte, dass der Herr, der Erlöser, in ihr und von ihr Fleisch annehmen und sein Kommen durch sie verwirklichen wollte. Wir können uns die Befangenheit der Jungfrau gut vorstellen. Mit einem großen Akt des Glaubens und des Gehorsams sagt Maria „Ja": „Ich bin die Magd des Herrn". So wurde sie zur „Wohnstatt" des Herrn, zum wahren „Tempel" in der Welt und zur „Tür", durch die der Herr in die Welt eingetreten ist … In einem gewissen Sinne möchte der Herr durch uns Menschen ständig auf die Erde kommen, und er klopft an die Tür unseres Herzens: Bist du bereit, mir dein Fleisch, deine Zeit, dein Leben zu geben? Das ist die Stimme des Herrn, der auch in unsere Zeit eintreten möchte, er möchte durch uns ins Leben der Menschen eintreten. Er sucht auch eine lebendige Wohnung, nämlich unser persönliches Leben. Das ist das Kommen des Herrn, und das wollen wir in der Adventszeit aufs Neue lernen: Der Herr möge auch durch uns kommen.

Predigt am 1. Adventssonntag, 26.11.2005

## 3. Dezember
# WIEDERKOMMEN

Gott beruft uns zur Gemeinschaft mit ihm, die sich bei der Wiederkunft Christi vollkommen verwirklichen wird, und er selbst verpflichtet sich, es so einzurichten, dass wir gut vorbereitet zu dieser letzten und entscheidenden Begegnung gelangen. Die Zukunft ist sozusagen schon in der Gegenwart enthalten, besser gesagt: in der Gegenwart Gottes und seiner unvergänglichen Liebe, die uns nicht allein lässt, uns keinen Augenblick verlässt, wie auch ein Vater und eine Mutter ihre Kinder in deren Wachstumsprozess ständig begleiten. Angesichts des Kommens Christi fühlt sich der Mensch in seinem ganzen Wesen angesprochen; … [in seiner] wohlstrukturierten Einheit von somatischer, psychischer und spiritueller Dimension. Die Heiligung ist ein Geschenk Gottes und seine eigene Initiative, aber das menschliche Wesen ist aufgefordert, dem mit seinem ganzen Ich zu entsprechen, ohne dass irgendetwas von ihm davon ausgeschlossen bleibe.

Der Heilige Geist hat den vollkommenen Menschen Jesus im Schoß der Jungfrau geformt, und er ist es denn auch, der den wunderbaren Plan Gottes im Menschen zu Erfüllung bringt. Dazu verwandelt er zunächst das Herz und dann, von diesem Mittelpunkt ausgehend, alles Übrige. So kommt es, dass in jedem Einzelnen das ganze Schöpfungs- und Erlösungswerk zusammengefasst wird, das Gott, Vater und Sohn und Heiliger Geist, vom Anfang bis zum Ende des Kosmos und der Geschichte vollbringt. Und wie in der Menschheitsgeschichte das erste Kommen Christi im Mittelpunkt und seine glorreiche Wiederkunft am Ende steht, so ist jede persönliche Existenz berufen, sich während der irdischen Pilgerreise auf geheimnisvolle und vielfältige Art an ihm zu messen, um in der Stunde seiner Rückkehr „in ihm" gefunden zu werden.

Predigt am 1. Adventssonntag, 26.11.2005

# SEID WACHSAM

Im Advent erlebt das christliche Volk aufs Neue einen zweifachen geistlichen Impuls: Einerseits erhebt es den Blick zum letzten Ziel seiner Pilgerschaft auf Erden, nämlich zur glorreichen Wiederkunft unseres Herrn Jesus Christus; zum anderen erinnert es sich tief bewegt an die Geburt in Bethlehem und kniet vor der Krippe nieder. Die Hoffnung der Christen ist auf die Zukunft gerichtet, bleibt aber stets fest in einem Ereignis der Vergangenheit verankert. In der Fülle der Zeiten wurde der Sohn Gottes von der Jungfrau Maria geboren: „… geboren von einer Frau und dem Gesetz unterstellt", wie der Apostel Paulus schreibt (vgl. Galaterbrief 4,4).

Das Evangelium [fordert] uns auf, wachsam zu sein in der Erwartung des endgültigen Kommens Christi. „Seid also wachsam", sagt Jesus, „denn ihr wisst nicht, wann der Hausherr kommt" (vgl. Markus 13,35.37). Das Gleichnis vom Hausherrn, der auf Reisen geht, und von den Dienern, die ihn vertreten sollen, veranschaulicht, wie wichtig es ist, für den Empfang des Herrn gerüstet zu sein, wenn er plötzlich kommt. Die christliche Gemeinschaft wartet voll Sehnsucht auf seine „Offenbarung", und der Apostel Paulus ermahnt die Korinther, auf die Treue Gottes zu vertrauen und so zu leben, dass sie am Tag des Herrn „schuldlos dastehen" (vgl. 1 Korinther 1,7–9) …

Die Adventszeit ruft alle Christen dazu auf, mit wachsamem Herzen und durch Taten der Liebe der Wiederkunft des Herrn die Wege zu bereiten.

Vor dem Angelusgebet, 27.11.2005

## 5. Dezember

# DER UNS STETS ENTGEGENKOMMT

Jesus, der in seiner Geburt zu uns gekommen ist und der am Ende der Zeiten in Herrlichkeit wiederkommen wird, wird nicht müde, ständig zu uns zu kommen, in den Ereignissen jedes Tages. Er bittet uns aufmerksam zu sein, um seine Gegenwart, seinen Advent wahrzunehmen, und er ermahnt uns, ihn wachend zu erwarten, denn sein Kommen kann nicht geplant oder vorausgesehen werden, sondern wird unerwartet und unvorhersehbar sein. Nur wer wach ist, wird nicht davon überrascht werden. Euch soll es nicht so gehen, so warnt er, wie es in den Tagen des Noah war, als die Menschen unbekümmert aßen und tranken und die Flut unvorbereitet über sie hereinbrach (vgl. Matthäus 24,37–38). Was will der Herr uns mit dieser Ermahnung anderes sagen, als dass wir nicht völlig aufgehen sollen in den materiellen Wirklichkeiten und Sorgen, bis wir ganz in ihre Netze verstrickt sind? Wir müssen unter dem Blick des Herrn leben, in der Überzeugung, dass er jeden Tag gegenwärtig sein kann. Wenn wir so leben, dann wird die Welt besser.

„Seid also wachsam …" Hören wir auf die Einladung Jesu im Evangelium und machen wir uns bereit, gläubig das Geheimnis der Geburt des Erlösers zu leben, die das Universum mit Freude erfüllt hat; machen wir uns bereit, den Herrn aufzunehmen, der uns stets entgegenkommt in den Ereignissen des Lebens, in der Freude und im Schmerz, in der Gesundheit und in der Krankheit; machen wir uns bereit, ihm zu begegnen bei seinem letzten und endgültigen Kommen.

Predigt im römischen Krankenhaus „San Giovanni Battista", 2.12.2007

## 6. Dezember
# EINE ANTWORT

In der Adventszeit bereitet sich die kirchliche Gemeinschaft darauf vor, das große Geheimnis der Menschwerdung zu feiern, und sie ist eingeladen, ihr persönliches Verhältnis zu Gott neu zu entdecken und zu vertiefen. Das lateinische Wort „adventus" bezieht sich auf das Kommen Christi und stellt das Herabsteigen Gottes zur Menschheit in den Vordergrund, auf das jeder mit Offenheit, Erwartung, Suche und Zustimmung antworten soll. Und so wie Gott in seiner Selbstoffenbarung und seinem Sich-Hinschenken souverän und frei ist, weil ihn allein die Liebe dazu bewegt, so ist auch der Mensch frei, seine, wenn auch gebührende, Einwilligung zu geben: Gott erwartet eine aus Liebe gegebene Antwort.

In diesen Tagen stellen uns die liturgischen Texte die Jungfrau Maria als vollkommenes Beispiel einer solchen Antwort vor. Maria ist die Frau, die immer eine Hörende ist und stets bereit, den Willen Gottes zu tun. Sie ist ein Vorbild für den Glaubenden, der in seinem Leben auf der Suche nach Gott ist.

Vor dem Angelusgebet, 4.12.2005

## 7. Dezember

# KEHRT UM!

Während der Weg des Advents vorangeht … erklingt in unseren Gemeinden der Aufruf Johannes' des Täufers zur Umkehr [vgl. Matthäus 3,1–2.8]. Es ist dies eine drängende Aufforderung, das Herz zu öffnen und den Sohn Gottes aufzunehmen, der mitten unter uns kommt, um das göttliche Gericht zu offenbaren. Der Vater, schreibt der Evangelist Johannes, richtet niemanden, sondern er hat die Macht des Gerichts dem Sohn übertragen, weil er der Menschensohn ist (vgl. Johannes 5,22.27). Und heute, in der Gegenwart, entscheidet sich unser künftiges Schicksal; mit dem konkreten Verhalten, das wir in diesem Leben an den Tag legen, entscheiden wir über unser ewiges Los. Am Ende unserer Tage auf Erden, im Augenblick des Todes, werden wir danach beurteilt werden, ob wir dem Kind, das in der armen Grotte von Bethlehem geboren werden wird, ähnlich sind oder nicht, da es der Maßstab ist, den Gott der Menschheit gegeben hat.

Der himmlische Vater, der uns in der Geburt seines eingeborenen Sohnes seine barmherzige Liebe offenbart hat, ruft uns auf, dessen Spuren zu folgen und wie er aus unserem Dasein ein Geschenk der Liebe zu machen. Und die Früchte der Liebe sind jene „der Umkehr würdigen Früchte", die Johannes der Täufer nennt, als er sich mit geißelnden Worten an die Pharisäer und Sadduzäer wendet, die mit der Menge zu seiner Taufe gekommen sind. Durch das Evangelium spricht Johannes der Täufer Jahrhunderte hindurch zu jeder Generation … Die „Stimme" des großen Propheten fordert uns auf, dem Herrn, der kommt, den Weg zu bereiten, in den Wüsten von heute, in den äußeren und inneren Wüsten, die nach dem lebendigen Wasser dürsten, das Christus ist.

Vor dem Angelusgebet, 9.12.2007

# BLICK AUF MARIA

Um zu Jesus zu gelangen, dem wahren Licht, der Sonne, die über alle Finsternisse der Geschichte aufgegangen ist, brauchen wir Lichter, die uns nahe sind, Menschen, die Abglanz des Lichtes Christi sind und so den zu gehenden Weg erhellen. Und welcher Mensch wäre leuchtender als Maria? Wer könnte uns mehr als sie Stern der Hoffnung sein, Morgenröte, die den Tag des Heils angekündigt hat? (vgl. Enzyklika „Spe salvi", 49). Deshalb lässt uns die Liturgie heute, kurz vor dem Weihnachtsfest, das Hochfest der ohne Erbsünde empfangenen Jungfrau und Gottesmutter Maria feiern: das Geheimnis der Gnade Gottes, die vom ersten Augenblick seines Daseins jenes Geschöpf umhüllte, das dazu bestimmt war, die Mutter des Erlösers zu werden, und es deshalb vor der Ansteckung der Erbsünde bewahrte. Im Blick auf sie erkennen wir die Größe und die Schönheit des Planes Gottes für jeden Menschen: heilig und untadelig in der Liebe zu werden (vgl. Epheser 1,4), als Ebenbild unseres Schöpfers.

Welch großes Geschenk ist es, die unbefleckt empfangene Jungfrau Maria zur Mutter zu haben! Eine Mutter, die erglänzt in ihrer Schönheit und die Liebe Gottes durchscheinen lässt.

Vor dem Angelusgebet am Spanischen Platz in Rom, 8.12.2007

# IHR ALS KINDER ANVERTRAUT

Maria … ist unsere Mutter! Denn vor Vollendung seines Opfers hat Jesus vom Kreuz herab sie uns als Mutter geschenkt und uns ihr als ihre Kinder anvertraut … Richten wir unseren Blick auf Maria und seien wir, während wir sie um ihre Hilfe anflehen, bereit, jede ihrer mütterlichen Weisungen zu beherzigen.

Lädt uns unsere himmlische Mutter etwa nicht dazu ein, dem in das Herz jedes Christen eingeschriebenen göttlichen Gesetz fügsam zu folgen und das Böse zu meiden und das Gute zu tun? Bittet sie, die selbst auf dem Höhepunkt der Prüfung die Hoffnung bewahrt hat, uns nicht darum, den Mut nicht zu verlieren, wenn das Leiden und der Tod an unsere Tür klopfen? Fordert sie uns nicht auf, vertrauensvoll in die Zukunft zu blicken? Ermahnt uns die Unbefleckte Jungfrau nicht, untereinander Geschwister zu sein, die alle die Aufgabe verbindet, gemeinsam eine gerechtere, solidarische und friedliche Welt aufzubauen? … Sie, die wir „voll der Gnade" nennen, erinnert uns daran, dass wir alle Geschwister sind und dass Gott unser Schöpfer und Vater ist. Ohne ihn oder, noch schlimmer, gegen ihn könnten wir Menschen niemals den Weg finden, der zur Liebe führt, könnten wir niemals die Macht des Hasses und der Gewalt besiegen, niemals einen dauerhaften Frieden schaffen.

Ansprache auf dem Spanischen Platz in Rom, 8.12.2007

## 10. Dezember
# KINDSEIN

Gott hat sich klein gemacht für uns. Gott kommt nicht mit äußerer Macht, sondern er kommt in der Ohnmacht seiner Liebe, die seine Macht ist. Er gibt sich in unsere Hände. Er bittet um unsere Liebe. Er lädt uns ein, selbst klein zu werden, von unseren hohen Thronen herunterzusteigen und das Kindsein vor Gott zu erlernen. Er bietet uns das Du an. Er bittet, dass wir ihm vertrauen und so das Sein in der Wahrheit und in der Liebe erlernen.

Das Kind Jesus erinnert uns natürlich auch an alle Kinder dieser Welt, in denen er auf uns zugehen will. An die Kinder, die in der Armut leben; als Soldaten missbraucht werden; die nie die Liebe der Eltern erfahren durften; an die kranken und leidenden, aber auch an die fröhlichen und gesunden Kinder. Europa ist arm an Kindern geworden: Wir brauchen alles für uns selber, und wir trauen wohl der Zukunft nicht recht. Aber zukunftslos wird die Erde erst sein, wenn die Kräfte des menschlichen Herzens und der vom Herzen erleuchteten Vernunft erlöschen – wenn das Antlitz Gottes nicht mehr über der Erde leuchtet. Wo Gott ist, da ist Zukunft.

Predigt in Mariazell, 8.9.2007

## 11. Dezember

# GEHEN WIR MIT IHR

Nachdem wir das Fest der Unbefleckten Empfängnis Mariens gefeiert haben, treten wir in diesen Tagen in die stimmungsvolle Atmosphäre der Vorbereitung auf das Weihnachtsfest ein. In der heutigen Konsumgesellschaft erleidet diese Zeit eine Art kommerzieller „Verunreinigung", die deren wahren Geist, der geprägt ist von geistiger Sammlung, Schlichtheit und einer nicht äußerlichen, sondern tiefen innerlichen Freude, zu verfälschen droht. So ist es von der Vorsehung gewollt, dass – wie ein Eingangstor zu Weihnachten – das Fest jener Frau gefeiert wird, die die Mutter Jesu ist und die uns besser als alle anderen dazu anleiten kann, den menschgewordenen Sohn Gottes zu kennen, zu lieben und anzubeten.

Lassen wir uns also von ihr führen und uns von ihren Gefühlen beseelen, damit wir uns mit ehrlichem Herzen und offenem Geist darauf einstellen, im Kind von Bethlehem den Sohn Gottes zu erkennen, der auf die Welt gekommen ist, um uns zu erlösen.

… Folgen wir der Einladung, die die liturgischen Texte im Advent wiederholt an uns richten, nämlich wachsam zu bleiben, in aufmerksamer und freudiger Erwartung zu leben, weil die Ankunft des Herrn bevorsteht. Er kommt, um sein Volk von der Sünde zu befreien.

Vor dem Angelusgebet, 11.12.2005

## 12. Dezember
# DIE KRIPPE

Einer schönen, altbewährten Tradition gemäß wird in vielen Familien gleich nach dem Fest der Unbefleckten Empfängnis mit dem Aufbau der Krippe begonnen, gleichsam um jene Tage voll sehnsüchtiger Erwartung, die der Geburt Jesu vorangingen, zusammen mit Maria zu erleben. Das Aufstellen der Krippe zu Hause kann sich als einfache, aber wirksame Methode zur Darstellung und Weitergabe des Glaubens an die Kinder erweisen. Die Krippe hilft uns bei der Betrachtung des Mysteriums der Liebe Gottes, der sich in der Armut und Einfachheit der Grotte von Bethlehem offenbart hat. Der heilige Franz von Assisi war so stark vom Geheimnis der Menschwerdung beeindruckt, dass er beschloss, es in der lebendigen Krippe von Greccio darzustellen. Dadurch wurde er zum Initiator einer langen Volkstradition, die bis heute ihren Wert für die Evangelisierung behalten hat.

In der Tat kann die Krippe uns dabei behilflich sein, das Geheimnis der wahren Weihnacht zu verstehen, denn sie erzählt von Demut und von der barmherzigen Güte Christi: „Er, der reich war, wurde [unseretwegen] arm" (vgl. 2 Korinther 8,9). Seine Armut bereichert all jene, die sich zu ihr bekennen, und das Weihnachtsfest bringt Freude und Frieden zu denen, die, wie die Hirten in Bethlehem, die Worte des Engels aufnehmen: „Und das soll euch als Zeichen dienen: Ihr werdet ein Kind finden, das, in Windeln gewickelt, in einer Krippe liegt" (vgl. Lukas 2,12). Dies bleibt auch für uns Männer und Frauen des 21. Jahrhunderts das Zeichen. Es gibt kein anderes Weihnachten.

*Vor dem Angelusgebet, 11.12.2005*

## 13. Dezember

# DIALOG MIT DEM HEILIGEN JOSEF

Im Evangelium stellt der heilige Lukas uns die Jungfrau Maria vor als „mit einem Mann namens Josef verlobt, der aus dem Haus David stammte" (vgl. Lukas 1,27). Es ist jedoch der Evangelist Matthäus, der den Nährvater Jesu stärker hervorhebt, indem er betont, dass das Kind durch ihn von Rechts wegen der davidischen Nachkommenschaft angehörte ... Er ist das Vorbild des „gerechten" Menschen (vgl. Matthäus 1,19), der in vollem Einklang mit seiner Braut den menschgewordenen Gottessohn aufnimmt und über sein menschliches Wachstum wacht. Aus diesem Grund ist es in den vorweihnachtlichen Tagen höchst angebracht, eine Art geistigen Dialog mit dem heiligen Josef zu pflegen, damit er uns helfe, dieses große Geheimnis in seiner ganzen Fülle zu leben ...

Das Schweigen des heiligen Josef ist nicht Ausdruck innerer Leere, sondern im Gegenteil Ausdruck der Fülle des Glaubens, den er im Herzen trägt und der alle seine Gedanken und Handlungen leitet. Durch dieses Schweigen bewahrt Josef gemeinsam mit Maria das Wort Gottes, das er in der Heiligen Schrift kennengelernt hatte, und stellt ihm fortwährend die Ereignisse im Leben Jesu gegenüber; sein Schweigen ist durchdrungen von beständigem Gebet – ein Gebet des Lobpreises an den Herrn, der Anbetung seines heiligen Willens und der vollkommenen Hingabe an seine Vorsehung.

Es ist keine Übertreibung, wenn man denkt, dass – auf menschlicher Ebene – Jesus von seinem „Vater" Josef jene starke Innerlichkeit lernte, die Voraussetzung der wahren Gerechtigkeit ist ... Lassen wir uns also vom heiligen Josef „anstecken"! Wir haben es in einer oft zu lauten Welt, welche die Sammlung und das Hören auf die Stimme Gottes keineswegs fördert, sehr nötig.

Vor dem Angelusgebet, 18.12.2005

## 14. Dezember

# FREUT EUCH!

Am dritten Adventssonntag lädt uns die Liturgie zur Freude des Geistes ein. Sie tut dies mit der berühmten Antiphon, die eine Aufforderung des Apostels Paulus aufnimmt: „Gaudete in Domino – Freut euch im Herrn zu jeder Zeit! ... der Herr ist nahe" (vgl. Philipper 4,4.5).

Die Freude, die die Liturgie in den Herzen der Gläubigen weckt, ist nicht uns allein vorbehalten ... Wir denken an unsere Brüder und Schwester, die vor allem im Nahen Osten, in einigen Gebieten Afrikas und in anderen Teilen der Welt das Drama des Krieges erleben: Welche Freude können sie erfahren? ... Denken wir an die vielen Kranken und einsamen Menschen, die nicht nur im Körper, sondern auch an Geist und Seele geprüft sind, weil sie sich nicht selten verlassen fühlen: Wie können wir die Freude mit ihnen teilen, ohne es an Rücksicht gegenüber ihrem Leid fehlen zu lassen? Denken wir aber auch an die Menschen – vor allem die Jugendlichen –, die den Sinn für echte Freude verloren haben und sie vergeblich dort suchen, wo sie unmöglich gefunden werden kann: in der erbitterten Jagd nach Selbstbehauptung und Erfolg, in falschen Vergnügungen, im Konsumdenken, in Rauschzuständen, in den künstlichen Paradiesen der Drogen und jeder Form von Wirklichkeitsflucht. Wie sollten wir nicht die liturgischen Texte von heute mit ihrem „Freut euch!" diesen dramatischen Wirklichkeiten gegenüberstellen? ... Die Einladung zur Freude ist weder eine von der Wirklichkeit entfremdende Botschaft noch ein fruchtloses Linderungsmittel, sondern im Gegenteil eine prophetische Ankündigung des Heils und ein Aufruf zu einer Befreiung, die von der inneren Erneuerung ausgeht.

Vor dem Angelusgebet, 17.12.2006

## 15. Dezember

# IN WACHSAMER UND BETENDER ERWARTUNG

Die geistliche Haltung der wachsamen und betenden Erwartung bleibt das grundlegende Kennzeichen des Christen in dieser Adventszeit. Das ist die Haltung, welche die Hauptpersonen jener Zeit auszeichnete: Zacharias und Elisabeth, die Hirten, die Heiligen Drei Könige, das einfache und demütige Volk. Vor allem die Erwartung Marias und Josefs! Letztere haben mehr als alle anderen in eigener Person das Bangen und die Sorge um das Kind, das geboren werden sollte, erfahren. Es ist nicht schwer, sich vorzustellen, wie sie die letzten Tage verbracht haben, in der Erwartung, den Neugeborenen in ihre Arme schließen zu können. Ihre Haltung soll auch die unsere sein. Hören wir dazu die Ermahnung des … Bischofs von Turin, des heiligen Maximus: „Während wir uns darauf vorbereiten, die Geburt des Herrn anzunehmen, wollen wir uns mit reinen Gewändern, ohne Flecken bekleiden. Ich spreche vom Kleid der Seele, nicht von jenem des Leibes. Bekleiden wir uns nicht mit Gewändern aus Seide, sondern mit heiligen Werken! Die prunkvollen Kleider können die Glieder des Leibes bedecken, aber sie schmücken nicht das Gewissen" (vgl. Disc. 61a 1–3).

Wenn das Jesuskind unter uns zur Welt kommt, soll es uns nicht unaufmerksam antreffen oder nur damit beschäftigt, unser Zuhause mit Lichtern zu schmücken. Bereiten wir vielmehr in unseren Herzen und unseren Familien eine würdige Wohnung vor, in der es sich mit Glauben und Liebe aufgenommen fühlt.

Generalaudienz, 20.12.2006

## 16. Dezember

# GLANZ DER GEBURT CHRISTI

Im Philipperbrief sagt der heilige Paulus: Christus „war Gott gleich, hielt aber nicht daran fest, wie Gott zu sein, sondern er entäußerte sich und wurde wie ein Sklave und den Menschen gleich" (vgl. 2,6–7). Und der Apostel fügt hinzu, dass sein Leben das eines Menschen war und er sich erniedrigte. An Weihnachten werden wir die Verwirklichung dieses erhabenen Geheimnisses der Gnade und der Barmherzigkeit erneut erleben.

Der heilige Paulus sagt an anderer Stelle: „Als aber die Zeit erfüllt war, sandte Gott seinen Sohn, geboren von einer Frau und dem Gesetz unterstellt, damit er die freikaufe, die unter dem Gesetz stehen, und damit wir die Sohnschaft erlangen" (vgl. Galater 4,4–5). Tatsächlich erwartete das auserwählte Volk seit vielen Jahrhunderten den Messias, aber es stellte sich ihn als einen mächtigen und siegreichen Feldherrn vor, der die Seinen von der unterdrückenden Fremdherrschaft befreien würde. Der Erlöser wurde dagegen in der Stille und in äußerster Armut geboren. Er kam als Licht, das jeden Menschen erleuchtet, sagt der Evangelist Johannes, „aber die Seinen nahmen ihn nicht auf" (vgl. Johannes 1,11). Der Apostel fügt jedoch hinzu: „Allen aber, die ihn aufnahmen, gab er Macht, Kinder Gottes zu werden" (1,12). Das verheißene Licht erleuchtete die Herzen derer, die in wachsamer und tätiger Erwartung ausgeharrt hatten.

Die Adventsliturgie ermahnt auch uns, wachsam und nüchtern zu sein, um uns nicht lähmen zu lassen von der Sünde und den übertriebenen Sorgen der Welt. Wir können nämlich nur wachend und betend den Glanz der Geburt Christi erkennen und aufnehmen.

Generalaudienz, 20.12.2006

**17. Dezember**

# ERLÖSERSUCHE

Erwartet die Menschheit unserer Zeit noch einen Erlöser? Man hat den Eindruck, dass viele Gott als etwas betrachten, das nicht in den Bereich ihrer Interessen fällt ... Sie leben, als ob es ihn nicht gäbe oder, schlimmer noch, als ob er ein „Hindernis" wäre, das beseitigt werden muss, damit man sich selbst verwirklichen kann. Auch von den Gläubigen lassen sich sicherlich manche durch verführerische Trugbilder verlocken und durch Lehren auf Abwege führen, die illusorische, schnellere Möglichkeiten anbieten, um das Glück zu erreichen.

Und dennoch sucht die Menschheit heute – auch in ihren Widersprüchen, Ängsten und dramatischen Situationen oder gerade wegen ihnen – einen Weg der Erneuerung, des Heils; sie sucht einen Erlöser und erwartet, manchmal unbewusst, das Kommen des Erlösers, der unsere Welt und unser Leben erneuert, das Kommen Christi, des einzigen wirklichen Erlösers des Menschen, und zwar des ganzen Menschen. Sicher bieten falsche Propheten weiterhin eine Erlösung zu einem „billigen Preis" an ... Gerade die Geschichte der letzten 50 Jahre zeigt diese Suche nach einem Erlöser zu einem „billigen Preis" und macht all die Enttäuschungen deutlich, die daraus entstanden sind. Unsere Aufgabe als Christen ist es, mit dem Zeugnis unseres Lebens die Wahrheit des Weihnachtsfestes zu verbreiten, die Christus jedem Mann und jeder Frau guten Willens bringt. Jesus ... kommt, um allen jene Freude und jenen Frieden zu schenken, der allein das Sehnen des menschlichen Herzens stillen kann.

Generalaudienz, 20.12.2006

## 18. Dezember
# DAS LICHT

Besonders in dieser letzten Adventswoche begleitet und unterstützt die Liturgie unseren inneren Weg mit wiederholten Einladungen, den Erlöser aufzunehmen und Ihn in dem wehrlosen Kind in der Krippe zu erkennen. Zahlreiche Symbole helfen uns, das Geheimnis der Weihnacht besser zu verstehen; das Licht ist darunter eines der tiefsinnigsten …

Weihnachten fällt in unserer Hemisphäre in die Tage, in denen die Sonne ihre absteigende Bahn beendet und langsam beginnt, das Licht des Tages wieder zu verlängern, dem regelmäßig wiederkehrenden Ablauf der Jahreszeiten entsprechend. Das hilft uns, das Thema des Lichtes, das die Finsternis überwindet, besser zu verstehen. Es ist ein eindrückliches Symbol für eine Wirklichkeit, die das Innere des Menschen berührt: Ich beziehe mich auf das Licht des Guten, das über das Böse siegt, der Liebe, die den Hass überwindet, des Lebens, das den Tod besiegt.

An dieses innere Licht, an das göttliche Licht lässt uns das Weihnachtsfest denken, das uns wieder den endgültigen Sieg der Liebe Gottes über die Sünde und den Tod verkündet. Aus diesem Grund gibt es in der Novene vor Weihnachten, die wir in diesen Tagen beten, viele und bedeutungsreiche Hinweise auf das Licht … Der von den Völkern erwartete Erlöser wird als „Morgenstern" angerufen, als der Stern, der den Weg weist und die Menschen führt, die in den Dunkelheiten und Gefahren der Welt als Pilger unterwegs sind zum Heil, das von Gott verheißen und in Jesus Christus verwirklicht wurde.

Generalaudienz, 21.12.2005

## 19. Dezember

# BEREIT SEIN – AUSHARREN

Das irdische Dasein ist ein mehr oder weniger langes Warten auf die Begegnung mit dem göttlichen Bräutigam „von Angesicht zu Angesicht"; es ist ein Warten, das stets mit wachsamem Herzen gelebt werden muss, um bereit zu sein, ihn zu erkennen und zu empfangen, wenn er kommen wird.

*Ansprache am XI. Tag des geweihten Lebens, 2.2.2007*

Der heilige Augustinus weiß, dass es auch unter den Einwohnern von Babylon Menschen gibt, die – obwohl sie den biblischen Glauben nicht teilen, also die Hoffnung auf die ewige Stadt, nach der wir uns sehnen, nicht kennen – einen Funken von Sehnsucht nach dem Unbekannten, dem Größten, ... nach einer wahren Erlösung in sich tragen ... Mit diesem Glauben an eine, wenngleich unbekannte Wirklichkeit sind sie tatsächlich auf dem Weg zum wahren Jerusalem, zu Christus. Und mit dieser hoffnungsvollen Offenheit ... gegenüber jenen, die Christus und auch Gott nicht kennen und sich trotzdem nach dem Unbekannten, nach dem Ewigen sehnen, richtet [Augustinus] auch an uns die Mahnung, nicht nur auf die materiellen Dinge des gegenwärtigen Augenblicks zu starren, sondern auf dem Weg zu Gott auszuharren.

*Generalaudienz, 30.11.2005*

# WAS RETTUNG BRINGT

Das Weihnachtsfest ist schon nahe. Gott, der Herr, ist den Gefahren, die in der Geschichte drohten, nicht mit äußerer Gewalt entgegengetreten, wie wir Menschen es aus unserer weltlichen Perspektive heraus erwartet hätten. Seine Waffe ist die Güte. Er hat sich als Kind offenbart, das in einem Stall geboren wurde. Genau so tritt er mit seiner ganz anders gearteten Macht der zerstörerischen Gewalt entgegen. Genau so rettet er uns. Genau so zeigt er uns das, was Rettung bringt.

Wir wollen ihm in diesen Weihnachtstagen wie die Hirten und die Weisen aus dem Morgenland vertrauensvoll entgegengehen. Bitten wir Maria, uns zum Herrn zu führen. Bitten wir ihn selbst, dass er sein Angesicht über uns leuchten lasse. Bitten wir ihn, dass er die Gewalt in der Welt überwinden und uns die Macht seiner Güte erfahren lassen möge.

Ansprache an das Kardinalskollegium, 22.12.2005

## 21. Dezember

# FREUE DICH!

Das Evangelium des vierten Adventssonntags [gehört] für mich zu den schönsten Abschnitten der Heiligen Schrift [vgl. Lukas 1,26–38] ... Das erste Wort, das ich mit euch betrachten will, ist der Gruß des Engels an Maria. In der italienischen Übersetzung sagt der Engel: „Ich grüße dich, Maria!" [in der deutschen: „Sei gegrüßt!"]. Aber das ursprüngliche Wort, „Kaire", bedeutet eigentlich „Freue dich", „Sei froh" ... Der Gruß unter den Juden war „Shalom", „Frieden", während der Gruß in der griechischen Welt „Kaire", „Freue dich", lautete. Es überrascht, dass der Engel, als er Mariens Haus betritt, mit dem Gruß der Griechen grüßt ... Im griechischen Gruß des Engels wird die neue Universalität des Reiches des wahren Sohnes Davids offenbar.

„Freue dich, sei froh." Es ist das erste Wort, das im Neuen Testament als solchem erklingt, denn die Verkündigung der Geburt Johannes' des Täufers an Zacharias durch den Engel ist ein Wort, das noch an der Schwelle zwischen den beiden Testamenten erklingt. Erst mit diesem Dialog, den der Engel Gabriel mit Maria führt, beginnt das Neue Testament wirklich. Wir können also sagen, dass das erste Wort des Neuen Testaments eine Einladung zur Freude ist: „Freue dich!" Das Neue Testament ist wirklich ein „Evangelium", die „Gute Nachricht", die uns Freude bringt. Gott ist uns nicht fern, unbekannt, rätselhaft oder vielleicht gefährlich. Gott ist uns nahe, so nahe, dass er zu einem Kind wird, und wir dürfen „du" zu diesem Gott sagen ... Das ist die große Freude, die das Christentum verkündet. Diesen Gott zu kennen, ist wirklich die „gute Nachricht", ein Wort der Erlösung.

Predigt in der römischen Pfarrkirche Santa Maria Consolatrice, 18.12.2005

## 22. Dezember
# FÜRCHTE DICH NICHT!

Das zweite Wort, das ich betrachten möchte, ist wieder ein Wort des Engels: „Fürchte dich nicht, Maria!", sagt er. Sie hatte allen Grund, sich zu fürchten, denn … die Mutter des Königs der Welt zu sein, die Mutter des Sohnes Gottes, welch eine Last bedeutete das! Eine Last, die alle menschlichen Kräfte überstieg! Aber der Engel sagt: „Fürchte dich nicht! Ja, du trägst Gott, aber Gott trägt dich. Fürchte dich nicht!" …

„Fürchte dich nicht!": Maria sagt diese Worte auch zu uns … in unsere Welt der Angst … vor Elend und Armut, Angst vor Krankheiten und Leiden, Angst vor Einsamkeit, Angst vor dem Tod. Wir haben in unserer Welt ein hochentwickeltes Versicherungssystem, und es ist gut, dass es dies gibt. Aber wir wissen, dass uns im Augenblick schweren Leidens, äußerer Todesverlassenheit keine Versicherung helfen kann. Die einzige Versicherung, die in dem Moment einen Wert hat, ist die, die vom Herrn kommt, der auch zu uns spricht: „Fürchte dich nicht, ich bin immer bei dir." Wir können fallen, aber am Ende fallen wir in Gottes Hände, und Gottes Hände sind gute Hände.

Predigt in der römischen Pfarrkirche Santa Maria Consolatrice, 18.12.2005

# MIR GESCHEHE, WIE DU ES GESAGT HAST

Das dritte Wort: Am Ende des Gesprächs antwortet Maria dem Engel: „Ich bin die Magd des Herrn, mir geschehe, wie du es gesagt hast." Maria nimmt so die dritte Bitte des Vaterunsers vorweg: „Dein Wille geschehe!" Sie sagt Ja zum mächtigen Willen Gottes, einem Willen, der scheinbar zu groß für einen Menschen ist: Maria … fügt sich diesem Willen. Mit einem allumfassenden Ja stellt sie ihr ganzes Dasein in den Willen Gottes hinein und öffnet Gott so die Tür zur Welt. Adam und Eva hatten durch ihr Nein zum Willen Gottes diese Tür geschlossen.

„Gottes Wille geschehe": Maria lädt uns ein, ebenfalls dieses Ja auszusprechen, das manchmal so schwierig zu sein scheint. Wir sind versucht, unseren eigenen Willen vorzuziehen, aber sie sagt zu uns: „Hab Mut, sprich auch du: ‚Dein Wille geschehe', denn dieser Wille ist gut." Er mag uns anfangs wie eine beinahe unerträgliche Last erscheinen, wie ein Joch, das zu tragen unmöglich ist, aber in Wirklichkeit ist Gottes Wille keine Last, sondern der Wille Gottes verleiht uns Flügel, so dass wir … es mit Maria auch selbst wagen können, Gott die Tür zu unserem Leben zu öffnen, die Türen zu dieser Welt, indem wir Ja sagen zu seinem Willen, im Bewusstsein, dass dieser Wille das wahre Gut ist und uns zum wahren Glück führt. Bitten wir Maria, dass sie uns Mut gebe, dieses Ja auszusprechen, dass sie uns auch die Freude schenke, bei Gott zu sein, und dass sie uns zu seinem Sohn führe, zum wahren Leben.

Predigt in der römischen Pfarrkirche Santa Maria Consolatrice, 18.12.2005

## 24. Dezember
# MIT DER DEMUT DER HIRTEN

Im Stall zu Bethlehem berühren sich Himmel und Erde. Der Himmel ist auf die Erde gekommen … Bei der Auslegung des Vater-unser-Anrufs: „Vater unser in den Himmeln" fragt [der heilige Augustinus]: Was ist das – der Himmel? Und wo ist der Himmel? Darauf folgt eine überraschende Antwort: „… der du bist im Himmel, das heißt: in den Heiligen und Gerechten. Wohl ist der Himmel der erhabenste Körper des Weltalls, aber ein Körper, der nur im Raum sein kann. Glaubt man aber, dass Gott im Himmel, also im obersten Teil des Weltalls wohnt, dann sind die Vögel besser daran als wir, da sie dann in unmittelbarerer Nähe zu Gott leben würden als wir. Aber es steht nicht geschrieben: ‚Der Herr ist nahe denen, die auf Höhen oder Bergen wohnen', sondern: ‚Der Herr ist nahe denen, die zerbrochenen Herzens sind' (vgl. Psalm 34[33],19), was sich auf die Demut bezieht. Wie der Sünder ‚Erde' genannt wird, so kann man im Gegensatz dazu den Gerechten ‚Himmel' nennen" (vgl. Serm. In monte II 5,17).

Der Himmel gehört nicht der Geographie des Raums, sondern der Geographie des Herzens zu. Und das Herz Gottes hat sich in der Heiligen Nacht in den Stall herabgebeugt: Die Demut Gottes ist der Himmel. Und wenn wir auf diese Demut zugehen, dann berühren wir den Himmel. Dann wird auch die Erde neu. Brechen wir mit der Demut der Hirten in dieser Heiligen Nacht auf zu dem Kindlein im Stall. Berühren wir die Demut Gottes, das Herz Gottes. Dann wird seine Freude uns berühren und die Welt heller machen.

Predigt bei der Mitternachtsmesse im Petersdom, 25.12.2007

# ER KAM IN SEIN EIGENTUM

„**F**ür Maria kam die Zeit ihrer Niederkunft. Sie gebar ihren Sohn, den Erstgeborenen. Sie wickelte ihn in Windeln und legte ihn in eine Krippe, weil in der Herberge kein Platz für sie war" (vgl. Lukas 2,6f). Diese Sätze treffen uns immer wieder ins Herz. Der Augenblick ist da, den der Engel in Nazareth angekündigt hatte: „Du wirst einen Sohn gebären: dem sollst du den Namen Jesus geben. Er wird groß sein und Sohn des Höchsten genannt werden" (vgl. Lukas 1,31). Es ist der Augenblick da, auf den Israel seit so vielen Jahrhunderten, in so vielen dunklen Stunden gewartet hat – der Augenblick, auf den in verworrenen Gestalten irgendwie die Menschheit als ganze wartete: dass Gott sich unser annehme, aus seiner Verborgenheit heraustrete, die Welt heil werde und Er alles erneuere. Wir können uns vorstellen, mit wie viel innerer Bereitung und Liebe Maria auf diese Stunde zugegangen ist. Das kleine Wort: „Sie wickelte ihn in Windeln", lässt uns etwas von der heiligen Freude und dem stillen Eifer dieser Vorbereitung ahnen. Die Windeln sind bereit, damit das Kind recht empfangen werde. Aber in der Herberge gibt es keinen Platz. Irgendwie wartet die Menschheit auf Gott, auf seine Nähe. Aber wenn es so weit ist, hat sie keinen Platz für ihn. Sie ist so sehr mit sich selbst beschäftigt, sie braucht allen Raum und alle Zeit so dringend für das Eigene, dass nichts für den anderen bleibt – für den Nächsten, für den Armen, für Gott. Und je reicher die Menschen werden, desto mehr füllen sie alles mit sich selber aus. Desto weniger kann der andere hereintreten.

Johannes hat in seinem Evangelium die kurze Notiz des heiligen Lukas über die Situation in Bethlehem ins Grundsätzliche vertieft: „Er kam in sein Eigentum, und die Seinigen nahmen ihn nicht auf" (vgl. Johannes 1,11). Das betrifft zunächst Bethlehem: Der Davidssohn kommt in seine Stadt, aber er muss im Stall geboren werden, weil in der Herberge kein Platz ist für ihn. Es gilt für Israel: Der Gesandte kommt zu den Seinigen, aber man will ihn nicht. Es gilt für die Menschheit: Der, durch den die Welt geworden ist, das schöpferische Urwort tritt in die Welt herein, aber es wird nicht gehört, wird nicht angenommen.

Diese Worte gehen uns an, jeden einzelnen und die Gesellschaft als ganze. Haben wir Zeit für den Nächsten, der mein Wort, meine Zuwendung braucht? Für den Leidenden, der Hilfe nötig hat? Für den Vertriebenen oder Heimatlosen, der Herberge sucht? Haben wir Zeit und Raum für Gott? Kann er hereintreten in unser Leben? Findet er Raum bei uns, oder haben wir alle Räume unseres Denkens, Handelns, Lebens für uns selbst besetzt?

Gott sei Dank ist die negative Nachricht nicht das Einzige und Letzte, das wir im Evangelium finden. So wie wir bei Lukas der Liebe der Mutter Maria und der Treue des heiligen Josef, der Wachheit der Hirten und ihrer großen Freude begegnen, bei Matthäus dem Besuch der Weisen, die von weit her gekommen sind, so sagt uns auch Johannes: Denen aber, die ihn aufnahmen, gab er die Vollmacht, Kinder Gottes zu werden (1,12). Es gibt diejenigen, die ihn aufnehmen, und so wächst leise vom Stall, von außen her das neue Haus, die neue Stadt, die neue Welt.

Die Weihnachtsbotschaft lässt uns das Dunkel einer verschlossenen Welt erkennen, und sie schildert damit durchaus Wirklichkeit, die wir täglich erleben. Aber sie sagt uns auch, dass Gott sich nicht aussperren lässt. Dass er einen Raum findet, und wenn er durch den Stall hereintritt; dass es Menschen gibt, die sein Licht sehen und es weitertragen. Durch das Wort des Evangeliums spricht der Engel auch zu uns, und in der heiligen Liturgie fällt das Licht des Erlösers in unser Leben ein. Ob wir nun Hirten oder Weise sind – das Licht und seine Botschaft rufen uns, aufzubrechen, herauszugehen aus der Verschlossenheit in unsere eigenen Wünsche und Interessen auf den Herrn zu und ihn anzubeten. Wir beten ihn an, indem wir die Welt öffnen für die Wahrheit, für das Gute, für Christus, für den Dienst an denen, die am Rande stehen und in denen er auf uns wartet.

Predigt in der Mitternachtsmesse, 25.12.2007

## 26. Dezember

# KRIPPE UND KREUZ

Nachdem wir gestern die Geburt Christi festlich begangen haben, gedenken wir heute der „Geburt zum Himmel" des heiligen Stephanus, des ersten Märtyrers. Es besteht eine besondere Verbindung zwischen diesen beiden Festtagen, die in den folgenden Worten aus der ambrosianischen Liturgie gut zusammengefasst ist: „Gestern wurde der Herr auf Erden geboren, damit Stephanus zum Himmel geboren würde" (bei der Brotbrechung). Wie Jesus sich am Kreuz dem Vater vollständig hingegeben und seinen Peinigern vergeben hat, so betet auch Stephanus in seiner Todesstunde und sagt: „Herr Jesus, nimm meinen Geist auf!" und „Herr, rechne ihnen diese Sünde nicht an!" (vgl. Apostelgeschichte 7,59 – 60). Stephanus ist ein echter Jünger Jesu und handelt genauso wie er. Mit ihm beginnt jene lange Reihe von Märtyrern, die ihren Glauben mit dem Opfer des Lebens besiegelten und durch ihr heldenhaftes Zeugnis verkündeten, dass Gott Mensch wurde, um den Menschen das Himmelreich zu öffnen. In der frohen Weihnachtsatmosphäre darf der Verweis auf das Martyrium des heiligen Stephanus nicht als unangebracht erscheinen. Tatsächlich fällt der Schatten des Kreuzes schon auf die Krippe von Bethlehem. Das Kreuz kündigt sich an in der Armut des Stalls, in dem das Kind weint …

Wie sollte man verkennen, dass auch in unserer Zeit in vielen Teilen der Welt das Bekenntnis des christlichen Glaubens das Heldentum der Märtyrer erfordert? Und wie sollte man verschweigen, dass man für ein konsequentes Leben nach dem Evangelium überall, also auch dort, wo es keine Verfolgung gibt, einen hohen Preis zahlen muss? … Bitten wir Gott um die Gnade, unseren Glauben konsequent zu leben, stets bereit, allen Rede und Antwort zu stehen, die nach der Hoffnung fragen, die uns erfüllt (vgl. 1 Petrus 3,15).

Vor dem Angelusgebet, 26.12.2007

## 27. Dezember
# „WIR WOLLEN LIEBEN"

**D**er Apostel Johannes interpretiert gleichsam die Empfindungen der Menschen aller Zeiten, wenn er schreibt: „Seht, wie groß die Liebe ist, die der Vater uns geschenkt hat" (vgl. 1 Johannes 3,1) ...

Der Lieblingsjünger des Herrn unterstreicht, dass wir Kinder Gottes heißen und es wirklich sind (vgl. 1 Johannes 3,1): Wir sind nicht nur Geschöpfe, sondern wir sind seine Kinder; auf diese Weise ist Gott uns nahe; auf diese Weise zieht er uns im Augenblick seiner Menschwerdung, als er einer von uns wird, an sich. Wir gehören also wirklich zu der Familie, die Gott zum Vater hat, weil Jesus, der eingeborene Sohn, unter uns sein „Zelt" aufgeschlagen hat, das „Zelt" seines Fleisches, um alle Völker in einer einzigen Familie, der Familie Gottes, zu versammeln, die wirklich zum göttlichen Sein gehört, vereint in einem einzigen Volk, in einer einzigen Familie. Er ist gekommen, um uns das wahre Antlitz des Vaters zu enthüllen.

Und wenn wir jetzt das Wort „Gott" gebrauchen, handelt es sich nicht mehr um eine nur aus weiter Ferne erkannte Wirklichkeit. Wir kennen das Antlitz Gottes: Es ist das Antlitz des Sohnes, der gekommen ist, um uns auf der Erde die himmlische Wirklichkeit näherzubringen. Der heilige Johannes schreibt: „Nicht darin besteht die Liebe, dass wir Gott geliebt haben, sondern dass er uns geliebt hat" (vgl. 1 Johannes 4,10). An Weihnachten erschallt auf der ganzen Welt die einfache und bewegende Botschaft: „Gott liebt uns." „Wir wollen lieben", sagt der heilige Johannes, „weil er uns zuerst geliebt hat" (vgl. 1 Johannes 4,19). Dieses Geheimnis ist nun unseren Händen anvertraut, damit wir uns durch die Erfahrung der göttlichen Liebe auf die himmlische Wirklichkeit hin ausstrecken.

Generalaudienz, 3.1.2007

## 28. Dezember

# IN EINER MENSCHLICHEN FAMILIE

Am letzten Sonntag des Jahres feiern wir das Fest der Heiligen Familie von Nazareth … Im Evangelium finden wir keine Reden über die Familie, sondern ein Ereignis, das mehr wert ist als alle Worte: Gott wollte in einer menschlichen Familie geboren werden und aufwachsen. Dadurch hat er sie geheiligt als ersten und normalen Weg der Begegnung mit der Menschheit. Während seines Lebens in Nazareth hat Jesus die Jungfrau Maria und den gerechten Josef geehrt und war ihnen in der ganzen Zeit seiner Kindheit und Jugend gehorsam (vgl. Lukas 2,51–52) … Mit ihnen hat er gelernt, die Wallfahrt nach Jerusalem zu machen … Als er zwölf Jahre alt war, blieb er im Tempel, und seine Eltern brauchten drei Tage, um ihn wiederzufinden. Mit dieser Geste gab er ihnen zu verstehen, dass er „in dem sein muss, was seinem Vater gehört", das heißt, dass er sich der Sendung widmen muss, die Gott ihm anvertraut hat (vgl. Lukas 2,41–42).

Diese Begebenheit aus dem Evangelium offenbart die wahrste und tiefste Berufung der Familie: die Berufung, jedes Mitglied auf dem Weg der Entdeckung Gottes und des Planes, den er für es vorgesehen hat, zu begleiten. Maria und Josef haben Jesus vor allem durch ihr Beispiel erzogen: in seinen Eltern hat er die ganze Schönheit des Glaubens, der Liebe zu Gott und seinem Gesetz kennengelernt wie auch die Anforderungen der Gerechtigkeit, die ihre volle Erfüllung in der Liebe findet (vgl. Römer 13,10). Von ihnen hat er gelernt, dass man zuallererst den Willen Gottes tun muss …

Die Heilige Familie von Nazareth ist in der Tat das „Urbild" jeder christlichen Familie, die, im Sakrament der Ehe vereint und vom Wort und von der Eucharistie genährt, dazu gerufen ist, die wundervolle Berufung und Sendung zu verwirklichen, lebendige Zelle nicht nur der Gesellschaft zu sein, sondern der Kirche.

Vor dem Angelusgebet, 31.12.2006

## 29. Dezember
# DER RAHMEN

Kein Mensch hat sich selbst ins Dasein gerufen, noch hat er die Grundkenntnisse des Lebens allein erworben. Wir alle haben das Leben und die Grundwahrheiten des Lebens von anderen empfangen und sind aufgerufen, die Vollkommenheit in Beziehung und liebender Gemeinschaft mit den anderen Menschen zu erlangen. Die Familie, die auf die unauflösliche Ehe zwischen einem Mann und einer Frau gegründet ist, drückt diese Dimension der Beziehung, der Kindschaft und der Gemeinschaft aus und ist der Rahmen, in dem der Mensch mit Würde geboren werden, wachsen und sich ganzheitlich entwickeln kann.

Wenn ein Kind geboren wird, beginnt es, durch die Beziehung zu seinen Eltern Teil einer Familientradition zu werden, die noch ältere Wurzeln hat. Mit dem Geschenk des Lebens empfängt es ein ganzes Erbe an Erfahrung. Bezüglich dieses Erbes haben die Eltern das unveräußerliche Recht und die unveräußerliche Pflicht, es an die Kinder weiterzugeben: sie bei ihrer Identitätsfindung zu erziehen, sie einzuführen in das gesellschaftliche Leben, in den verantwortungsvollen Umgang mit ihrer sittlichen Freiheit und ihrer Fähigkeit zu lieben – durch die Erfahrung, geliebt zu werden – und sie vor allem einzuführen in die Begegnung mit Gott. Die Kinder wachsen und reifen menschlich in dem Maße, in dem sie vertrauensvoll dieses Erbe und diese Erziehung annehmen, in die sie Schritt für Schritt hineinwachsen. Auf diese Weise sind sie in der Lage, eine persönliche Synthese zu entwickeln aus dem, was sie empfangen haben, und dem Neuen, eine Synthese, die zu verwirklichen jeder Einzelne und jede Generation aufgerufen ist.

Predigt beim X. Welttreffen der Familien in Valencia, 9.7.2006

## 30. Dezember
# DAS DRAMA DER ABLEHNUNG

Die Freude der Weihnacht lässt uns jedoch nicht das Geheimnis des Bösen („mysterium iniquitatis") vergessen, die Macht der Finsternis, die den Glanz des göttlichen Lichtes zu verdunkeln trachtet: und diese Macht der Finsternis erleben wir leider täglich. Im Prolog seines Evangeliums, der in diesen Tagen mehrmals verkündet wird, schreibt der Evangelist Johannes: „Das Licht leuchtet in der Finsternis, und die Finsternis hat es nicht erfasst" (vgl. Johannes 1,5). Es ist das Drama der Ablehnung Christi, das, wie in der Vergangenheit, leider auch heute in vielen verschiedenen Formen auftritt und sich äußert. Vielleicht sind die Formen der Ablehnung Gottes in der heutigen Zeit sogar noch heimtückischer und gefährlicher: sie reichen von der völligen Verwerfung bis zur Gleichgültigkeit, vom wissenschaftlichen Atheismus bis zur Vorstellung eines sogenannten modernisierten oder postmodernen Jesus. Jesus als ein Mensch, der in verschiedener Weise auf einen gewöhnlichen Menschen seiner Zeit verkürzt und damit seiner Göttlichkeit beraubt wird; oder ein Jesus, der in einem Maße idealisiert wird, dass er manchmal wie eine Märchenfigur erscheint.

Generalaudienz, 3.1.2007

# AM ENDE EINES JAHRES

Am Abend des 31. Dezember kreuzen sich zwei verschiedene Perspektiven: eine im Zusammenhang mit dem Ende des weltlichen Kalenderjahres und die andere in Verbindung mit dem liturgischen Hochfest der heiligen Gottesmutter Maria, das die Oktav von Weihnachten abschließt. Das erste Ereignis ist allen gemeinsam, das zweite gehört den Gläubigen …

Das erste, sehr suggestive Thema ist mit der Dimension der Zeit verbunden. In den letzten Stunden jedes Kalenderjahres wohnen wir einigen sich wiederholenden weltlichen „Riten" bei, die im heutigen Kontext überwiegend von Vergnügen geprägt sind und dabei häufig als Evasion vor der Realität gelebt werden, als gelte es, die negativen Aspekte auszutreiben und unwahrscheinliches Glück heraufzubeschwören … Die Kirche ist gerufen, sich in diesen Stunden die Gefühle der Jungfrau Maria zu eigen zu machen. Sie ist eingeladen, zusammen mit ihr den Blick immer fest auf das Jesuskind zu richten, die neue Sonne am Horizont der Menschheit, und, von seinem Licht bestärkt, ihm „Freude und Hoffnung, Trauer und Angst der Menschen von heute, besonders der Armen und Bedrängten aller Art" (vgl. „Gaudium et spes", 1) vorzulegen.

Es stehen sich also zwei verschiedene Bewertungsmaßstäbe der Dimension „Zeit" gegenüber, ein quantitativer und ein qualitativer. Einerseits der Sonnenzyklus mit seinen Rhythmen und andererseits das, was der heilige Paulus die „erfüllte Zeit" (vgl. Galater 4,4) nennt, das heißt der Höhepunkt der Geschichte des Universums und des Menschengeschlechts, als der Sohn Gottes auf die Welt kam … Er hat die Zeit nicht erfüllt, indem er sich von oben, sondern vielmehr „von innen" in sie ergossen hat, indem er sich zum kleinen Samenkorn machte, um die Menschheit zu ihrer vollen Reife zu führen …

„Theotókos", Mutter Gottes: jedes Mal, wenn wir das „Ave Maria" beten, wenden wir uns mit diesem Titel an die Jungfrau und flehen sie an, „für uns Sünder" zu beten. Am Ende eines Jahres verspüren wir das Bedürfnis, die Allerseligste Maria auf ganz besondere Art und Weise um ihre mütterliche Fürsprache für die Stadt Rom, für Italien, für Europa und für die ganze Welt zu bitten. Ihr, der Mutter der menschgewordenen Barmherzigkeit, vertrauen wir vor allem die Situationen an, in denen allein die Gnade des Herrn Frieden, Trost und Gerechtigkeit bringen kann. „Für Gott ist nichts unmöglich" (vgl. Lukas 1,37), das hörte Maria von dem Engel, der ihr ihre göttliche Mutterschaft verkündete. Maria glaubte, und deshalb ist sie selig (vgl. Lukas 1,45). Das, was dem Menschen unmöglich ist, wird der können, der glaubt (vgl. Markus 9,23).

Während das [alte] Jahr zu Ende geht und die Morgenröte des [neuen] Jahres schon zu erkennen ist, bitten wir die Mutter Gottes, für uns das Geschenk eines reifen Glaubens zu erwirken: ein Glaube, so wünschen wir, der dem ihren so weit wie möglich ähnelt, ein reiner, unverfälschter, demütiger und zugleich mutiger Glaube, durchtränkt von Hoffnung und Begeisterung für das Reich Gottes, ein Glaube ohne jeden Fatalismus, der danach strebt, in vollem und freudigem Gehorsam gegenüber dem göttlichen Willen mitzuwirken, dies in der absoluten Gewissheit, dass Gott nichts anderes will als Liebe und Leben, immer und für alle.

Predigt im Petersdom, 31.12.2006

JOSEPH RATZINGER
BENEDIKT XVI.

# Wer glaubt,
# ist nie allein

Worte der Ermutigung

**HERDER**

Joseph Ratzinger (Benedikt XVI.)
**Wer glaubt, ist nie allein**
Worte der Ermutigung

128 Seiten, gebunden,
mit Lesebändchen
ISBN 978-3-451-28871-5

Joseph Ratzinger ist nicht nur der brillante Theologe, sondern auch ein zutiefst geistlicher Mensch. Vor allem in Predigten und Meditationen – aber nicht nur dort – finden sich immer wieder Sätze, die Glaubenserfahrungen auf den Punkt bringen, die im Ohr lange nachklingen, die das Herz berühren, Augen öffnen und Bilder entstehen lassen … Kurze spirituelle Texte für mehr Lebensfreude, die aus dem Glauben kommt.

# HERDER

# BENEDIKT XVI.

## Gott ist die Liebe

Die Enzyklika »Deus caritas est«

ÖKUMENISCH KOMMENTIERT VON
Bischof Wolfgang Huber
Metropolit Augoustinos Labardakis
Karl Kardinal Lehmann

**HERDER**

Benedikt XVI.
**Gott ist die Liebe**
Die Enzyklika „Deus caritas est". Vollständige Ausgabe

Ökumenisch kommentiert von Bischof Wolfgang Huber, Metropolit Augoustinos Labardakis, Karl Kardinal Lehmann

144 Seiten, gebunden mit Schutzumschlag und Lesebändchen
ISBN 978-3-451-29191-3

Benedikt XVI. hat die Welt überrascht mit einem Schreiben über die Liebe, das selbst bei seinen Kritikern Zustimmung hervorrief. Der Text der Enzyklika ist in dieser Ausgabe in vollem Umfang dokumentiert. Die höchsten Repräsentanten der katholischen, der evangelischen und der griechisch-orthodoxen Kirche in Deutschland kommentieren das Schreiben des Papstes aus ihrer Sicht.

**HERDER**

# BENEDIKT XVI.

## Auf Hoffnung
## hin gerettet

Die Enzyklika »Spe salvi«

ÖKUMENISCH KOMMENTIERT VON
Bischof Wolfgang Huber
Metropolit Augoustinos Labardakis
Karl Kardinal Lehmann

**HERDER**

Benedikt XVI.
## Auf Hoffnung hin gerettet
Die Enzyklika „Spe salvi". Vollständige Ausgabe

Ökumenisch kommentiert von Bischof Wolfgang Huber, Metropolit
Augoustinos Labardakis, Karl Kardinal Lehmann

160 Seiten, gebunden mit Schutzumschlag und Lesebändchen
ISBN 978-3-451-29851-6

Das zweite Rundschreiben von Papst Benedikt XVI. widmet sich der
menschlichen Hoffnung. Der Name ist ein Zitat aus dem Römerbrief.
Dazu Bischof Bruno Forte: „Nachdem die großen Horizonte der ideologischen Mythen verblasst sind, bietet die Hoffnung jetzt von Neuem einen
Sinn-Horizont. ... Die Eschatologie (also die sogenannte Rede von den
letzten Dingen) rückt wieder ins Zentrum dessen, was das Menschen-
herz beschäftigt."

# HERDER

# BENEDIKT XVI.

## Eine menschlichere Welt für alle
### Die Rede vor der UNO

KOMMENTIERT VON
Gernot Erler
Udo Di Fabio
Klaus Töpfer

**HERDER**

Benedikt XVI.
## Eine menschlichere Welt für alle
Die Rede vor der UNO
Vollständige zweisprachige Ausgabe

Kommentiert von Gernot Erler, Udo Di Fabio, Klaus Töpfer

108 Seiten, gebunden mit Schutzumschlag und Lesebändchen
ISBN 978-3-451-29942-1

Im April 2008 sprach Papst Benedikt XVI. vor der Vollversammlung der Vereinten Nationen in New York über den Zusammenhang zwischen der Achtung der Menschenrechte, Entwicklung und Gerechtigkeit. Die Rede ist im französisch-englischen Original und in deutscher Fassung dokumentiert. Kommentare leuchten Hintergründe der Rede aus und verorten sie mit ihren Stärken und Schwächen in ihrer historischen Dimension.

# HERDER